ZDTh

Zeitschrift für Dialektische Theologie

Heft 66 Jahrgang 33 Nummer 2/2017

Gott und das Leid

EVANGELISCHE VERLAGSANSTALT
Leipzig

Zeitschrift für Dialektische Theologie **ISSN 0169-7536**
Journal of Dialectical Theology

Redaktionsanschrift
Universität Siegen
Prof. Dr. Georg Plasger
D - 57068 Siegen
zdth@uni-siegen.de

Abonnementskosten:
Preise incl. MWSt.: Einzelheft: € 18,80, Einzelheft zur Fortsetzung € 17,80, für Mitglieder der Karl Barth-Gesellschaft e.V. 30 % Rabatt, für Studierende 40 % Rabatt, jeweils zuzügl. Versandkosten (z.Zt. je Heft in D 1 €; innerhalb Europas 3 € + MwSt.). Die Fortsetzung läuft immer unbefristet, ist aber jederzeit kündbar.

Bestellservice: Leipziger Kommissions- und Großbuchhandelsgesellschaft (LKG)
Frau Nadja Bellstedt, An der Südspitze 1-12, 04579 Espenhain
Tel. +49 (0)34206-65256, Fax +49 (0)34206-651771 . E-Mail: nadja.bellstedt@lkg-service.de

Cover: Kai-Michael Gustmann, Leipzig
Satz: Sarah Huland-Betz, Siegen
Drucken und Binden: Hubert und Co., Göttingen
ISBN 978-3-374-05275-2
www.eva-leipzig.de

Inhalt

Vorwort

Liebe Leserin, lieber Leser,

der Titel dieser Ausgabe der Zeitschrift für Dialektische Theologie ist immer aktuell – und wird Gemeinde und Theologie zumindest bis zur Wiederkunft Jesu Christi notwendigerweise beschäftigen: Gott und das Leid ist einerseits eine dauerhafte und bleibende Anfrage an die Gnade und Zuwendung Gottes und andererseits – nicht zuletzt im Blick auf den leidenden Jesus Christus – gerade nicht als einfaches Gegenüber von Gott und Leid zu verstehen. Die meisten der Beiträge in diesem Heft sind auf der 47. Internationalen Karl Barth-Tagung auf dem Leuenberg 2016 in der Schweiz gehalten worden: Wir danken Andrea Bieler, Magdalene Frettlöh, Andreas Schüle und Matthias Wuethrich für ihre Impulse, mit denen Sie die Tagung auf dem Leuenberg bereichert und bewegt haben; das gilt hoffentlich auch für viele, die ihre Texte lesen.

2016 fand in Princeton wieder das „Barth Graduate Student Colloquium" statt, auf dem Nachwuchswissenschaftler und Nachwuchswissenschaftlerinnen interessante Beiträge gehalten haben – wir freuen uns, Vorträge von Gillian Breckenridge, Amanda MacInnis-Hackney und Matt R. Jantzen abdrucken zu können.

Ergänzt wird die Reihe um einen Aufsatz von Marco Hofheinz zur Friedensethik Iwands und eine Rezension.

Ich weise gerne noch einmal darauf hin, dass die Zeitschrift für Dialektische Theologie interessiert ist, über die auf Konferenzen gehaltenen Beiträge hinaus Texte zu veröffentlichen. Diese können entweder im peer-review-Verfahren hochgeladen werden (http://www.ev-theol.rub.de/bibliothek/ojs/index.php/ZDTh/); es ist aber auch möglich, mir direkt Texte zuzusenden (plasger@evantheo.uni-siegen.de), die wir dann im Herausgeberkreis prüfen.

Allen wünsche ich eine gute und gewinnbringende Lektüre.

Im Namen des deutsch-schweizerischen Herausgeberteams

Georg Plasger

Magdalene L. Frettlöh

Gott „wählte unser Leiden […] zu seinem eigenen Leiden".

Was bedeutet die von *Ewigkeit* her geschehene Rechtfertigung Gottes angesichts geschöpflichen Leidens in der *Zeit*?[1]

Beinahe jede theologische Diskussion mündet, wenn sie nur ernsthaft genug geführt wird, irgendwann in die Theodizeefrage – im Wissen darum, dass nicht *wir* sie beantworten, dass nicht *wir* einen allmächtigen, gütigen und in SEINEM Handeln verstehbaren Gott angesichts himmelschreienden Elends in der Welt rechtfertigen können, und zugleich in der Hoffnung darauf, dass wir *Gottes* Antwort auf unsere Fragen und Klagen vom Forum des Jüngsten Gerichts als einem Ort auch der Selbstrechtfertigung Gottes[2] erwarten und darum die Theodizeefrage hier und heute nicht verstummen lassen dürfen, auf dass wir Gott nicht aus der Verantwortung für IHRE[3] Schöpfung entlassen.

Doch Barths Theologie mündet nicht in die Theodizeefrage. Sie kommt nach eigenem Bekunden immer schon von deren Beantwortung durch Gott selbst her. Das macht ihre Provokation nicht nur im Blick auf das Thema der diesjährigen Karl-Barth-Tagung, „Gott und das Leid", aus, darin gründet

1 Eröffnungsvortrag der 47. Karl-Barth-Tagung auf dem Leuenberg zum Thema „Gott und das Leid" vom 18. bis 21. Juli 2016.

2 Siehe Friedrich-Wilhelm Marquardt, *Was dürfen wir hoffen, wenn wir hoffen dürften? Eine Eschatologie*, Bd. 3, Gütersloh 1996, 186–235; Ottmar Fuchs, *Das Jüngste Gericht. Hoffnung auf Gerechtigkeit*, Regensburg 2007, bes. 77–109.

3 Während ich im Referat der Barth-Texte seine ausschließlich männliche Rede von Gott beibehalte, wechsle ich in meiner eigenen personalen Gottesrede um der Wahrung des Bilderverbots und in Anerkennung der Gottesbildlichkeit des männlich und weiblich geschaffenen Menschen willen zwischen weiblicher und männlicher Gottesmetaphorik ab, dabei auch grammatikalische Brüche nicht scheuend (zur Begründung siehe Magdalene L. Frettlöh, *Gott Gewicht geben. Bausteine einer geschlechtergerechten Gotteslehre*, Neukirchen-Vluyn [2]2009, bes. 153–243).

womöglich auch ihre große Gelassenheit. Und das hat allemal Folgen für die menschliche Wahrnehmung geschöpflichen Leidens wie für den Sprechakt der an Gott adressierten Klagen, Fragen, Proteste …[4] Damit mag auch zusammenhängen, dass ich Barth nicht lesen kann ohne heftiges Kopfschütteln, Haareraufen und bisweilen auch herzhaftes Lachen und gleichwohl nicht von seiner Theologie loskomme.[5]

Um der Sache selbst willen, aber auch um *zur Sache* neben dem Mann Barth eine Frau zu Wort kommen zu lassen, stehen meinen Barth-Lektüren Gedichte Christine Lavants (1915–1973) voran. Wie kaum eine andere deutschsprachige Dichterin und Schriftstellerin verkörpert sie mit ihrem Leib und in ihrem Werk das Thema Leiden.[6] Von klein auf wurde sie von schwersten Krankheiten des Körpers und der Seele heimgesucht. Ihre schmerzschreienden Gedichte, von denen viele unerschrockene, unversöhnliche, unerbittliche, untröstliche Gebete sind, legen – dabei nicht selten aus

4 Im Folgenden werde ich nicht mehr als eine Problemskizze anhand ausgewählter Texte bieten und mich dabei überwiegend auf die Kirchliche Dogmatik beschränken und nur vereinzelt andere Texte Barths heranziehen. Berücksichtigung finden aber auch Passagen, die weder zu den Basistexten noch zu den Quellentexten der Arbeitsgruppen dieser Tagung gehören.

5 Dazu ausführlich: Magdalene L. Frettlöh, Verwund(er)ung und Vergnügen – oder: warum ich als Theolog*in* nicht aufhören mag, von Karl Barth zu lernen *und* ihm zu widersprechen, in: *ZDTh* 24 (2008), 48–72.

6 „‚Wir hätten nicht zur Welt kommen dürfen', schrieb Christine Lavant einmal über sich und ihre acht Geschwister, Kinder eines frühinvaliden Bergmanns und einer lungenkranken Mutter, die zusammen in nur zwei Zimmern hausten. Sie selbst litt an Skrofulose, einer Wirbelverkrümmung, die ihr nicht erlaubte, länger zu liegen, auch an Asthma und Röntgenverbrennungen, einem Augen- und Ohrenleiden, permanentem Kopfweh und nicht zuletzt an einem dreißig Jahre älteren Mann, einem ‚Pflegefall', den sie aus Mitleid geheiratet hatte. Achtzehnjährig war sie freiwillig in die Psychiatrie gegangen, um ihre körperliche Verwüstetheit einer noch furchtbareren auszusetzen. Ihren Lebensunterhalt verdiente sie lange mit Spinnen und Stricken" (Peter Hamm, Etwas über Christine Lavant, in: *Drehe die Herzspindel weiter für mich. Christine Lavant zum 100.*, hg. von Klaus Amann, Fabjan Hafner und Doris Moser, Göttingen 2015, 61–66, 65f.). Es werden auch Misshandlungen und (sexueller) Missbrauch in der Kindheit vermutet (siehe dazu Dorothea Grünzweig, Das Walten, die Gewalt der Bilder. Zu den Gedichten Christine Lavants, in: *Drehe die Herzspindel*, 67–82).

biblischen Quellen schöpfend – wütenden Widerspruch ein bei Gott gegen dieses Leiden, gepfeffert mit „aufhüpfige[m] Humor“[7]:

> „Sie wollte Gott zwingen, sich mit ihr und ihrem Leid zu beschäftigen“, deutet Michael Krüger, der ehemalige Leiter des Hanser Verlags, und bekennt sich zur ungeheuren Wirkung, die auf ihn die Lektüre der *Bettlerschale*[8] Ende der 1950er Jahre hatte: „Meine ganze theologische Architektonik ist von dieser Bettlerschale zum Einsturz gebracht worden. Es hat keinen Sinn, sich Gott als eine mehr oder weniger friedliche Instanz vorzustellen, der es genügt, wenn Lippenbekenntnisse abgegeben werden. Ab Christine Lavant waren Lippenbekenntnisse verboten. Wenn Gott, dann in ihrem Ton, ernsthaft, herausfordernd, unnachgiebig.“[9]

Barths Aussagen zu „Gott und das Leid“ müssen, wollen sie überzeugen, solchen Erfahrungen standhalten, wie sie sich in Leib, Leben und Literatur Christine Lavants eingeschrieben haben. Ich lade Sie mit den poetischen Zwischentexten meines Vortrags ein, der unter die Haut gehenden dunklen Dichtung dieser kontrovers rezipierten Schriftstellerin zu begegnen, die mehr und anderes als nur eine Kopftuch tragende katholische Schmerzensfrau aus Kärnten ist und deren Werk seit ihrem 100. Geburtstag 2015 eine Wiederentdeckung und Neubewertung, auch in der genderperspektivierten Poetologie und Literaturwissenschaft, erfährt.[10]

1. Zuvorkommende Überwindung geschöpflichen Leidens durch Gottes Barmherzigkeit und Gerechtigkeit? – Themenfelder und Problemanzeigen

„Ich will vom Leiden endlich alles wissen!
Zerschlag den Glassturz der Ergebenheit
und nimm den Schatten meines Engels fort.
Dort will ich hin, wo deine Hand verdorrt,

7 Gisela Trahms, *Christine Lavant: Thomas Bernhard fand sie gescheit und durchtrieben* – URL: http://www.welt.de/143517622 (zuletzt aufgerufen am 17.07.2016).

8 *Gedichte*, Salzburg 1956, Lavants zweiter Gedichtband, wiederabgedruckt in: *Zu Lebzeiten veröffentlichte Gedichte*, hg. und mit Nachworten von Doris Moser und Fabjan Hafner unter Mitarbeit von Brigitte Strasser, Göttingen 2014, 45–239.

9 Michael Krüger, Christine Lavant, in: *Drehe die Herzspindel* (Anm. 6), 59f., 60.

10 Siehe dazu den in Anm. 6 genannten Band und die zahlreichen Rezensionen zum Erscheinen der Werke in vier Bänden seit 2014 im Wallstein Verlag/Göttingen. Eine theologische Rezeption Christine Lavants steht, soweit ich sehen kann, noch aus.

ins Hirn der Irren, in die Grausamkeit
verkümmerter Herzen, die vom Zorn gebissen
sich selbst zerfetzen, um die tolle Wut
hineinzustreuen in das Blut der Welt.
Mein Engel geht, er trägt das Gnadenzelt
auf seinen Schultern, und von deiner Glut
hat jetzt ein Funken alles Glas zerschmolzen.
Ich bin voll Hoffart und zerkau den stolzen
verrückten Mut, mein letztes Stücklein Brot
aus aller Ernte der Ergebenheit.
Du warst sehr gnädig, Herr, und sehr gescheit,
denn meinen Glassturz hätt ich sonst zerschlagen.
Ich will mein Herz jetzt mit den Hunden jagen
und es zerreißen lassen, um dem Tod
ein widerliches Handwerk zu ersparen.
Du sei bedankt – ich hab genug erfahren.“

Christine Lavant[11]

In der Gotteslehre von KD II/1 begegnen in § 30.2, der Erörterung von „Gottes Barmherzigkeit und Gerechtigkeit“, Passagen, in denen fast alles, was Barth in der Kirchlichen Dogmatik zum Thema „Gott und das Leid“ zu sagen hat, vorweggenommen ist und in denen zugleich auch die Probleme, die sich mit Barths Sicht auf dieses Thema stellen, mit Händen zu greifen sind. Darum lasse ich mir von diesem Abschnitt entscheidende Wegweisungen und Weichenstellungen für das Verständnis des der Erwählungslehre Barths entnommenen Titelzitats „Gott wählte unser Leiden […] zu seinem eigenen Leiden“[12] und der erkenntnisleitenden Titelfrage „Was bedeutet die von *Ewigkeit* her geschehene Rechtfertigung Gottes angesichts geschöpflichen Leidens in der *Zeit*?“ vorgeben.

---

11 *Zu Lebzeiten veröffentlichte Gedichte* (Anm. 8), 390. Die Seitenzahlen der Gedichte beziehen sich auf diesen Band. Im Original ist der jeweils erste Buchstabe der Gedichte fettgedruckt.

12 Karl Barth, *KD II/2*, Zollikon-Zürich 1942, 179.

Gottes Leiden als „*freies* Mitleid mit *fremdem* Leid“[13]

Für Barth steht fest: „In sich selber findet Gott kein Leid“ (416). Darum kann göttliches Leiden immer nur *Mit*leiden mit geschöpflichem Leiden sein – ein Mitleiden, das darauf zielt, die Not des Geschöpfes zu überwinden. Eben dieses göttliche Mitleiden mit der Absicht zur Wendung der Not ist Praxis der *Barmherzigkeit* Gottes:

> „Die Barmherzigkeit Gottes ist seine in seinem Wesen liegende, sein Sein und Tun konstituierende Beteiligung am Leid eines Andern und damit sein in seinem Wesen liegender, sein Sein und Tun konstituierender Wille, sich selbst für die Behebung dieses seines Elends einzusetzen“ (415).

Die Barmherzigkeit füge der Gnade Gottes, die an sich auch teilnahmslos und wirkungslos sein könne, die Partizipation Gottes an der Not der Geschöpfe wie den Willen und die Macht, diese wirksam aufzuheben, hinzu. Barmherzigkeit ist – Barth nimmt diese Vollkommenheit des göttlichen Liebens beim Wort – im Herzen und damit, biblisch gedacht, im Personzentrum[14], dem Ort des Willens, der Pläne und Entscheidungen Gottes verortet.

Für gewöhnlich sprechen wir, wenn es um körpersymbolische Motive[15] wie das Herz Gottes geht, von anthropomorphen Gottesvorstellungen. Ich präferiere demgegenüber – belehrt durch Franz Rosenzweig – die Rede von den Theomorphismen des Menschen[16], ist doch der Mensch zum Bild Gottes

---

13 Karl Barth, *KD II/1*, Zollikon-Zürich 1940, 416 (die Seitenzahlen in Abschnitt 1 beziehen sich auf diesen Band).

14 Die Rede von der Barmherzigkeit und damit von einem Herzen Gottes, das sich der Geschöpfe in ihrer Not erbarmt, verbindet sich für Barth zwingend mit personaler Gottesrede, mehr noch: sie mache den Begriff der *Persönlichkeit Gottes* zwingend, wie Barth in Auseinandersetzung mit Schleiermachers Verweisung der Rede von einem barmherzigen Gott aus der Dogmatik in den Bereich der Homiletik und Poesie festhält (416): „§ 85. Gott Barmherzigkeit zuzuschreiben eignet sich mehr für das homiletische und dichterische Sprachgebiet als für das dogmatische“ (Friedrich Schleiermacher, *Der christliche Glaube. Nach den Grundsätzen der Evangelischen Kirche im Zusammenhange dargestellt.* Bd. 1, hg. von Martin Redeker, Berlin [7]1960, 458).

15 Zur Körpersymbolik in der biblischen Gottesrede siehe etwa Andreas Wagner, *Gottes Körper. Zur alttestamentlichen Vorstellung der Menschengestaltigkeit Gottes*, Gütersloh 2010; Silvia Schroer/Thomas Staubli, *Die Körpersymbolik der Bibel*, Darmstadt 1998, führen nicht nur in die biblisch-anthropologische Körpersymbolik ein, sondern erörtern auch theologische Körper-Metaphern.

16 Siehe Franz Rosenzweig, Zur Encyclopaedia Judaica, in: *Zweistromland. Kleinere Schriften zu Glauben und Denken* (GS III), hg. von Reinhold und Annemarie Mayer, Dordrecht 1984, 731–746, bes. 735–741.

geschaffen: Nicht hat die Gottesrede den Menschen zum Maßstab, sondern die Rede vom Menschen entspringt der Selbstoffenbarung Gottes.

Gehört dieses barmherzige Mitleiden Gottes als freie Zuwendung zum in Not befindlichen Geschöpf konstitutiv zum göttlichen Wesen, dann folgt daraus, dass das göttliche *sympathein* nicht erst vom Elend der Geschöpfe evoziert worden ist und sich an diesem affiziert hat, sondern es entspringt von Ewigkeit her einer wesenhaften Öffnung im Innersten, eben im Herzen (bzw. nach biblischer Körpersymbolik: im Mutterschoß[17]) Gottes für SEINE Schöpfung. Der Gott der Barth'schen Gotteslehre ist mitnichten unberührbar, aber ER wird nicht von außen, nicht vonseiten der Geschöpfe, sondern ER wird durch sich selbst be- und gerührt: „Der Affekt Gottes ist im Unterschied zu allen geschöpflichen Affekten durch sich selbst affiziert" (416). Nicht einmal der Passion und der Klage des Gekreuzigten räumt Barth Einfluss auf das Handeln Gottes ein. Gott brauche und könne von niemandem nachträglich zur Barmherzigkeit umgestimmt und in SEINEM Zorn beschwichtigt werden.[18]

Das heißt: Gerade die freie *Partizipation* des barmherzigen Gottes an IHM fremdem Leiden geht einher mit einer konstitutiven *Selbstreferentialität*, nämlich der *Selbstaffizierbarkeit* des mitleidensfähigen Gottes. Nicht die Geschöpfe machen IHN aufgrund ihrer Not zu ihrem Sympathisanten, sondern Gott ist bereits *vor* deren Schöpfung ihr Sympathisant. Gott ist personifizierte Barmherzigkeit, sodass ER SEINER Schöpfung nicht nur etwas von sich, sondern sich selbst gibt.[19]

Was motiviert nun Barth zu diesem auf den ersten Blick befremdlichen Beharren auf einem *sich selbst affizierenden* mitleidenden Gott? Es geht Barth, so lese ich ihn, darum, den Widerspruch gegen die Vorstellung von einem apathischen Gott gleichsam an höchster Stelle, nämlich in Gott selbst, zu verankern. Darum beharrt er darauf, dass Gottes Barmherzigkeit keine

---

17 Zum Verständnis der Barmherzigkeit als „Mutterschößigkeit" Gottes siehe Silvia Schroer/ Thomas Staubli, *Körpersymbolik* (Anm. 15), 75–91; Magdalene L. Frettlöh, *Gott Gewicht geben* (Anm. 3), 247–327.

18 „Da ist also nicht ein in seiner Sinnlosigkeit empörendes oder lächerliches Rasen gegen einen unschuldigen Menschen, dessen geduldiges Leiden Gott dann nachträglich ‚umgestimmt', d.h. zur Schonung und Nachsicht allen anderen Menschen gegenüber veranlasst hätte [...]. Kein Bewegen Gottes von der Kreatur her findet hier statt, auf Grund dessen Gott sich dann zu einer allgemeinen Amnestie entschließen würde" (453).

19 Es gehört zu den Desideraten der Barth-Forschung, dass bis heute der *gabetheologischen* Akzentuierung zentraler Aussagen der Kirchlichen Dogmatik (und anderer Schriften Barths) kaum Aufmerksamkeit geschenkt wird.

göttliche Sekundärtugend ist, mit der Gott nachträglich auf menschliches Leiden reagiert, sondern eine IHM wesensmäßig eigene Vollkommenheit, die nicht erst durch die leidige Situation der Geschöpfe auf den Plan gerufen wird. Mit SEINEN Geschöpfen leidend, verhält Gott sich *nicht reaktionär*, sondern SEINEM eigenen Wesen gemäß.[20] *ER bleibt sich treu, indem ER SEINER Schöpfung treu bleibt.* ER gedenkt SEINER *ewigen* Barmherzigkeit, wenn ER *in der Zeit* Erbarmen übt. ER kommt in SEINEM Mitleiden dem Leiden SEINER Geschöpfe, aus dem ER sie je aktuell befreit, immer schon zuvor. Gottes barmherziges *Wesen* kommt SEINER Schöpfung im aktuell erbarmenden *Tun* zugute.

Mit ebendieser Unterscheidung zwischen *ewiger Barmherzigkeit* und dem *Erbarmen in der Zeit* unterläuft Barth, wie mir scheint, an dieser Stelle den immer wieder gegen ihn erhobenen Vorwurf insbesondere der sog. Münchener Barth-Kritik, die geschöpfliche Geschichte nicht ernst zu nehmen, sie zugunsten der ewigen Geschichte Gottes mit SEINER Schöpfung zu entwichtigen oder gar zu entleeren, also geschichtsvergessen zu argumentieren.[21]

1.2 Unsere Not in Gott selbst – „dort erst, nur dort, wirkliche Not" (420)?

Barth geht im Bezeugen der Barmherzigkeit Gottes noch einen Schritt weiter, indem er im freien Leiden Gottes mit fremdem Leiden eine *Enteignung* der Geschöpfe wahrnimmt, eine für Barth selbstredend befreiende, heilsame und lebensförderliche Enteignung, denn im Mitleiden Gottes von Ewigkeit her sei *unser* Leiden immer schon *Gottes* Leiden, habe Gott es zur eigenen Sache gemacht.

Ich habe bisher unterschiedslos von geschöpflichem Leiden gesprochen und muss nun zunächst eine Präzisierung, die zugleich eine Einschränkung

---

20 In der Erörterung der Gerechtigkeit Gottes unterstreicht Barth diesen Gedanken: „Es ist nicht an dem, dass sich in Jesus Christus sozusagen ein unvorhergesehener Zwischenfall zu unseren Gunsten ereignet hätte. Es ist nicht an dem, dass Gott sich in seiner Liebe, Gnade und Barmherzigkeit sozusagen eine Extratour, die Herstellung eines Ausnahmezustandes, leistete. Sondern es ist an dem, dass er eben darin ganz Er ist und sich selbst getreu ist, dass er uns Treue hält" (430).

21 Eine sehr instruktive, umsichtige, lehrreiche Auseinandersetzung mit der (nicht nur) Münchener Barth-Kritik bietet Stefan Holtmann, *Karl Barth als Theologe der Neuzeit. Studien zur kritischen Deutung seiner Theologie* (FSÖTH 118), Göttingen 2007.

ist, anbringen: Barth redet hier in § 30.2 nur von einem Mitleiden Gottes mit *menschlichem* Leiden, nicht aber vom Leiden in Flora und Fauna. Dabei geht es *auch* um das Leiden an unserer Endlichkeit und Sterblichkeit, um jenes Leiden also, das auf eine Erlösungsbedürftigkeit bereits der sehr guten Schöpfung hinweist. Im Vordergrund aber stehen für Barth *das* Leiden, das durch menschliche Schuld und Sünde entsteht, und Gottes stellvertretende Übernahme *dieses* Leidens. Und eben mit der Aneignung insbesondere dieses Leidens ist Gott uns immer schon zuvorgekommen:

> „*Bevor* irgend ein Leid, das wir mit unserer Sünde und Schuld auf uns ziehen, uns getroffen hat oder treffen kann, […] – *vorher* schon haben wir es in dem, an welchem wir sündigen und schuldig werden, eben in dem, dessen Strafe uns deshalb droht, mit dem Gott zu tun, der sich durch unsere Sünde und Schuld selber weh tun lässt, dem sie also keine fremde, sondern seine eigene Sache ist“ (420).

Mit dieser göttlichen Selbstzueignung unseres durch Sünde und Schuld verursachten Leidens geht nun eine denkwürdige *Gewichtung* und zugleich auffällige *Relativierung* menschlichen Leidens einher. Barth konstatiert einen quantitativ unendlichen Unterschied zwischen göttlichem und menschlichem Leiden: „[S]o viel größer er, Gott, ist als wir, seine Geschöpfe, so viel größer ist dieses *sein* Leid um uns als alles Leid, das wir *selber* erfahren oder das wir selbst um uns tragen könnten“ (420). Weil Gott in der Menschwerdung und Passion des eigenen Sohnes unser Leid von Ewigkeit her trage, sei göttliches Leid „ewiges, unaufhebbares Leid“. Und offenbar ist für Barth nur dieses „göttliche[.], ewige[.], unaufhebbare[.] Leiden“ *wirkliches* Leiden, weil „unsere Not – und zwar gerade die Not unserer Sünde und Schuld – in Freiheit aufgenommen, in Gott selber ist und dort erst, nur dort, wirkliche Not ist“ (420).

Das hat Folgen für unseren Umgang mit dem Leiden, die Barth allesamt als befreiend versteht:

1. Kein Geschöpf muss göttliches, ewiges, unaufhebbares Leid tragen. Darum könne auch nicht wirklich von der Tragik menschlichen Lebens gesprochen werden. Letzten Ernst habe geschöpfliches Leiden nie.
2. Barth weist die menschliche Klage über eigenes Leid als unangemessen zurück:

   > „Vor *der* Tiefe unseres Leides, wie es von Gott selbst gesehen, getragen und erlitten wird, muss die Klage über die Gestalt, in der es vor unseren Augen steht und auf uns wirkt, verstummen. Unsere Klage kommt zu spät und sie wird immer unverhältnismäßig viel zu schwach, sie wird ja auch immer ohnmächtig und

> letztlich unwahr sein!" Angesichts der Barmherzigkeit „müssen wir verstummen, müssen wir ganz klein und bescheiden werden im Erleiden unserer Not und in der Klage darüber, im Protest und Streit dagegen. Aber dieses Müssen ist ein Dürfen!" (420)

Ein Recht auf Klage stehe aufgrund der Schwere göttlichen Leidens allein Gott zu. Wenn wir Anlass zur Klage fänden, dann nicht um unsert-, sondern um Gottes willen.

3. Das Leiden, das uns widerfahre, sei es aufgrund unserer Endlichkeit, sei es unserer Sünde geschuldet, könne „nur noch eine Erinnerung" (421) an Gottes Leiden sein.

Haben wir bisher das Verhältnis von Gott und Leid unter dem Vorzeichen der *Barmherzigkeit* Gottes in den Blick genommen, so gilt es nun, es in die Perspektive der *Gerechtigkeit* Gottes zu rücken. Göttliche Barmherzigkeit und Gerechtigkeit stehen für Barth in einem gleichsam perichoretischen Verhältnis und gerade nicht in einem Widerspruch zueinander; sie durchdringen sich gegenseitig: „Gott braucht seiner Gerechtigkeit nichts zu vergeben, indem er barmherzig ist. Gerade indem er barmherzig ist, ist er *gerecht.*" (431).

Was die Beziehung Gottes zum Leiden angeht, so gewinnen wir hier – in der Erörterung der Gerechtigkeit Gottes – mehr Aufklärung darüber, wie es sich ereignet, dass Gott ihm *fremdes* Leiden zu seinem *eigenen* macht, und was Barth dazu veranlasst haben mag, nur das göttliche Leiden als *wirkliches* Leiden aufzufassen bzw. *unsere* Not nur darin als wirklich zu erkennen, dass sie von *Gott* getragen ist und wird.

1.3 Der Gottes- und Menschensohn Jesus Christus – der einzige „wirkliche Leidende"?!

Dass göttliche Barmherzigkeit und Gerechtigkeit untrennbar ineinander liegen, schließt nach Barth nicht aus, dass Gottes Gerechtigkeit auch *iustitia distributiva* ist: „Sie ist richtende und also sowohl freisprechende als auch verurteilende, sowohl belohnende als auch strafende Gerechtigkeit" (439). Um Seiner Gerechtigkeit willen ist Gott auch ein zürnender, verurteilender und strafender Gott.

Damit ist aber gerade nicht einem eschatischen Dual Tür und Tor geöffnet, im Gegenteil. Barth lässt keinen Zweifel daran, dass sich – im Glauben – auch die sich als *iustitia distributiva* vollstreckende Gerechtigkeit Gottes mit einer Hoffnung auf Allerlösung verbinden lässt. Eine Symmetrie der zwei Wege von Verwerfung und Errettung nennt Barth dagegen eine unbiblische, „heidnische Eschatologie“[22].

Mit dem Vollzug der göttlichen Gerechtigkeit als *iustititia distributiva* wird die Einheit von Gerechtigkeit und Barmherzigkeit nicht aufgehoben, denn an eben dem Ort, an dem die göttliche Gerechtigkeit als Barmherzigkeit Ereignis wird, vollzieht sie sich auch als *iustitia distributiva*, nämlich im Kreuzestod Jesu Christi. Der Tod Christi ereignet sich als „göttlicher Zornesakt, Gerichtsakt, Strafakt“ (443), den – und darin eben kommen Barmherzigkeit und Gerechtigkeit zusammen – der ewige Gott in Person des eigenen Sohnes auf sich selbst genommen hat. Der SEINER Schöpfung treue Gott trägt den Konflikt zwischen sich und SEINEM untreuen Geschöpf nicht mit diesem, sondern in der Person des Gottes- und Menschensohnes in und mit sich selber aus:

> „Er machte sich diesen Konflikt zu eigen. Er trug ihn in sich selber aus. Er war nun [...] von beiden Seiten beteiligt in diesem Konflikt; er erlitt ihn von beiden Seiten: nicht nur als der von Menschen beleidigte Gott, sondern auch als der von Gott mit dem Tod bedrohte, vor Gottes Gericht dem Tod verfallene Mensch“ (447).

Dieser Konflikt kann nur in Gott selbst ausgetragen werden, weil nur Gott selbst den eigenen Zorn ertragen kann. Barth spricht von einem

> „doppelten Allmachtsbeweis, in welchem Gott [...] seinem eigenen Zorn sich gewachsen erwies: einmal indem er selber sich ihm beugte und sodann indem er nicht von ihm verzehrt wurde. Kraft dieser seiner Allmacht konnte Gottes Barmherzigkeit aufrichtigstes tiefes Mitleid und zugleich jene unveränderliche und unbewegliche Stärke Gottes sein, konnte Gott sich ganz hingeben, um sich doch gerade in solcher Hingabe, selbst ganz zu behalten und zu bewahren“ (450).

---

22 „Es kann immer nur ein falscher christlicher Ernst sein, der den Menschen dazu anleitet, den Glauben sozus. zu suspendieren, die in der Offenbarung Gottes schon gefallene Entscheidung seiner Errettung wieder in Klammer zu setzen und sich selbst sozus. an den Scheideweg zu stellen, wo am Ende der beiden Wege hier ewige Herrlichkeit, dort das ewige Feuer sichtbar wird. So, in dieser Symmetrie, denkt alle heidnische Eschatologie, so stellt uns aber die Schrift diese beiden Wege gerade nicht vor Augen. Dahin, an diesen Scheideweg, werden wir durch ihren Aufruf zum Glauben gerade nicht gerufen. Wir werden durch diesen Aufruf vielmehr eindeutig zu dem für uns lebenden und uns durch sein Leben für uns rettenden Gott hingerufen“ (441).

Dieser Konflikt *konnte* allein am Ort der Passion des Gottes- und Menschensohnes in Gott selbst ausgetragen werden. Nur weil Gott in Jesus von Nazareth Mensch wird, kann ER sich in SEINER Barmherzigkeit fremdes, geschöpfliches Leiden zu eigen machen. Und nur so wird der Konflikt auch tatsächlich zwischen Gott und der *Menschheit* ausgetragen.

Dass dieser Konflikt ausgetragen werden *musste* und dass er *so*, nämlich todernst in Gott selbst, auszutragen war, ist eine Frage der *Ehre Gottes*, in der sich Gottes Treue zu sich selbst und Gottes Treue zu SEINEM Geschöpf wechselseitig bedingen.[23]

Daraus folgt nun für *jede* Form individuellen und kollektiven menschlichen Leidens, dass dieses niemals Ausdruck des Zornes, des Gerichtes und der Strafe Gottes sein könne, weil dies allein für die Passion und den Kreuzestod Jesu Christi gelte. Barth entzieht also der Charakterisierung jedweden menschlichen Leidens als Strafe Gottes die theologische Legitimation. Nur auf Golgatha wird Gottes Gericht vollzogen, nur hier schlägt Gottes Zorn tödliche Wunden:

> „[D]ass die menschliche Sünde und mit ihr der sündige Mensch Gegenstand des göttlichen Zornes und Gerichtes geworden ist, das kann man eigentlich und im strengen Sinne nur im Blick auf *dieses* Ereignis sagen" (445).

Ist dies der Grund dafür, warum Barth nur das stellvertretende göttliche Leiden als *wirkliches* Leiden verstehen kann? Wirkliches Leiden wäre dann nicht nur das Leiden, das Gott (stellvertretend) trägt, sondern auch das Leiden, das Gott aufgrund SEINER Gerechtigkeit verursacht und zufügt. Der eine Gottes- und Menschensohn ist Subjekt und Objekt des zürnenden, strafen-

23. Göttliche Barmherzigkeit und Gerechtigkeit müssen so zusammenkommen, „dass im Konflikt zwischen der Treue Gottes und der Untreue des Menschen die Treue Gottes gegen *sich selbst* gewahrt, seine Ehre also nicht verletzt wurde. Anders als so konnte sie sich auch als Gottes Treue gegen den *Menschen* nicht betätigen: wie könnte dem Menschen durch einen seine Ehre wirklich preisgebenden Gott wirklich geholfen sein? Wiederum konnte, sollte die Treue Gottes gegen sich selbst seine Treue gegen den Menschen nicht ausschließen und aufheben, Gottes Ehre nicht dadurch gewagt werden, dass dem Menschen widerfahre, was ihm zukam, was er verdient hatte: die Vernichtung durch den ewigen Tod. Im Tode Christi ist Gott ebensowohl sich selbst wie den Menschen treu gewesen" (451).

den und richtenden Handelns Gottes. Gottes Aggression gegen die Sünde nimmt die Gestalt der *Autoaggression* an.

„Vielleicht liegt unsere Chance menschlich zu werden, gerade in der Art und Weise, wie wir auf Verletzungen reagieren“[24], hat Judith Butler in den Frankfurter Adorno-Vorlesungen 2002 zum Thema „Kritik der ethischen Gewalt“ zu bedenken gegeben. Ließe sich dieser Gedanke nicht auch göttlich wenden: „Vielleicht liegt Gottes Chance, göttlich zu bleiben, gerade in der Art und Weise, wie SIE auf Verletzungen durch IHRE Geschöpfe reagiert“?

Was bedeutet dies aber wiederum für gleichwohl doch realexistierendes geschöpfliches Leiden?[25] Ich nenne auch hier drei Konsequenzen, die Barth zieht und in denen erneut Gewichtung *und* Relativierung geschöpflichen Leidens zusammenkommen:

1. Geschöpfliches Leiden jeder Art *hat* kein eigenes Gewicht, sondern *bekommt* dieses erst, indem es mit der Passion Christi zusammen gesehen wird, denn

   „was mit Krankheit und Not, was mit dem inneren und äußeren Leid jedes Einzelnen, was mit Krieg, Hunger, Tyrannei und Revolution im Leben der Völker, was schließlich mit dem unaufhaltsam über Alle und Alles sich ausbreitenden Leichentuch des Todes gemeint ist, das wird dort, erst dort, in seiner wahren Schrecklichkeit sichtbar […], wo das unendliche Gewicht *des* Schmerzes, *des* Todes getragen worden ist, an den unser Schmerz und Tod in aller seiner Herbheit von ferne nicht heranreicht“ (444).

Erst im Licht des Todes Christi wird das eigentliche Ausmaß geschöpflichen Leidens wahrnehmbar. Erst der Karfreitag stört und verunmöglicht menschliche Apathie.

So werden die Armen, die Hungernden, die Weinenden für Barth in seiner Auslegung der Seligpreisungen in Lk 6,20f. – anders als die Glücklichen – gleichnisfähig für den leidenden Christus – gerade ohne dass damit ihr Leiden in irgendeiner Weise verharmlost, schöngefärbt oder gar glorifiziert wird:

„In der Glorie der reichen, der lachenden, der hohen, der gerechten, der in diesem Kosmos ‚glücklichen' Menschen bleibt seine Todeswunde zugedeckt, wird er nicht transparent. In der Existenz der Elenden als solcher wird er es. Und indem er nicht umsonst selber als ein Elender, der Elendeste unter allen, und

---

24 Judith Butler, *Kritik der ethischen Gewalt*. Aus dem Englischen von Reiner Ansén. Adorno-Vorlesungen 2002, Frankfurt a. M. 2003, 101.

25 Oder würde Barth schon der Rede von *realexistierendem* geschöpflichen Leiden seine Zustimmung verweigern?

nicht umsonst so parteiisch auf Seiten der Elenden – kommt, handelt, offenbar wird, leuchtet gerade in deren Existenz, im Dransein jener Armen, Leidtragenden, Erniedrigten […] das Neue Gottes in die ganzen Lebensbereiche des alten Menschen hinein."[26]

2. Geschöpfliches Leiden aller Art rückt damit in die Funktion, nunmehr *Zeichen* der Passion Christi zu sein, sei es *Vor*zeichen oder *Erinnerungs*zeichen. Es verweist voraus oder zurück auf den einzig wirklich Leidenden, den gekreuzigten Gottes- und Menschensohn, den allein der Zorn Gottes trifft. Die Zeichenfunktion geschöpflichen Leidens schließt aus, dass es selbst Ausdruck göttlichen Gerichts sein kann. So sehr diese Entkoppelung von menschlichem Leiden und göttlicher Strafe grundsätzlich zu begrüßen ist, so fragwürdig mutet doch wiederum die damit einhergehende Relativierung menschlichen Leidens in der Zeit an, insbesondere wenn Barth sie am Leiden Israels veranschaulicht:

„Der in Israel wirklich Leidende, den Zorn und das Gericht Gottes Erleidende – das ist nicht Israel selbst und als solches, sondern das ist der, in dessen Erwartung Israel den Sinn seiner Existenz hat: Israels Messias in dem Leiden seines einen einzigen Leidenstages. Er und nicht Israel ist auch der wirklich Leidende, nämlich der das Gericht Gottes Erleidende in dem, was die Juden *heute* zu leiden haben. […] was Israel als solches bis heute leidet, das leidet es im Nachklang und Nachspiel dessen, was die Heiden dem Messias Israels längst angetan haben und als Werkzeug Gottes tun mussten, als Nachklang und Nachspiel des einen wirklichen Losbrechens, Schlagens und Tötens des göttlichen Zorns auf Golgatha. Darin besteht die unendliche Nichtigkeit und die sicher vorauszusagende Erfolglosigkeit alles dessen, was irgendwelche Menschen zu allen Zeiten gegen die Juden getan haben und auch heute gegen die Juden tun können" (445).

Das Heute dieser Sätze ist 1940. Wie Barth von Gott und dem Leiden Israels redet, scheint mir ein wichtiger Indikator für seine Bearbeitung des Themas „Gott und das Leid" überhaupt zu sein. Israels Leiden zu allen Zeiten ist für Barth nur Vor- oder Nachspiel zur Passion Jesu. Aus der Perspektive des Kreuzes Jesu, des einzigen Ortes, an dem sich nach Barth Gottes Zorn austobt, relativiert sich die Schoa, relativieren sich alle Judenpogrome zu einer bloßen Ankündigung oder einem Nachklang der Passion dieses einen.[27]

26 Karl Barth, *KD IV/2*, Zollikon-Zürich 1955, 212.

27 Barths theologische und christologische Deutung *jüdischen* Leidens zu interpretieren, bedürfte einer eigenen Studie, die sich aber davor hüten sollte, Barth-Apologetik zu treiben. Dabei wäre insbesondere Barths Rezeption der biblischen Judasgestalt zu berücksichtigen; vgl. dazu die ausgezeichnete Masterarbeit von Matthias Käser-Braun, *Judas Ischariaoth:*

Gibt es – das sei hier wenigstens angefragt – die Möglichkeit einer subversiven Lesart jener Passage? Eröffnen sich einem *close reading* noch andere Einsichten als jene nicht nur auf den ersten Blick kaum erträgliche christologisch-theologische Relativierung des Leidens Israels? Ich notiere bei aller Anstößigkeit dieser Zeilen doch die folgenden Weg weisenden Einsichten:

- Das Leiden Israels bis hin zur Schoa darf christlicherseits nicht als Gerichtshandeln Gottes an Israel verstanden werden.
- Die Kreuzigung Jesu ist nicht jüdisches, sondern heidnisches Tun.
- In seinem Kreuzestod erlitt der Gottes- und Menschensohn einmalig den Zorn und das Urteil Gottes und gleichzeitig ereignet sich die Passion Christi, wo immer das Gottesvolk leidet. Wer Israel leiden macht, trifft damit den Christus.[28] Nimmt Barth damit 1940 nicht die inkarnationstheologische Aussage, dass der Logos in Jesus von Nazareth „*jüdisches* Fleisch"[29] wurde, vorweg?
- Eine so gedeutete Schoa – dürfen wir sie als Christenmenschen so deuten?[30] – lässt Barth in die höchst provokative, wohl allein im

„Überlieferer" des Evangeliums. Systematisch-theologische Wahrnehmungen zur signifikant noetischen Bedeutung der biblischen Judasgestalt in und für Karl Barths Lehre von Gottes Gnadenwahl und deren fundamentaltheologischen Implikationen für die Kirchliche Dogmatik, Bern 2016, die im Frühjahr 2018 mit verändertem Untertitel in der Reihe „reformiert!" im Theologischen Verlag Zürich erscheinen wird.

28 So verstanden, gerät Barths christologische Deutung des jüdischen Leidens in die Nähe zu Aussagen Dietrich Bonhoeffers, etwa zum Satz aus dem Ethik-Fragment „Erbe und Verfall" (von 1940): „Eine Verstoßung d. Juden aus dem Abendland muss die Verstoßung Jesu Christi nach sich ziehen, denn Jesus Christus war Jude" (Dietrich Bonhoeffer, *Ethik* [DBW 6], hg. von Ilse Tödt u. a., Gütersloh ²1998, 95). Allerdings bleibt hier gegen eine Überinterpretation des Barth-Textes seine kritische Selbsteinschätzung nach der Lektüre der Bonhoeffer-Biographie Eberhard Bethges zu bedenken: „Neu war mir vor allem die Tatsache, dass Bonhoeffer 1933 ff. als Erster, ja fast Einziger die Judenfrage so zentral und energisch ins Auge gefasst und in Angriff genommen hat. Ich empfinde es längst als eine Schuld meinerseits, dass ich sie im Kirchenkampf jedenfalls öffentlich […] nicht ebenfalls als entscheidend geltend gemacht habe" (Karl Barth, *Briefe 1961–1968* [GA V/6], 403 – Brief an Eberhard Bethge vom 22. Mai 1967).

29 Karl Barth, *KD IV/1*, Zollikon-Zürich 1953, 181.

30 Frag-würdig ist schon die Aussage, dass der Sinn der Geschichte Israels in der Erwartung des Messias, und zwar dieses Messias Jesus von Nazareth liege. Schwerer aber wiegt m. E., dass selbst dann, wenn man Barths Relativierung des jüdischen Leidens als Vorzeichen oder als Erinnerungszeichen der Passion Jesu zustimmen könnte, Gott als der im Kreuzestod Christi Handelnde auch der Verursacher dieses jüdischen Passionsvor- oder -nach„spiels" bleibt. Eine solche christliche Deutung jüdischen Leidens ist m. E. aber nicht erst im Schatten der Schoa unmöglich. Theologische Deutung von Leiden (und damit

Bekenntnis zur Auferweckung des Gekreuzigten gründende Überzeugung einmünden, dass alle Versuche, das Gottesvolk Israel zu vernichten, erfolglos und vergeblich sein werden. Er proklamiert damit ein christologisch begründetes Scheitern des „Endlösungs"-Programms der Wannsee-Konferenz (20. Januar 1942), bevor diese überhaupt stattgefunden hat, und damit bietet er dem nationalsozialistischen Rassenwahn die Stirn. Der Satz lässt sich als eine theologische Kampfansage an Hitler lesen.

- Wer aber ist der eigentliche Adressat, die erste Adressatin dieser Aussagen? Dienen diese Sätze nicht 1940 auch (und vor allem?) der Entängstigung und der Ermutigung des Schweizer Volkes (und anderer europäischer Völker) zum Widerstand gegen Hitler? Zur Beantwortung dieser Frage wären als Intertexte Vorträge und Briefe aus dem Jahr 1940 heranzuziehen.[31] Eine solche zeitgeschichtliche Kontextualisierung der Aussagen Barths zum Leiden des jüdischen Volkes darf aber nicht apologetisch werden und zur Stillstellung der Kritik führen. Denn auch wenn diese Aussagen nicht an die von der kollektiven, systematischen Vernichtung bedrohte Judenheit Europas adressiert sind, müsste nicht gerade für christliches Reden vom Leiden des jüdischen Volkes Dietrich Ritschls Grundsatz gelten: „Wir sollten unserer theologischen Arbeit zu jeder Zeit so nachgehen, als blickte uns ein Jude über die Schulter."[32]?

3. Sowenig irgendein geschöpfliches Leiden Ausdruck göttlichen Zornes ist, so sehr steht es zugleich in einem inneren sachlichen Zusammenhang mit der Passion Christi. Als auf dieses vorausweisendes oder an dieses erinnerndes *Zeichen* hat es – im Glauben – zugleich *Zeugnis*funktion. Aufgenommen in die Gemeinschaft mit dem auferweckten Gekreuzigten

Sinnstiftung im Leiden) darf sich immer nur auf das selbsterlittene, nie auf fremdes Leiden beziehen.

31 Siehe dazu etwa Karl Barth, *Eine Schweizer Stimme 1938–1945*, Zollikon-Zürich 1945, 118–178. Ich nehme damit ein Anliegen meines Osnabrücker Kollegen Gregor Etzelmüller aus der an den Vortrag anschließenden Diskussion auf, in der er eine zeitgeschichtliche Kontextualisierung gerade auch der Texte der Kirchlichen Dogmatik angemahnt hat. Wie wenig aber auch jene in „Eine Schweizer Stimme" versammelten Texte Barths die Jüdinnen und Juden als realexistierende Zeitgenossen und -genossinnen im Blick haben, darauf hat Hans Jonas in seiner Rezension aufmerksam gemacht: Eine Schweizer Stimme 1938–1945, in: Jedioth 38 (1946), 5f.

32 Dietrich Ritschl, *Zur Logik der Theologie. Kurze Darstellung der Zusammenhänge theologischer Grundgedanken*, München [2]1988, 165.

„muss das Leben des glaubenden Menschen im Schatten des göttlichen Gerichtes verlaufen" (456). Wir bekommen unser Leiden, das uns Christus in seiner Passion abgenommen hat, gleichwohl am eigenen Leibe zu spüren, nicht als ein göttliches Strafleiden, aber in Gestalt von Vorzeichen und Nachwehen des göttlichen Gerichtes: „Darum gibt es neben dem Kreuz Christi unser Kreuz, neben seinem Leiden unser Leiden, neben seinem Tode unseren Tod" (457).

Indem wir das in Jesus Christus vollzogene Gericht Gottes zu sehen bekommen, haben wir es *als vollzogenes* auch „zu fühlen, zu erfahren, zu erleiden" (456) – als „das kleine Leiden" (457), wie Barth das menschliche Leiden im Schatten der Passion Jesu relativiert. Diesen Schatten aber gibt es nur, weil von Ostern her Licht auf das Kreuz Christi fällt. Insofern leuchtet über allem geschöpflichen Leiden das Licht der Auferweckungshoffnung.

Das „kleine Leiden", das Menschen im voraus- oder im rückblickenden Sehen des Gerichtes Gottes widerfährt, nennt Barth „die notwendige Übung des Glaubens" (457). Beide, Israel und die Kirche, leiden im Schatten des göttlichen Gerichts. Aber nur von der Kirche heißt es dann: „Dass sie in diesem Schatten leidet, das ist es, was die Kirche der Welt als Antwort auf die Frage nach der ‚*Theodizee*', d.h. nach der Gerechtigkeit Gottes in den uns in der Welt auferlegten Leiden zu sagen hat" (457). Dass die Theodizeefrage in der Passion Christi von Gott selbst bereits beantwortet ist – darauf verweist für Barth das Zeichen und Zeugnis der im Schatten des göttlichen Gerichtes leidenden Christenmenschen.[33]

1.4 Gott und das Leid – eine kritische Bestandsaufnahme (im Anschluss an § 30.2)

Halten wir inne, um das bisher Erlesene vorläufig zu resümieren und kritisch zu befragen:

1. Der an, in und für sich kein Leid kennende Gott hat sich in SEINER wesensmäßigen Barmherzigkeit und Gerechtigkeit immer schon zum Mitleidenden mit SEINEN Geschöpfen gemacht – und zwar im Gottes- und Menschensohn Jesus Christus. Dieses Mitleiden entspringt nicht der Beeinflussung durch leidende Geschöpfe, auch nicht durch die Passion Christi, sondern der ewigen Selbstaffizierung Gottes.

---

33 Vgl. unten Abschnitt 5.

2. Alles geschöpfliche Leiden relativiert sich angesichts der Passion Jesu Christi, die allein wirkliches Leiden, weil das Erleiden des Zornes Gottes, darstellt. Was auch immer Menschen leiden, es ist kein göttliches Strafleiden, sondern weist zeichenhaft auf die Passion Christi voraus oder zurück und ist – sofern es im Glauben, allerdings nur im christlichen, nicht im jüdischen Glauben, geschieht – Zeugnis für die im ewigen Mitleiden Gottes immer schon beantwortete Theodizeefrage.
3. Angesichts einer solchen Barmherzigkeit und Gerechtigkeit Gottes, in der Gott das Gericht über die menschliche Sünde an sich selbst vollstreckt, haben die menschliche Klage und der Protest vor Gott zu verstummen. Das im Vergleich zur Passion Christi „kleine Leiden" ist geduldig als Übung des Glaubens zu tragen.

Worin liegen die theologischen und anthropologischen Stärken dieser Überzeugungen? Barth geht es darum, dass Menschen sich nicht damit übernehmen und überheben, dass sie etwas tragen zu müssen meinen, was sie nicht tragen können, aber auch nicht zu tragen brauchen, weil es ihnen längst abgenommen ist. Das ist für Barth gleichsam unsere Not in dritter Potenz, dass „wir meinen, unser Elend, gerade das eigentliche Elend unserer Sünde und Schuld *selber* tragen, uns selbst anzuklagen, zu richten und zu reinigen und dann doch auch wieder uns selber über die Folgen unserer Sünde und Schuld beklagen zu müssen meinen" (420). Barth spricht hier – klimaktisch – von einem dreifachen Elend: zunächst vom Elend, das aus unserer Geschöpflichkeit resultiert, sodann vom Elend unseres Elends, das Folge unserer Sünde ist, und schließlich vom Elend des Elends unseres Elends, das wir uns selbst bereiten, indem wir unsererseits schultern wollen, was uns zu tragen längst abgenommen ist. Emphatisch plädiert er für eine Befreiung aus der *Tragik* eines Lebens, das sich für unbegrenzt tragfähig hält und darum meint, sich sich selbst mit aller seiner Not aufbürden zu müssen, und daran buchstäblich *kläglich* scheitert.

Gleichwohl werfen diese von Barth gezeichneten Grundfiguren des Zusammenhangs von göttlichem und geschöpflichem Leiden eine Vielzahl von Fragen auf, von denen sieben genannt seien:

1. Es begegnet hier eine Herausforderung, die sich mit jedem Thema der Barth'schen Theologie verbindet, in – wie mir scheint – verschärfter Weise, nämlich die *Selbstwiederholung* Gottes als Wiederholung der ewigen Geschichte Gottes in der Zeit der Geschöpfe, was sich mit der Schwierigkeit verbindet, aionologisch, kairologisch und chronologisch zugleich zu denken und zu reden. Wenn wir sagen, dass Gott geschöpfliche Not

getragen habe, *bevor* Geschöpfe überhaupt da sind und ihnen Leid widerfährt, reden wir chronologisch. So entsteht der Eindruck, als nehme Barth geschöpfliches Leiden in der Zeit nicht ernst, weil es uns ja in Ewigkeit abgenommen sei. Mit einer differenzierteren Wahrnehmung des Ewigkeitsbegriffs verliert diese Kritik aber ihre Grundlage: Wenn wir nämlich Ewigkeit als die Fülle der Zeit und damit als gleichzeitig zu allen unseren *Chronoi* verstehen, verschiebt sich die Wahrnehmung: Es gibt dann eine gleichsam beständige *Synchronie* zwischen göttlichem und geschöpflichem Leiden. Letzteres ist von Gott getragen, *während* es dem Geschöpf widerfährt. Das Leiden wird dem Geschöpf je aktuell abgenommen. Die für Barths Theologie zentrale Figur der *Wiederholung* steht im Dienst des Bekenntnisses zur Treue Gottes. Gleichwohl drängt sich die Frage auf, die ich für unser Thema als die Kardinalfrage an Barth richte: Ist die Rede davon, dass alles geschöpfliche Leiden *nur in Gott wirkliches Leiden* ist, die größtmögliche Gewichtung unseres Leidens oder aber seine Verharmlosung und gar seine Entwirklichung? Und was heißt es, dass Gott Menschen je aktuell ihr Leiden abnimmt, wenn damit doch menschliches Leiden nicht beendet ist?

2. Zwar nennt Barth wiederholt neben der durch die menschliche Sünde verursachten Not das mit der geschöpflichen Endlichkeit verbundene Leiden[34] – beides wird stellvertretend von Christus getragen. Gleichwohl wird, wenn allein die Passion Jesu wirkliches Leiden, weil Ertragen des göttlichen Gerichts, darstellt, das den geschöpflichen Grenzen geschuldete Leiden vom *hamartiologisch* qualifizierten Leiden offenkundig geschluckt. Denn warum sollte jenes Leiden, das auf eine Erlösungsbedürftigkeit bereits der sehr guten Schöpfung verweist, Gegenstand des

---

34 Dies kommt nicht erst in der Zeitlehre der Anthropologie der Schöpfungslehre in KD III/2, § 47, zur Sprache, sondern bereits in der christologischen Grundlegung der Erwählungslehre, wo Barth das *göttliche Wagnis* der Menschwerdung des Gottessohnes auch *abgesehen von der Sünde* des Menschen erwägt: „In welche Gefährdung brachte Gott sich selber, indem er auch nur des von ihm geschaffenen Menschen in seiner ursprünglichen Reinheit sich in der Weise annehmen wollte, dass er sich zu seinem Gott, dass er sich gar zur Solidarität mit ihm bestimmte“ (Karl Barth, *KD II/2* [Anm. 12], 178). Doch auch hier wird der Entschluss Gottes zur Gemeinschaft mit dem Menschen und also der Inhalt der Gnadenwahl sogleich auf den sündigen Menschen bezogen. Schon überhaupt die Gemeinschaft mit dem Menschen zu wählen, ist Gnade; diese leuchtet aber umso heller, indem es sich um die Gemeinschaft mit dem *sündigen* Menschen handelt, die sich in der Mensch- und Knechtwerdung des Gottessohnes vollzieht. Zu Barths Würdigung des geschöpflichen Leidens siehe aber unten Abschnitt 6.1.

Gerichtes Gottes sein? Warum sollte es ein Gericht Gottes über die geschöpfliche Endlichkeit des Menschen, abgesehen von der Sünde, geben müssen?[35] Was könnte an dieser verwerflich sein? Ist Barths Rezeption der Lehre von der *assumptio carnis*, ist seine Inkarnationschristologie immer schon hamartiologisch imprägniert, weil der sündlose Mensch (abgesehen vom einen wahren Menschen!) eine Abstraktion vom wirklichen Menschen wäre? Der deutlichen Unterbestimmung des sog. „natürlichen Leidens" entspricht, dass Barth hier auch das Leiden der nichtmenschlichen Kreatur unberücksichtigt lässt.

3. Selbst wenn wir Barths Überzeugung zustimmen, dass in der stellvertretenden Übernahme geschöpflichen Leidens in Ewigkeit Gott gerechtfertigt, die Theodizeefrage beantwortet sei, schließt dies im Hier und Heute aus, dass wir Gott ins Angesicht geschöpfliches Leid klagen und die Theodizeefrage umso lauter an Gott selbst adressieren? Muss nicht gerade von der ewigen Passion Gottes her irdisches Leiden als umso *anachronistischer* (was, zugegeben, wieder chronologisch gedacht ist) erscheinen und darum Klage und Theodizeefrage verschärfen, anstatt sie zum Verstummen zu bringen? Und wie ist Barths deutliche Abwehr der menschlichen Klage von den biblischen Klagepsalmen her zu beurteilen? Was bedeutet sie im Besonderen für die Klage des 22. Psalms im Mund des Gekreuzigten? Sind alle diese Klagen „zu schwach […], immer ohnmächtig und letztlich unwahr"? Müsste hier nicht deutlicher unterschieden werden zwischen einer Kläglichkeit des Menschen, in der er in seiner Not bei sich selbst bleibt, und einer an Gott adressierten Klage, die einen ersten Ausweg aus der Not markiert, weil sie die Leidenden nicht in stummem Leiden verharren und so mit sich allein lässt, sondern sprachfähig macht? Fragen wie diese sind etwa an Barths Hiob-Exegese in KD IV/3 zu richten.[36] Es ist jedenfalls sehr auffällig, dass Psalm 22 so gut wie keine Rolle in Barths Theologie spielt, ja nicht einmal in KD IV/1 begegnet, was dem fast völligen *Klageschweigen* dieser Dogmatik entspricht.

---

35 Dies würde ja voraussetzen, dass der Mensch, und nicht etwa Gott, für die Endlichkeit des Geschöpfs verantwortlich ist bzw. dass diese selbst schon als Folge des menschlichen Ungehorsams zu verstehen sei. Dies aber bedeutete, die sehr gute Schöpfung am Anfang mit einer Unsterblichkeit der Menschen zusammen zu denken, wofür es biblischerseits keinen Anhalt gibt. Ein göttliches Gericht über die geschöpfliche Endlichkeit des Menschen kann somit nur als Selbstgericht Gottes gedacht werden.

36 Siehe unten Abschnitt 3 und den Vortrag von Andreas Schüle in diesem Band.

4. Auch die Deutung menschlichen Leidens in seiner Zeichen- und Zeugnisfunktion für das Gerichtsleiden Gottes wirft Fragen auf. Leiden Israel und Kirche beide im Schatten der Passion Jesu? Wie passt dies zur hochproblematischen doppelten Zeugenschaft in der Erwählungslehre, wonach Israel Zeuge des göttlichen Gerichts, die Kirche aber Zeuge des göttlichen Erbarmens ist (§ 34)? Wird damit in KD II/2 nicht etwas auseinandergerissen, was in § 30.2 noch zusammengehört, wo auch und gerade das Leiden der Christenmenschen Zeugnis für die Passion Christi ablegt? Und noch einmal: Wie kann menschliches Leiden, das nicht aus der Sünde, sondern aus der Endlichkeit resultiert, überhaupt Zeugnisfunktion für das *Gericht* Gottes in der Passion Christi haben?
5. Wie ist eine Einsicht, dass unser Leiden nur in Gott wirkliches Leiden ist und von uns nur als Erinnerung an SEIN stellvertretendes Leiden anzusehen ist, poimenisch, homiletisch oder pädagogisch befreiend zu vermitteln? Wie kann diese Einsicht leidende Menschen tröstend und befreiend erreichen? Ihnen zu sagen, dass nur Gott, noch dazu nicht nur *mit ihnen*, sondern *an ihnen* und *für sie* wirklich leide, dass ihr Leiden demgegenüber nur ein „kleines Leiden“ sei – wer von uns würde das tun wollen? Was aber ist die Alternative?[37]
6. Wenn göttliches Leiden ewiges, unaufhebbares Leiden ist, gibt es dann für Gott selbst niemals eine Erlösung vom Leiden? Bleibt Gott in Ewigkeit ein stellvertretend leidender, ein mitleidender Gott? Steht die Leidensfreiheit Gottes auf ewig unter eschatologischem Vorbehalt?
7. Die Frage, warum es überhaupt von Ewigkeit her ein buchstäblich notwendiges, die Not der Geschöpfe wendendes Mitleiden Gottes braucht, ja warum es überhaupt geschöpfliches Leiden gibt, stellt Barth hier in § 30.2 nicht, noch beantwortet er sie. Das *Dass* der Gott wesensmäßig eigenen Barmherzigkeit und Gerechtigkeit sei anzuerkennen, ihr *Warum* nicht zu ergründen und darum auch nicht zu erfragen. Hierfür bleiben wir an die Entfaltung der Erwählung Jesu Christi in § 33 und an die Lehre von Gott und dem Nichtigen in § 50 verwiesen.

Diese sieben Fragenbündel sind in mancher Hinsicht überschüssig gegenüber dem, was ich im Folgenden aus weiteren KD-Bänden (und wenigen anderen Schriften) zum Thema „Gott und das Leid“ ausführe. Ich werde skizzenhaft einige der aus der Lektüre von § 30.2 gewonnenen Einsichten in

37 Für Antworten auf diese Frage verweise ich auf den Beitrag von Andrea Bieler in diesem Band.

ihrem jeweiligen Kontext vertiefen. Dabei verschärfen sich manche Fragen eher, als dass sie Antworten finden.

2. Die erwählungstheologische Grundlegung des stellvertretenden Leidens Gottes: „dass die Erwählung des Menschen Jesus im Besonderen seine Erwählung zum Leiden [...] ist"

„Was ist das Größre vor dem Herrn? / Ein ausgespiener Apfelkern,
ein Hund, ein Kind, /ein Halm im Wind,
die Reue einer Dirne? / Zieht etwas seine Stirne
ein wenig tiefer ins Gewühl / aus toten Dingen und Gefühl?
Kann man das je ergründen? / Vielleicht sind große Sünden
So wie ein Seil für sein Genick / und zwingt ihn manchmal, seinen Blick
zu lösen von den Sternen? / Wir müssten werfen lernen
bevor er sich so hoch versteigt, / dass alles, was man aufwärtszeigt,
gleich gilt vor seinen Augen. / Man möchte doch was taugen!
Als Ebenbilder, die wir sind, / mag man nicht wie ein Halm im Wind,
nicht wie ein Apfelkern / sich fühlen vor dem Herrn" (556).

Das Motiv der in Ewigkeit beantworteten Theodizeefrage begegnet in der Lehre von Gottes Gnadenwahl wieder, in der Barth sich so deutlich wie bei keinem anderen dogmatischen Topos mit einer vierfach christologisch begründeten ReVision der doppelten Prädestination auch von seiner reformierten Tradition unterscheidet: Erwählung ist als anfängliches Tun des dreieinigen Gottes zuerst eine göttliche *Selbst*bestimmung, und nur als solche dann auch eine Bestimmung über die Menschheit, genauer: eine göttliche *Füreinander*-Bestimmung von Gott und Mensch. Gott fängt mit sich selber an, in Ewigkeit und in der Zeit, und dieses doppelte Anfangen ist jeweils ein Handeln in Jesus Christus. Christus ist als Gottes- und Menschensohn nicht nur der erwählende Gott und der erwählte Mensch, sondern auch der einzige von Gott Verworfene, indem Gott in Ewigkeit in der Passion Christi das Nein der doppelten Prädestination ganz auf sich nimmt, auf dass für den

Menschen allein das göttliche Ja als Bestimmung zum Erwähltsein in Christus übrig bleibt. Die Verwerfung ist als Tun des in Freiheit liebenden Gottes innertrinitarische *Selbst*verwerfung.

So reformuliert Barth die klassische Lehre von der doppelten Prädestination als Lehre von Gottes *Gnaden*wahl und nennt sie im Leitsatz zu § 32 die „Summe des Evangeliums"[38]. Während Barth hier von der Erwählung des Menschen spricht und damit den einen erwählten Menschen, den menschgewordenen Gottessohn meint, ist im Leitsatz zu § 33 vom sündigen Menschen die Rede:

> „Die Gnadenwahl ist der ewige Anfang aller Wege und Werke Gottes in Jesus Christus, in welchem Gott in freier Gnade sich selbst für den sündigen Menschen und den sündigen Menschen für sich selbst bestimmt und also die Verwerfung des Menschen mit allen ihren Folgen auf sich selber nimmt und den Menschen erwählt zur Teilnahme an seiner eigenen Herrlichkeit" (101).

Wo aber Gott und der *sündige* Mensch füreinander bestimmt werden, kommt etwas zusammen, was nach biblischem Verständnis kategorial voneinander geschieden ist, nämlich Gott und die Sünde. Da droht Lebensgefahr – für beide Seiten. Aus dieser befreit die *ewige Selbstunterscheidung Gottes* Schöpfer und Geschöpf: die Unterscheidung zwischen dem, was Gott will und deshalb erwählt, und dem, was Gott nicht will und deshalb verwirft. Soll aber auch im Verwerfen Gottes barmherziges und gerechtes Wesen zugleich zum Zug kommen, dann kann es nur so vollzogen werden, dass Gott sich selbst davon treffen lässt. Es gibt also keinerlei Symmetrie zwischen dem erwählenden und dem verwerfenden Handeln Gottes. Dieses spaltet nicht die Menschheit in Erwählte und Verworfene, sondern es wird in Gott selbst ausgetragen.

Dass mit dem so verstandenen Erwählungshandeln in Ewigkeit Gott sich selbst gerechtfertigt habe[39], hält Barth explizit in einer „Zwischenbemerkung" in § 33.2 fest:

> „Eben dies, dass Gott die Verwerfung des Menschen von Ewigkeit her auf sich selbst zu nehmen, sie selber zu erleiden beschlossen hat, ist auch von vornhe-

---

38 Karl Barth, *KD II/2* (Anm. 12), 1. Die Seitenzahlen in Abschnitt 2 beziehen sich auf KD II/2.

39 Nur in dieser Fragehinsicht soll die Lehre von Gottes Gnadenwahl hier aufgenommen werden. Was ich sonst zu ihr zu sagen habe, lässt sich im Eröffnungsvortrag der 35. Karl-Barth-Tagung auf dem Leuenberg 2004 nachlesen: „Das Ja vor jeder Frage". Karl Barths Lehre von Gottes Gnadenwahl – ein Beitrag zum gegenwärtigen Subjektivationsdiskurs, in: *ZDTh* 20/2 (2004), 103–146.

rein *Gottes Rechtfertigung* hinsichtlich der Gefährdung, der er den Menschen, schon indem er ihn *erschaffen* wollte – und hinsichtlich der noch größeren Gefährdung, der er ihn durch *Zulassung seines Sündenfalls* auszusetzen beschlossen hat. […] es bedeutete das Alles schon in Gottes ewigem Beschluss darum keine Ungerechtigkeit gegen sein Geschöpf, weil Gott sich ja in demselben ewigen Beschluss dafür entschieden hatte, die ganze Gefahr, von der sein Geschöpf als solches nicht ohne seinen Willen bedroht war und die ganze Not, in die es sich wieder nicht ohne seinen Willen stürzen wollte, seine eigene Gefahr und Not sein zu lassen" (180).

Barth räumt hier ein, dass Gott für die doppelte Gefährdung des Menschen dadurch verantwortlich ist, dass Er den Menschen geschaffen hat. Geschöpf zu sein, bringt mit der *Hinfälligkeit* des Geschöpflichen wie mit der in ihr liegenden *Anfälligkeit* für die Attraktivität des von Gott nicht Gewollten, des Nichtigen, eine zweifache Gefahr und Not mit sich. Gott trägt für beides die Verantwortung – für die Grenzen der geschöpflichen Existenz wie für deren Affizierbarkeit durch das Böse. Beide – Hinfälligkeit wie Anfälligkeit – sind gottgewollt und gottgemacht. Ein ungefährdetes Geschöpf und damit eine leidfreie Schöpfung gibt es nicht. Die Schöpfung ist von Anfang an erlösungsbedürftig. Ungefährdet wäre nur das Geschöpf, das niemals geschaffen worden wäre.

Gleichwohl ist Gott – so Barths Argumentation – dafür nicht anzuklagen und nicht zur Rechenschaft zu ziehen, weil Gott, noch bevor es die so bedrohte Schöpfung überhaupt gibt, diese doppelte Gefährdung auf sich selbst genommen hat: In der Menschwerdung des Gottessohnes hat Gott sich selbst dieser doppelten Gefahr ausgesetzt, statt sich in Seiner innertrinitarischen Lebendigkeit selbst zu genügen. Denn, so hätte die einzige Alternative zum Leiden der Geschöpfe wie zur Übernahme dieses Leidens durch Gott selbst ausgesehen: Gott wäre in der innertrinitarischen „Urwohngemeinschaft"[40] mit ihren unerschöpflichen Gabebeziehungen[41] bei sich selbst geblieben.

Da sich Gott aber im Überströmen Seines *kavod* und Seiner *doxa* zum Bündnispartner Seiner Schöpfung bestimmt und die Gefährdung Seiner Geschöpfe zu Seiner eigenen gemacht hat, gebe es für den Menschen keinen

40 Peter Sloterdijk, *Sphären I: Blasen. Mikrosphärologie*, Frankfurt a. M. [5]2000, 611. Dazu: Magdalene L. Frettlöh, Trinitarische Wohngemeinschaft. *Ha-maqom* – die geräumige Gottheit, in: *Gott, wo bist Du? Kirchlich-theologische Alltagskost*, Bd. 2, Wittingen 2009, 79–97.

41 Die von mir (s. o. Anm. 19) angemahnte gabetheologische Interpretation der Kirchlichen Dogmatik müsste ihren Ausgang bei den unerschöpflichen innertrinitarischen Gabebeziehungen von Vater, Sohn und Heiligem Geist nehmen.

Grund mit Gott zu rechten. Im Gegenteil: Der Mensch habe allen Anlass zur Dankbarkeit, sei doch die Erwählung des einen Menschen seine Erwählung zum Leiden[42], zur An- und Aufnahme sündigen geschöpflichen Leidens in die Gemeinschaft mit Gott:

> „Wollen wir wissen, *was Gott für sich selbst wählte*, indem er die Gemeinschaft mit dem Menschen erwählte, dann können wir nur antworten, er wählte unsere Verwerfung. Er machte sie zu der seinigen. Er trug und ertrug sie in allen, in ihren bittersten Konsequenzen. Er stellte also dieser seiner Wahl und so dem Menschen zulieb sich selbst gänzlich und allen Ernstes in Frage. Er wählte unser Leiden [.] (das, was wir als Sünde an ihm und vor ihm von ihm her leiden mussten) zu seinem eigenen Leiden" (179).

Auch hier deutet Barth geschöpfliches Leiden wieder *hamartiologisch*: In der Erwählung Jesu zum Leiden geht es demnach um das stellvertretende Tragen, Ertragen und Austragen des an der *Sünde* und ihren Folgen leidenden Menschen. Erneut frage ich – nun im erwählungstheologischen Horizont: Was ist mit dem Leiden, das nicht aus der Sündhaftigkeit, sondern aus der Vergänglichkeit, der Sterblichkeit der geschöpflichen Existenz resultiert? Nimmt Gott nicht in der Erwählung des Menschen Jesus zum Leiden auch dieses auf sich? Wenn der Gottessohn Mensch, das Gotteswort Fleisch wird, dann schließt dies doch auch An- und Aufnahme jenes geschöpflichen Leidens ein, das nicht auf das Konto der Sünde geht.

Es verschärft sich also die Frage vom Anfang: Denkt Barth die *assumptio carnis* zu schnell in hamartiologischer Engführung? Oder ist zu unterscheiden zwischen dem *beständigen Mit*tragen unseres geschöpflichen Leidens durch Gott und dem einfürallemal stellvertretenden Getragen*haben* des durch die Sünde bedingten Leidens? Was aber heißt es für unsere Wahrnehmung oder unseren Umgang mit dem Leiden, dass Gott es immer schon zu SEINEM eigenen gemacht hat? Leiden wir dadurch anders – als Geschöpfe wie als Sünder und Sünderinnen? Ist unser Leiden dadurch buchstäblich relativiert? Und macht diese Relativierung es für uns wirklich leichter und nicht vielmehr schwerer, das Leiden zu tragen? Es wären insbesondere KD IV/1 und IV/2 und Barths Auslegungen der ersten Hälfte des Christushymnus in

---

42 Zu den drei Grundsätzen des christologischen Profils der Erwählungslehre gehört, „dass die Erwählung des Menschen Jesus im Besonderen seine Erwählung zum *Leiden* und so und in dieser Gestalt der Grundakt der göttlichen Gnadenwahl ist" (Karl Barth, *KD II/2* [Anm. 12], 129).

Phil 2,6–8[43] daraufhin zu lesen, ob in der dort entfalteten Inkarnationschristologie *geschöpfliches Leiden diesseits der Sünde* Berücksichtigung findet.[44]

Auch für die erwählungstheologisch begründete ewige Theodizee ergeben sich Fragen. Barth scheint ganz im Bann eines „Drama[s] des Bundes“ zu stehen, wenn er emphatisch die Konsequenzen der selbst übernommenen Verwerfung für Gott benennt:

> „Bedeutet es für den Menschen sicher unendlichen Gewinn, unerhörte Erhöhung, dass Gott sich ihm zu eigen geben, sein Gott sein will, so muss es für Gott auf alle Fälle eine Kompromittierung bedeuten, wenn er sich selbst dazu entschließt, diesen Bund einzugehen. Wo der Mensch nur gewinnen kann, da kann Gott nur verlieren. Eben das ist der Inhalt, der doppelte Inhalt der göttlichen Vorherbestimmung, weil diese mit der Erwählung Jesu Christi identisch ist: *Gott will verlieren, damit der Mensch gewinne*. Sicheres Heil für den Menschen, sichere Gefahr für Gott selber!“ (177).

Doch – so befrage ich dieses Zitat – was verliert Gott hier: die Unschuld, Sündlosigkeit und Leidfreiheit Seiner *Aseität*? Eine konfliktfreie innertrinitarische Beziehungsgeschichte? Und vor wem eigentlich kompromittiert Gott sich? Vor sich selbst als Vater gegenüber dem Sohn? Vor dem Menschen? Vor der Sünde? Warum kann Barth die Erwählung des Menschen und also die Inkarnation des Gottessohnes nur als *Lebensrisiko* für Gott, als radikale Infragestellung Seines Gottseins, nicht aber als *Gewinn* auch für Gott verstehen? Gäbe Barth nicht gerade sein sog. gereinigter Supralapsarismus[45] den

---

43 Siehe z. B. Karl Barth, *Erklärung des Philipperbriefes* (1927), Zollikon-Zürich [4]1943, 54–60.

44 Auch das christologisch begründete Zeitverständnis der Anthropologie der Schöpfungslehre müsste für die Erörterung dieser Fragen herangezogen werden, stellt sich Barth in § 47.5 („Die endende Zeit“), nachdem er in § 47.3 („Die befristete Zeit“) bereits die zeitliche Begrenzung göttlichen Lebens als Wohltat gedeutet hat, doch ausdrücklich dem Problem, „ob und inwiefern wir wirklich auch die Endlichkeit der uns gegebenen Zeit und also den Tod als den Abschluss des menschlichen Lebens als eine Bestimmung der von Gott geschaffenen und also guten *Natur* des Menschen zu verstehen haben“ (Karl Barth, *KD III/2*, Zollikon-Zürich 1948, 722). Unter einer so verstandenen „natürlichen“ Endlichkeit bräuchte aber der Mensch nicht leiden; das Leiden an ihr ergibt sich daraus, dass diese Endlichkeit und mit ihr der Tod faktisch immer im Schatten der Sünde stehen, so dass das, was zu unterscheiden notwendig und geboten ist, nämlich „Ende und Fluch, Sterben und Strafe, Tod und Todesgericht“ (a.a.O., 769) als faktisch identisch erlebt wird. Anders formuliert: Es gibt nach Barth kein „natürliches“ Leiden an der Endlichkeit, sondern wo wir an ihr leiden, ist dies immer schon ein Leiden an einer von der Sünde vergifteten Endlichkeit, nicht an einer natürlichen, gottgewollten, guten Endlichkeit.

45 Zur Kritik der traditionellen Lehren des Supralapsarismus und des Infralapsarismus sowie zu Barths Plädoyer für eine „von den problematischen Voraussetzungen der alten Theo-

Freiraum, in der Selbstbestimmung Gottes für den Menschen auch eine Bereicherung Gottes, einen göttlichen Erfahrungs- und Erkenntnisgewinn, zu sehen?[46]

In der Theologik meines Vortrags müsste an dieser Stelle den folgenden Fragen nachgegangen werden: Warum leiden überhaupt Geschöpfe? Warum ist die Schöpfung von vornherein und nicht erst durch den Einbruch der Sünde erlösungsbedürftig? Was macht ein verwerfendes Handeln Gottes überhaupt notwendig? Barth antwortet darauf mit der Lehre von Gott und dem Nichtigen innerhalb der Providenzlehre von KD III/3.[47]

3. Wenn der treue Gott leiden macht – der klagende Hiob im Recht und im Unrecht?

„Wenn du mich heimsuchen willst
musst du zuvor ein Schüsselchen Milch
mir in die Herzmulde schütten
weil dort ein wütender Igel haust
tobsüchtig vor Hunger.

Wenn du mich heimsuchen willst
musst du zuvor einen Flammenring
um meine Hirnschale legen
weil dort ein giftiger Skorpion
seine Jungen herumführt.

logie gelöste und gereinigte supralapsarische Lehre" siehe Karl Barth, *KD II/2* (Anm. 12), 136–157.

46 In seiner Berliner Christologie-Vorlesung vom Sommersemester 1933 hat Dietrich Bonhoeffer immer wieder die Nicht-Notwendigkeit und damit Freiheit der Menschwerdung Gottes betont, die auf eine Verherrlichung Gottes im Menschen ziele und von der Erniedrigung des Gott-Menschen zu unterscheiden sei: „Die Menschwerdung Gottes ist die Botschaft Gottes von der Verherrlichung des Gottes, der seine Ehre darin sieht, in Menschengestalt zu sein" – Dietrich Bonhoeffer, Vorlesung „Christologie" (Nachschrift), in: *Berlin 1932–1933* (DBW 12), hg. von Carsten Nicolaisen und Ernst-Albert Scharffenorth, Gütersloh 1997, 279–348, 342.

47 Siehe den Vortrag von Matthias Wüthrich in diesem Band sowie ders., *Gott und das Nichtige. Eine Untersuchung zur Rede vom Nichtigen, ausgehend von Karl Barths KD § 50*, Zürich 2006. Da sich M. Wüthrichs Vortrag spezifisch diesem KD-Paragraphen zuwendet, klammere ich in meinem Überblick die Lehre vom Nichtigen aus.

Wenn du mich heimsuchen willst
musst du mit einem hochheiligen Spruch
meine steinerne Zunge besprechen
weil sie neunmal am Tag in die Hölle fährt
um ein Wort zu verbrennen.

Wenn du dies alles bestanden hast
bist du willkommen auf Stirne und Mund
und erwartet vom sanftesten Herzen
im Zeichen des Kreuzes.“ (510)

Es gibt auch ein Leiden an Gott bzw. um des Gottes willen, der sich in Ewigkeit dazu bestimmt hat, das Leiden SEINER Geschöpfe zu tragen. Es ist ein Leiden in *Entsprechung* zum Leiden Jesu Christi und als solches gerade *nicht identisch* mit der Passion des Gottes- und Menschensohnes. Es ist das Leiden der Zeuginnen und Zeugen. Als besondere Bedrängnis gehört es zu ihrem Dienst, zu ihrer Heiligung, zu ihrem Gehorsam. Es begegnet in spezifischer Gestalt bei Hiob, den Barth als den auf den wahrhaftigen Zeugen Jesus Christus hinweisenden Zeugen interpretiert; es begegnet im Leiden Israels, im Leiden der Kirche und der einzelnen Christenmenschen. Für dieses Leiden an Gott und um Gottes willen gebraucht Barth den Begriff der *Anfechtung*.

Im „Gespräch mit einer ‚Barth-Arbeitsgemeinschaft'“ am 7. Juni 1966 wird Barth angesichts des Befundes, dass in der Kirchlichen Dogmatik Glaubende als gehorsame, dankbare, lobende Menschen beschrieben seien, gefragt, ob man – insbesondere am Krankenbett – „nicht auch einmal der Klagende sein k[önne], oder ob Klagen schon ein Zeichen von Unglaube“[48] sei. Barth bringt sofort Hiob ins Gespräch:

> „Also, der Hiob hat heftig geklagt. Und er hat sogar angeklagt – und hat doch mehr recht gehabt als die drei Freunde, die so tadellos ihre Theologie vortrugen: mit der Theodizee und was die alles [wussten]. Aber er hat Gott geklagt und hat Gott angeklagt. Man kann unter Umständen ein Ankläger Gottes [sein], wenn man nur an die richtige Adresse geht [...] legen Sie sich einmal zwei Jahre ins Spital, wie ich es tun musste. Das ging auf und ab, das ging hin und her. Ich habe manchmal aufbegehrt; und ich war gar nicht zufrieden. [...] Das ist dann die berühmte Anfechtung. Jetzt geht es darum, ob man sich dessen trösten kann: ‚Das ist derselbe Gott, der es gut mit mir meint, der mir jetzt auch zur Anfech-

48 Karl Barth, *Gespräche 1964–1966* (GA IV/28), hg. von Eberhard Busch, Zürich 1997, 291.

> tung wird‘, wenn mir [das hier] wie eine Bärentatze auf mir liegt. […] Diese Hand, die jetzt da dich niederdrückt und die jetzt Anfechtung für dich bedeutet, ist jetzt für dich die Gegenwart Gottes.› Aber sagen Sie es nicht zu rasch! Sonst reden Sie wie die Freunde Hiobs.“[49]

Auf dem biographischen Hintergrund von drei mehrmonatigen Aufenthalten in Basler Spitälern 1964/65 gibt Barth – anders als in KD II/1 – dem an Gott adressierten Klagen und Anklagen statt und warnt vor zu raschen und zu glatten theologischen Antworten auf die Erfahrung des Leide(n)s. Und selbst auf die Frage nach den Feindklagen in den Psalmen räumt er ein: „Das ist auch erlaubt. Ich klage auch manchmal andere Menschen an. Ein Stück weit ist das ja auch notwendig, dass man sie anklagt. Man kann ihnen nicht die richtige Liebe erweisen, ohne dass man sie und uns auch anklagt. […] Aber natürlich, das hat seine Grenze. Anklagen heißt ja nicht verdammen. Anklage ist nur ein vorübergehendes Anathema“[50].

Gehen wir von dieser biographisch späten Haltung Barths zur Klage und Anklage, in die sich unverkennbar die eigenen leiblichen und seelischen Leiderfahrungen im Alter eingeschrieben haben, zurück auf seine Hiob-Interpretation in KD IV/3:

Barth zieht das Hiobbuch in § 70.1 und 2 als biblische Grundlegung des prophetischen Amtes Jesu Christi und der menschlichen Sünde in Gestalt der Lüge heran – eine überraschende dogmatische Verortung! Angeregt durch Wilhelm Vischers Vortrag „Hiob, ein Zeuge Jesu Christi“[51] (1932) wird für Barth der Nichtisraelit Hiob als ein „wahrer Israel“ zum „Typus des wahrhaftigen Zeugen“[52]. Als Typus ist Hiob vom einen wahrhaftigen Zeugen Jesus Christus darin unterschieden, dass er mit seiner Klage *zugleich im Recht und im Unrecht* ist, wie Barth in seiner auf weite Strecken dialektischen Rezeption der biblischen Hiobgestalt festhält.[53]

Gleichwohl ist Barths Hiobinterpretation Satz für Satz transparent für die Geschichte Jesu Christi, ereignet sie sich doch wie diese im Horizont der Erwählungs- und Bundesgeschichte, in der der in Freiheit erwählende Gott

49 A.a.O, 291f.

50 A.a.O., 292.

51 Wilhelm Vischer, *Hiob, ein Zeuge Jesu Christi.* Vortrag am 27.10.1932 vor einem Kreis von Gebildeten in Augsburg, Zürich [6]1947 (= *ZZ 11/5*, 1933, 386–414).

52 Karl Barth, *KD IV/3*, Zollikon-Zürich 1959, 448 (die Seitenzahlen in Abschnitt 6.1 beziehen sich auf diesen Band).

53 *Nur* ein Zeuge des wahrhaftigen Zeugen ist er aber auch, weil ihm nicht dessen gottmenschliche Personeinheit zu Eigen ist und er darum auch nicht heilsnotwendig ist.

mit dem Menschen, der dieser Erwählung in freiem Gehorsam entspricht, verbunden ist. Es handelt sich bei den Hiobpassagen in KD IV/3 – so meine These – um eine Wiederholung der Erwählungslehre von KD II/2 im Rahmen der Entfaltung des *munus propheticum*. Fast noch stärker als dort betont Barth hier die Freiheit der beiden Bundespartner in ihrer verbindlichen Beziehung, wie sie im *chinnam*, dem „umsonst" im Hiobbuch, ihren spezifischen Ausdruck finde:

Hiob, der freie Knecht Gottes, durchlaufe im Hiobbuch einen Weg der Befreiung, auf dem er sich als der freie Knecht des freien Gottes zu bewähren und also noch manches zu lernen habe[54]: „*Schon* Gottes freier Knecht, schreitet er durch die Hölle der Anfechtung hindurch seiner Befreiung durch und für den freien Gott *entgegen*" (448). Gott und Hiob bleiben auf diesem gemeinsamen Weg dieselben, aber beiden widerfahren Veränderungen bis zur Unkenntlichkeit – Veränderungen, die aus dem freundlich zugewandten einen fremden und feindlichen Gott machen, und Veränderungen, die Hiob als den wahrhaftigen Zeugen verdecken und ihn zu Unrecht klagen lassen.

Was nun Hiob leiden und klagen macht, sind in den Augen Barths nicht der Verlust von Besitz und Kindern, von Gesundheit und Ansehen, sondern eigentlicher Grund und Gegenstand seines Leids und seiner Klage sind für Hiob der furchtbare *Zusammenstoß eines Wissens und eines Nichtwissens* im Blick auf den ihm übel mitspielenden Gott: Hiob wisse, *dass* er es in dem, was ihm widerfährt, mit Gott zu tun habe, aber er wisse nicht, *inwiefern* er es darin mit Gott zu tun habe. Hiob

> „sieht unerschütterlich *seinen* Gott und keinen Anderen in dem, was ihm widerfährt. Er *versteht* ihn aber nicht in diesem Widerfahrnis. Er *erkennt* ihn, seinen Gott, darin nicht *wieder*. Er sieht darin wohl Gott – aber gewissermaßen *einen Gott ohne Gott*, d.h. einen Gott, der nicht die Züge des Angesichtes *seines*, des wahren Gottes trägt, der in freier Treue sein Partner und dessen Partner er selbst in ebenso freier Treue geworden ist" (464).

Auch hier begegnet nun wieder so etwas wie eine Hierarchisierung der Leiden: Angesichts dieses Leidens an „*Gott ohne Gott*" haben die übrigen Leiden Hiobs, auch wenn Barth sie als „*descensus ad inferos*" (462) charakterisiert, „nur eben instrumentale, subsidiäre, relative Bedeutung [...]. Von ihm und nur von ihm her, indem sie jenes ganz andere Leid ankündigen,

54 Was Barth hier als Bewährungsweg des wahrhaftigen Zeugen Hiob beschreibt, begegnet im Blick auf die christliche Gemeinde als Heiligung im Zeugendienst (Karl Barth, *KD IV/3* [Anm. 52], § 71.4).

haben auch sie ihr spezifisches Gewicht, ihre unerträgliche Schärfe“ (462). Zum schier unerträglichen Konflikt steigert sich Hiobs Leiden an Gott dadurch, dass Hiob sich diesem ihm fremd und feindlich begegnenden Gott nicht entziehen, ihm nicht entrinnen, ja sich nicht einmal mit ihm auseinandersetzen kann. So leidet Hiob gerade „unter der Treue, in der Gott auch so nicht von ihm lässt und in der er, Hiob, auch von Gott nicht lassen kann“ (464). Bestimmt Barth in der „Einführung in die evangelische Theologie“ die spezifische Anfechtung der Theologie als

> „das Ereignis, in welchem sich Gott diesem von Menschen unternommenen und in Gang gesetzten Werk entzieht, in welchem er sein Angesicht vor dem Tun dieser Menschen verhüllt, im welchem er ihm [...] die Gegenwart und Aktion seines Heiligen Geistes [...] verweigert“[55],

so leidet Hiob dagegen gerade daran, dass ihm Gott zu nahe kommt, ihm unter die Haut geht und in die Knochen fährt.

Hiob pocht mit seinen Fragen und Klagen auf das Recht des Bundes, an das sich beide Bündnispartner zu halten haben. Während er von seinem gerechten und barmherzigen Tun Rechenschaft ablegen kann und schließlich sogar eine göttliche Anklageschrift gegen sich einfordert (Hi 31,35f.), bezweifelt er, dass der Gott, der sich mit ihm verbündet hat, das Recht auf einen solchen Gestaltwandel hat, dass er Ihn in dem, was ihm widerfährt, nicht mehr wiedererkennt: „Er setzt dieser Gestalt Gottes das Recht des Verhältnisses entgegen, in welchem Gott zu ihm, er zu Gott, doch steht. Er beschwört ihn, sich zu diesem Recht zu bekennen“ (464f.). Aus der Klage über den ihm entzogenen Segen wird so die eigentliche Klage,

> „in der er sich im Namen Gottes gegen Gott, nämlich gegen die Fremdgestalt, in der ihm Gott begegnet, auflehnt, mit im hadert, mit ihm rechtet, sich ihm als sein zu Unrecht verstoßener und misshandelter Knecht aufdrängt“ (468).

Inwiefern setzt Hiob sich aber nun mit dieser Klage zugleich ins Recht *und* ins Unrecht? Inwiefern ist er im Urteil Barths – bis zur Rede Gottes aus dem Sturm – *simul iustus et peccator*, so dass Gott ihn im Fortgang der Geschichte rechtfertigen *und* demütigen zugleich wird und er erfahren muss, „dass sein ganzes Schreien, Ausschlagen, Entrinnenwollen, sein ganzes Fragen, Zweifeln, Protestieren ohnmächtig ist gegenüber dem ehernen Faktum, dass *Gott* ihm in *dieser* Gestalt begegnet“ (465)?

Recht bekommt der leidende und klagende Hiob darin, dass er auf die ihm bekannte, vertraute, verlässliche Gestalt des Gottes pocht, der ihn zu sei-

---

55 Karl Barth, *Einführung in die evangelische Theologie*, Zürich 1962, 147.

nem freien Knecht erwählt hat, dass er Gott seine eigene Rechtschaffenheit entgegenhält[56] und nicht in seinem Elend Gott auf eigene Kosten verteidigt und rechtfertigt. *Hiob findet sich weder mit seinem Leiden noch mit dem Gott ab, der ihn leiden macht.* Den dreifachen Fehler der Freunde Hiobs nach ihrem solidarischen, sieben Tage währenden Schweigen begeht Hiob nicht: Er nimmt nicht den Standpunkt Gottes ein und redet nicht aus der Position, im Namen und zur Verteidigung Gottes, also nicht apologetisch. Er gibt sich nicht mit zeitlos gültigen, ungeschichtlichen Auskünften über Gott und sein Leiden zufrieden. Und er versteht die Beziehung zwischen Gott und Mensch nicht als ein starres Ordnungsgefüge. Unter und vor Gott stehend, fordert Hiob Gott zur Rechenschaft auf, anerkennt nur eine Wahrheit, die ihm im konkreten *hic et nunc* seines Leidens hilft, und nimmt darin seine Gottesbeziehung als lebendiges Ereignis von Begegnungen wahr. Barth schreibt hier der Theologie und insbesondere der Poimenik mit seiner Analyse der „frommen Lüge"[57] der Freunde Hiobs eine Vielzahl von wichtigen Einsichten ins Stammbuch.[58]

Inwiefern hat Hiob dann aber, wenn Gott ihn doch gerade gegenüber den vergeblichen apologetisch imprägnierten Theodizee-Anstrengungen seiner Freunde ins Recht setzt, mit seinen Klagen[59] zugleich Unrecht? Hiob habe,

56 Siehe Karl Barth, *KD IV/1* (Anm. 29), 637–639.

57 Während sich Barth Hiob im christologischen Abschnitt der Hamartiologie der dritten Gestalt der Versöhnungslehre zuwendet (§ 70.1 „Der wahrhaftige Zeuge"), begegnen die Reden der Freunde bei der Entfaltung der menschlichen Sünde als Lüge (§ 70.2). Barth weiß sich mit der Hiob-Interpretation seiner Zeit darin einig, „dass ihre [der Freunde Hiobs] Intervention Hiob gegenüber so etwas wie eine Fortsetzung, ja Überbietung, ja dass sie erst die Vollgestalt der dem Hiob unter göttlicher Zulassung und Verfügung widerfahrenden *satanischen* Anfechtung darstellt. Was es in der Bibel mit des Menschen Lüge in ihrer Urform als fromme Lüge auf sich hat, das dokumentieren klassisch diese Freundesreden" (522). Siehe zur Einschätzung der Reden der Freunde als Lügen auch Henning Luther, Die Lügen der Tröster. Das Beunruhigende des Glaubens als Herausforderung für die Seelsorge, in: *Praktische Theologie* 33 (1998), 163–176.

58 Es sind für Barth nicht primär die Inhalte der Freundesreden, die sie zur „frommen Lüge" machen, sondern der Ort, von dem aus sie sprechen: Dass sie den Standpunkt Gottes gegenüber Hiob einzunehmen suchen, dass sie ungeschichtlich von Gott reden und dass sie die Beziehung zwischen Gott und Mensch nicht als unverfügbares Ereignis und lebendige Begegnung, sondern im Rahmen eines stabilen Ordnungsgefüges verstehen (vgl. 525–529). Dass genau diese drei Momente wiederholt auch der Barth'schen Theologie vorgeworfen worden sind, ermahnt uns zur Sensibilität im Blick auf den Ort, von dem aus wir Theologie treiben.

59 Insofern Hiob mit seinen Klagen im Recht ist, widersprechen diese nach Barth nicht dem Bekenntnis Hiobs in Hi 1,11 und 2,10.

obwohl hier und da in seinen Reden die Erkenntnis aufblitze, dass Gott „jetzt schon, indem er *gegen* ihn ist, *für* ihn ist“ (490)[60], „*mit* Gott *ohne* ihn über und zu Gott geredet“ und damit den Ratschluss Gottes sowie das eigene Zeugnis desselben „tüchtig verdunkelt“ (470). Was aber ist mit dieser merkwürdigen Formulierung „*mit* Gott *ohne* ihn über und zu Gott reden“ gemeint?

Hiobs Klagen richten sich gegen den ihm fremd gewordenen und feindlich gesinnten Gott, verkennen dabei aber – trotz fragmentarisch besserer Einsicht –, dass dieser Gott als *Elohim* und *El Schaddaj* kein anderer ist als *Adonaj*, der Gott Israels, so dass faktisch Hiob *den* Gott anklagt und zur Rechenschaft zieht, der ihm doch als sein Bundespartner vertraut ist, so dass er Ihm vertrauen könnte. Hiob erkennt nicht, dass das, was ihm mit dem Gestaltwandel Gottes an Leiden widerfährt, integraler Bestandteil, oder – mit Barths Worten – „eine Teilaktion“ (467) der gemeinsamen Erwählungs- und Bundesgeschichte ist. Er lässt außer Acht, dass es zur Freiheit Gottes gehört, ihm auch in dieser Gestalt zu begegnen, auf dass er, Hiob, sich in einem „*leidenden* Gehorsam“ (467) als Bundespartner bewähre.

Barth nimmt hier den Kierkegaard'schen Begriff der *Wiederholung* auf, auch wenn er Kierkegaards vorbehaltloser Würdigung der Klagen Hiobs nicht folgt: Was Gott mit seinem Gestaltwandel Hiob gegenüber vollziehe, sei „eine Bewährung der freien Treue, in der er Hiob zugewendet ist […], eine Wiederholung der in gleich freier Treue geschehenen Begründung seines Bundes mit Hiob“ (467). Gerade in der Wiederholungsfigur ist die Christus-Analogie Hiobs mit Händen zu greifen.

Wenn es aber um die Einheit von *Adonaj* mit *Elohim* und *El Schaddaj* in der einen Bundesgeschichte Gottes mit Hiob geht, dann wird auch deutlich, warum die göttliche Antwort auf die Klagen, Fragen und Bitten Hiobs gleichsam an diesen vorbeigehen muss, warum Gott Hiob in der Gestalt *El Schaddajs* und nicht in der Gestalt *Adonajs* antwortet:

> „Nicht in Aufhebung seiner Verborgenheit, sondern aus ihr heraus, nicht in Beseitigung seiner Unkenntlichkeit, sondern […] in ihr, in deren Bestätigung sogar, offenbart sich Gott dem Hiob, macht er sich ihm kenntlich“ (492).

Dass der ihm unkenntlich gewordene Gott gerade in Seiner fremden Gestalt zu ihm gesprochen habe, genüge Hiob vollkommen, um von seiner Klage abzulassen, und überzeuge ihn davon, dass er es im *El Schaddaj* mit *Ado-*

---

60 Barth nennt diese Unterbrechungen der Klagen Hiobs „plötzlich aufstrahlende und dann sofort wieder verschwindende Lichter[, die] auf diese letztinstanzliche Entscheidung hinweisen“ (488) und rechnet dazu Hi 16,19–21; 17,3; 19,25–27; 14,13–17 sowie als Schlüssel zu diesen Stellen Hi 27,2.

naj zu tun habe. Hiob habe, so Barth, seine Lektion verstanden, habe gelernt, dass die Fremdgestalt Gottes der Bundestreue *Adonajs* nicht widerspreche, weil sie zu SEINER Freiheit gehöre, die wiederum die Freiheit des menschlichen Partners evoziere. So ziele die mit Gegenfragen gespickte Gottesrede in Hi 38–41 darauf, dass Hiob selbst als mündiger Bundespartner, als freier Knecht, der sich in seinem leidenden Gehorsam bewährt habe, antworten könne.

Indem aber Gott Hiob Recht gibt, wird im wiedergewonnenen Vertrauen Hiobs auch Gott gerechtfertigt bzw. rechtfertigt sich Gott selbst:

> „Jahve hat in dem allem, in diesem ganzen Erweis und Gebrauch seiner königlichen Freiheit seinerseits Recht behalten, sein Recht durchgesetzt, *gegen* Hiob, noch mehr *für* ihn, aber auch *durch* ihn, auch in Hiobs durch sein Wort plötzlich und prompt herbeigeführte Erkenntnis und Entscheidung, ihm als dem freien Gott die Ehre zu geben, sich in das Walten seiner Freiheit zu fügen und eben in dieser Fügsamkeit sein treuer, sein seinerseits freier Mensch, sein erwählter und echter Bundesgenosse zu *sein* und zu *bleiben*" (499).

Damit aber ist deutlich: Die *in Ewigkeit* geschehene Rechtfertigung Gottes schließt ein *deum iustificare in der Zeit*, in der konkreten Bundesgeschichte nicht aus und macht dieses auch nicht überflüssig. Dieses *deum iustificare* ereignet sich für Barth auch in den geschichtlichen Begegnungen zwischen Gott und Mensch als eine *Selbst*rechtfertigung Gottes, in der Gott aber nicht alleinwirksam ist, sondern sich der Menschen bedient, die ER selbst ins Recht setzt. Wie hätte Gott sich selbst rechtfertigen können ohne die Klagen und Fragen Hiobs, die diese innergeschichtliche Theodizee hervorrufen?!

Ich lese Barths Hiobinterpretation nicht nur in ihrer Transparenz auf den leidenden Gehorsam des einen wahrhaftigen Zeugen Jesu Christi, sondern auch als ein durchgängiges kritisches Gespräch mit Luthers Unterscheidung von *deus revelatus* und *deus absconditus*. Der *deus alienus*, unter dem Hiob zu leiden hat und der ihm zu klagen gibt, ist nicht der verborgene Gott Luthers, von dem weg es zum offenbaren Gott zu fliehen gilt. Wenn schon „Flucht von Gott zu Gott", dann als „Flucht vor dem in seiner Unkenntlichkeit *nur* eben *unkenntlichen* zu dem gerade in seiner Unkenntlichkeit (hoffentlich! gewiss!) *kenntlichen* Gott – ohne Scheidung in Hiobs Gottesgedanken also" (489). Hiob bekommt ja gerade darin Recht, dass er nicht

> „hinter dem so [fremdartig] an ihm handelnden Gott oder über ihn hinweg auf einen anderen sehen [kann], der ihm zu seiner Klage keinen Anlass gäbe. […] was er von Gott begehrt, ist nicht, dass er ihm irgendwo *außer* und *neben*,

sondern dass er ihm *in* seiner Unkenntlichkeit kenntlich, dass er ihm gerade *in* seiner Feindschaft als der ihm vertraute Freund offenbar werde" (488).

Es ist ja gerade der ihm fremd und feindlich begegnende Gott, der Hiob angeht und den er sich deshalb auch angehen lassen muss, während für Luthers *deus absconditus* gilt: „Quae supra nos, nihil ad nos" – „Was über uns ist, geht uns nichts an."[61]

Die Rede Gottes aus dem Sturm enthält auch einen Gottesbildersturm, in dem *Adonaj* Hiob gegenüber SEINE Freiheit als der bekräftigt, der nicht menschlichen Gottesbildern konform handeln muss:

> „Es ist eben Jahve auch Elohim-Schaddai, der Hohe und Allmächtige, als Hiobs Freund, Verbündeter und Verschworener auch der Souverän, auf dessen Erwählung und Treue er sich unbedingt verlassen darf und soll, auf die er gar nicht genug pochen kann, der sich ihm aber auch hinsichtlich des Modus seines Waltens über und mit ihm Alles vorbehalten hat, von dem er also nicht erwarten darf, dass er ihm seinen Gedanken und Vorstellungen, Maßstäben und Wünschen, seinen eigenen Voraussetzungen entsprechend begegnen müsse. Er kann ihm als sein Erwählter (1,10) nur ‚umsonst' dienen: ohne Anspruch darauf, dass sein Walten irgend einem Bilde, das er sich von ihm machen möchte, konform zu sein habe. Er müsste seiner Erwählung untreu werden, wenn er sich angesichts der Nicht-Konformität seines Waltens mit dem Bild, das er von seiner Weisheit, Gerechtigkeit und Liebe hat, gegen das, was sie nach Gottes Wesen, Willen und Ratschluss sind, auflehnen würde. Jahve hat die *Freiheit*, ihm so zu begegnen, wie er es laut Hiobs Klage getan hat: in jener *Fremdgestalt*, in jener *Feindgestalt*. Er hört in ihr nicht auf, er ist in ihr nicht weniger, er ist nur eben gerade in ihr sein *Freund*, sein *Verbündeter*, sein *Verschworener*" (496f.).

Dass diese Freiheit aber keine willkürliche ist, hat Barth bereits wiederholt in der Gotteslehre, insbesondere im Abschnitt über „Gottes Beständigkeit und Allmacht" (§ 31.2), zu begründen gesucht: In einem Exkurs über die geläufige Unterscheidung von *potentia absoluta* und *potentia ordinata*, in dem er Luthers *deus absconditus* in der spätmittelalterlichen Tradition einer als *potentia extraordinaria* verstandenen *potentia absoluta* stehen sieht, bezeugt Barth, dass Gottes absolutes Vermögen nicht im Widerspruch zu

61 Zum theologischen Gebrauch der vermutlich auf Sokrates zurückgehenden Formel, insbes. bei Martin Luther, siehe Eberhard Jüngel, Quae supra nos, nihil ad nos. Eine Kurzformel der Lehre vom verborgenen Gott – im Anschluss an Luther interpretiert, in: *Entsprechungen; Gott – Wahrheit – Mensch. Theologische Erörterungen*, München 1980, 202–251.

Seinem uns offenbarten Werk und Wort stehen könne, würde dies doch jede Heilsgewissheit und jeden Trost im Leben und im Sterben unterlaufen:

> „Wir haben [...] nicht damit zu rechnen, dass dieses sein anderes Können in der Unendlichkeit der Möglichkeiten, die wir ihm tatsächlich nicht absprechen dürfen, jemals und irgendwo sachlich ein anderes als eben das in seinem uns bekannten tatsächlichen Werk erwiesene, ein ungeordnetes oder in seiner *ordinatio* von diesem verschiedenes, ihm widersprechendes Können sein werde.“[62]

Dem entspricht die auch und gerade im Hiobbuch gefundene Identität von *deus revelatus* und *deus absconditus*, die Barth Luthers Unterscheidung in Gestalt einer rhetorischen Frage entgegenhält:

> „Kann auch der richtige Hinweis auf den *Deus revelatus* genügen, wenn es nicht feststeht, dass eben dieser *Deus revelatus* als solcher auch der *Deus absconditus*, dass der *Deus absconditus* in allen seinen Möglichkeiten, in seinem ganzen Können auch in allen uns unzugänglichen Bezirken und Dimensionen kein Anderer als eben der *Deus revelatus* ist?“[63]

Außerdem sehe ich in Barths Hiobauslegung auch die Kritik an einer ausbalancierten *simul iustus et peccator*-Figur, die Barth dann im Nachlassband „Das christliche Leben“ ganz hinter sich lässt.[64] Die Rechtfertigung Hiobs durch Gott bewirkt eine *unumkehrbare* Geschichte vom *peccator-* zum *iustus*-Sein.

Barths hier nur skizzierter Interpretation der kanonischen Gestalt des Hiobbuches begegne ich mit zwei Anfragen:

1. Barth findet Hiob so von Gottes Antwort in Kap. 38–41 überzeugt, dass er nicht nur von seinen Klagen und Fragen ablässt, sondern dass er sie auch selbst im Nachhinein als ungerechtfertigt einschätzt. Hiob kapituliere restlos – doch nicht etwa vor einem in seinem Tun unbegreiflichen Gott, sondern weil er die göttliche Lektion verstanden habe. Diese sei eine Lektion in Sachen *Freiheit* des treuen Gottes. Doch müsste nicht die Einsicht, dass Hiob es auch in dem ihm fremden und feindlichen Gott mit Adonaj zu tun hat, die Klagen eher verschärfen, statt sie zum Schweigen zu bringen – allemal angesichts des Wissens darum, dass diese Einsicht, zu der Hiob findet, vielen leidenden Menschen nicht zugänglich ist? Barth löst m. E. die Spannung von Widerstand und Ergebung einseitig zugunsten

62 Karl Barth, *KD II/1* (Anm. 13), 609.

63 A.a.O., 610.

64 Karl Barth, *Das christliche Leben. Die Kirchliche Dogmatik IV,4. Fragmente aus dem Nachlass. Vorlesungen 1959–1961* (GA II/7), hg. von Hans-Anton Drewes und Eberhard Jüngel, Zürich ²1979, bes. 235ff.

der Ergebung auf. Provozieren denn Hiobs Klagen und Fragen weniger seine Rechtfertigung als sein Sichfügen in die Antwort Gottes?[65]

2. Aus dem Dilemma des *simul iustus et peccator* kommt Hiob nicht allein heraus, sondern nur durch Gottes ihn öffentlich ins Recht setzende Tat. Es ist Gott, der Hiobs Klage Recht gibt. Bedarf es nicht entsprechend auch eines Tuns Gottes, das die Zweideutigkeit der Gottesgestalten von *Elohim* bzw. *El Schaddaj* einerseits und *Adonaj* andererseits zugunsten *Adonajs* auflöst? Bedarf es nicht auch einer Erlösung Gottes, womöglich unter Mitwirkung des Menschen, aus SEINER Fremd- und Feindgestalt, anstatt unter dem Vorzeichen der Freiheit Gottes beide Gestalten, wenn auch nicht neben-, so doch bleibend ineinander zu sehen? Rabbinische Texte wie etwa bB^{e}rachot 7a[66] zeugen davon. Mit ihnen hat Friedrich-Wilhelm Marquardt im dritten Band seiner Eschatologie Barths Kritik am *deus absconditus* in diese Richtung weitergedacht.[67]

4. Die Natur „will auch ein Recht haben ‚auf Hoffnung'" – Gott und das Leiden in Fauna und Flora

„An den Vogel Nimmerfroh

Du alter Vogel Nimmerfroh / auf deiner großen Eiche, /
was klagst du denn bloß immer so, / dass ich bewegt erbleiche?

Dein Schatten liegt oft schwer und rund / im hellen Mondesschimmer; /
ich leg die Hände an den Mund / und steh verwirrt im Zimmer.

---

65 Doch muss Hi 42,1–6, die zweite Antwort Hiobs an Gott, als „[u]nbedingte Kapitulation" (495) Hiobs gelesen und so mit Hi 40,3–5 harmonisiert werden? Zur Wahrnehmung entscheidender Differenzen beider Antworten siehe Jürgen Ebach, *Streiten mit Gott: Hiob. Teil 2: Hiob 21–41*, Neukirchen-Vluyn 1996, 139f.155–160.

66 Siehe dazu Magdalene L. Frettlöh, *Theologie des Segens. Biblische und dogmatische Wahrnehmungen*, Gütersloh ^{5}2005, 392–403. Meine Segenstheologie ist inzwischen vollständig im Netz verfügbar – URL: http://www.reformiert-info.de/5698-0-84-9.html (zuletzt aufgerufen am 17.01.2017).

67 Friedrich-Wilhelm Marquardt, *Was dürfen wir hoffen, wenn wir hoffen dürften?* (Anm. 2), bes. 164–235.

Ich denke, dass mein Herz so sehr / dir, schwarzer Vogel, gleicht; /
sein Ruf ist auch so matt und schwer, / für Troste unerreicht!

Ich denke manchmal, wie erschreckt, / dass du mein Bruder seist, /
wenn mich dein Ruf am Morgen weckt, / wenn du so seltsam schreist.

Ich bete oft / für deine Ruh, / du Vogel Nimmerfroh! /
Wir klagen beide immerzu – und Gott ist irgendwo …

Er wird bewegt in seinem Licht / von unsrer Dunkelheit;
und einmal birgt er uns ganz dicht / in seinem großen Kleid" (60).

Wie steht es um Gott und das Leiden der übrigen Kreatur?[68] Und wie gehören das Leiden von Flora und Fauna und menschliches Leiden zusammen? Ich richte diese Fragen an Karl Barths Auslegung von Röm 8,18ff., und zwar in seinem ersten Römerbriefkommentar von 1919. Wir begegnen hier, in dieser frühen dialektischen Phase, einer ganz anderen Diktion Barths als in der Kirchlichen Dogmatik, einer revolutionären, expressionistischen Sprache, die dem machtvollen Hereinbrechen der neuen Welt Gottes in die Jetztzeit einer sich leidenschaftlich nach Erlösung sehnenden Schöpfung entspricht. Man verspürt hier ein kräftiges Brausen, ja Stürmen des Heiligen Geistes, während die Bezugnahmen auf Röm 8 in der Kirchlichen Dogmatik eher wohltemperiert und deutlich verhaltener daherkommen.

Es ist das Wirken des Geistes Gottes in der ganzen Schöpfung, das für drängende, sehnsuchtsvolle Bewegung sorgt, denn:

> „Der Geist ist nie romantisch-konservativ. Der Geist nimmt die Verhältnisse nicht, wie sie sind. Der Geist hat nicht Interesse an der Erhaltung des Bisherigen, des Bestehenden, sondern an seiner Verwandlung und Neugeburt. […] Geist ist Wachstum und hat im Gesetz des Wachstums seine einzige Autorität. Geist kann in der Gegenwart nichts anderes sein als Revolution, auch die Revolution dessen, was sich in der Gegenwart Revolution nennt."[69]

---

68 Nach Christian Link wird Röm 8,19ff. „nicht nur als Magna Charta eines ökologischen Verständnisses, sondern darüber hinaus als hermeneutischer Schlüssel zur Wahrnehmung der Welt als Schöpfung in Anspruch genommen" (*Schöpfung. Ein theologischer Entwurf im Gegenüber zu Naturwissenschaft und Ökologie*, Neukirchen-Vluyn 2012, 82f.). Link bezieht sich allerdings auf Barths Römerbrief-Kommentar in der zweiten Fassung von 1922 (a.a.O., 88).

69 Karl Barth, *Der Römerbrief (Erste Fassung) 1919* (GA II/16), hg. von Hermann Schmidt, Zürich 1985, 316. Die Seitenzahlen im fünften Abschnitt beziehen sich auf diesen Band.

Sind nun aber die so revolutionär vom Geist Gottes bewegten Menschen Töchter und Söhne Gottes und haben als solche *schon jetzt* Anteil an der neuen Welt Gottes, dann empfinden sie die Unerlöstheit der alten Welt umso schmerzlicher. Indem sie in die Spannung zwischen dem in der Auferweckung des Gekreuzigten erst angebrochenen neuen Kosmos und seiner noch ausstehenden Vollendung gestellt sind, leiden sie aufgrund der ihnen eigenen Differenzsensibilität um so mehr an einer Welt, in der immer noch Gewalt und Tod herrschen. Es ist zugleich ein Leiden daran, dass ihnen der Geist Gottes nur bruchstückhaft den Einblick in den neuen Äon, der noch in Gott verborgen ist, gewährt. Aber eben diese Momentaufnahmen genügen, um das Leiden zu verschärfen. Vom Gottesgeist bewegte Menschen sind dünnhäutig und leidempfindlich.

> Doch gerade das, was einen Mehrwert an Leiden schafft, nämlich das Wissen um die noch ausstehende und noch fast ganz verborgene Zukunft Gottes, ist zugleich das, was dieses Leiden überhaupt erträglich machen kann – zumindest für die, die sich von Paulus überzeugen lassen, *„dass die Leiden der gegenwärtigen Zeit nichts bedeuten im Vergleich zu der Pracht (doxa), die an uns offenbar werden soll“* (Röm 8,18). „[S]olches Ertragen des Leides ist möglich, weil in der Gegenwart der Welt die Zukunft Gottes sich ans Licht ringen will“ (324).

Es sind die Geburtswehen der neuen Welt Gottes inmitten der alten, die die Töchter und Söhne Gottes in Mitleidenschaft ziehen und ihren Schmerz verstärken. Der Muttermund hat sich schon ein wenig geöffnet, aber das Kind ist noch nicht geboren. Im Erleiden dieses Geburtsschmerzes sind die vom Geist Gottes getriebenen Kinder Gottes nun aber untrennbar verflochten mit der übrigen leidenden Kreatur:

> „Hart auf uns selber zurückgeworfen durch das Weh dieser Übergangszeit, müssen wir nun erst recht wieder spähen und lauschen auf die Vorgänge da *draußen* im Kosmos, mit dessen Sein und Nicht-Sein, Werden und Vergehen unser eigenes äußeres und inneres Dasein auf Gedeih und Verderb bis zur Ununterscheidbarkeit verbunden ist“ (325).
>
> „[W]ie wir selber *warten* auf die Vollendung dessen, was der Geist in uns zu schaffen begonnen, so *wartet* ihrerseits die Kreatur unter dem Kreuz, das sie auch trägt, *auf uns*, so sammeln sich alle Wesen mit ihrem sehnsüchtigen Harren um den Menschen als um die Stelle im Kosmos, wo der Durchbruch und Sieg des Neuen sich zuerst ereignen muss, um da von da aus dem Ganzen zugute zu kommen“ (326).

Es gibt also in dieser solidarischen Verflochtenheit des Leidens und des Wartens auf Erlösung aller Geschöpfe eine besondere Verantwortlichkeit der Menschen, sind sie es doch, die wesentlich zur Pervertierung der Natürlichkeit der Schöpfung beigetragen haben. Darum muss die radikale Verwandlung, die hier als eine durch den Geist bewirkte Befreiung der Natur des Menschen wie der übrigen Geschöpfe in den Blick kommt, zuerst beim Menschen beginnen. Dass die Natur sich selbst entfremdet ist, „dass sie immer nur ihr harte, grobe und doch so unendlich gebrechliche Außenseite sichtbar zu machen vermag" (327), das ist primär das Werk des Menschen, der sich an seinen Mitgeschöpfen vergangen hat. Doch ebenso wenig wie die Töchter und Söhne Gottes findet sich die übrige Kreatur mit dieser leidvollen Situation ab: „Sie will auch ein Recht haben ‚auf Hoffnung'" (328). Auch in ihrem Seufzen und Gebärenwollen geht es um Befreiung aus der Nichtigkeit.

Es ist also gerade das Wirken des *Geistes*, das auf die Befreiung der wahren *Natur* und also auf die Erlösung des Leibes (nicht vom Leib!) zielt, ist doch unsere Leiblichkeit von Sterblichkeit und Sünde und dem Leiden an beiden gezeichnet:

> „Das Geistesleben in uns muss sich entwickeln zu *leiblicher* Herrlichkeit. […] Die wirkliche Sohnschaft Gottes, die wir noch nicht haben, sondern die wir erwarten, ist die ‹Erlösung unseres Leibes›, der Sieg Gottes in der *Leiblichkeit* der gesamten Schöpfung, von der unsere eigene ja nur Partikel und Inbegriff ist" (334f.).

In seiner Auslegung von Röm 8,17ff. nimmt Barth nicht nur das Leiden der ganzen Schöpfung und die menschliche Verantwortung dafür in den Blick, sondern es sind für ihn die Töchter und Söhne Gottes, die in ihrem Wissen um das Warum wie um die Befristung des Leidens in Pflicht genommen werden, geistbewegte Geburtshelferinnen und -helfer der neuen Welt Gottes zu werden:

> „[…] wir sollen wissen, dass wir berufen und befähigt sind, einmal die Mittler und Helfer der von uns zerstörten Welt zu werden, die erlösenden Worte einst zu sprechen, die befreienden Taten einst zu tun, die die Natur von ihrem Schöpfer erwartet, und dass allen Durchbrüchen und Offenbarungen in der Außenwelt, auf die wir *auch* hoffen, *voran*gehen muss der Durchbruch des in uns keimenden Geistes und die Offenbarung unseres neuen Wesens als Söhne [und Töchter] Gottes. Kraft der Auferstehung des Messias sind *wir* es, denen die Lösung des Welträtsels anvertraut ist" (332).

Gegenüber dieser Emphase ist dann allerdings die besonnenere Diktion der Auslegungen von Röm 8 in der Kirchlichen Dogmatik auch wieder wohltuend, zumal Barth auch dort die *doppelte Solidarität* der Kinder Gottes mit allen Geschöpfen *im Leiden und im Hoffen* betont:

> „[…] faktisch mit ihnen *leidend*, ‚tragend die Beschwerden der ganzen Zeitgenossenschaft' (nur eben als die, die im Blick auf Jesus wissen, warum) und faktisch

> mit ihnen *hoffend* (nur eben als die, die im Blick auf Jesus wissen, auf wen und auf was). So ist ihre Existenz bei aller Besonderheit keine partikulare, sondern die einer universalen *Sendung*. So sind sie in der ganzen Eigenart ihrer Existenz doch nur des gekreuzigten und auferstandenen Jesus Christus Vorhut inmitten der ihn und ihre in ihm schon geschehene Versöhnung noch nicht erkennenden Welt.“[70]

Was 1919 die enthusiastische Beteiligung an der Revolution des Gottesgeistes mit der Partizipation an den Geburtswehen der neuen Welt Gottes war, hat sich 1955, in KD IV/2, zu einem wichtigen Motiv der *universalen Sendung* gewandelt, zu der die Gemeinde durch die Weisung des Sohnes berufen wird. Das durch den vorläufigen Erkenntnisvorsprung bedingte zusätzliche Leiden der Kinder Gottes bleibt von Barth dabei ebenso betont wie deren solidarische Verbundenheit in einer *Leidens- und Hoffnungsgemeinschaft* mit der ganzen Schöpfung.[71]

5. Leiden in der Gemeinschaft mit Christus – die Passion im öffentlichen Dienst

„Wie oft muss ich noch Atem holen?
Ich zittere bei jedem Zug,
gebrechlich ist der Rippenkrug
und unter meinen beiden Sohlen
brennt Wasser, Sand und Stein […]
Der Atem, den ich hole,
wird selten noch für mich verbraucht,
er dient sich selber und verraucht
geheim zu deiner Ehre.
O Herr, ich mag dies schwere

70 Karl Barth, *KD IV/2* (Anm. 26), 368 (§ 64.4 „Die Weisung des Sohnes“).

71 Mir scheinen insbesondere in Barths frühen Auslegungen von Röm 8 wichtige Impulse für eine *Theologie der Natur* und für eine *Theologie der Leiblichkeit* zu liegen, die im Schatten seines scharfen Verdikts gegen jede natürliche Theologie bisher kaum wahr- und aufgenommen worden sind. Was Barth hier, im Römerbrief von 1919, zum Verhältnis von Geist, Natur und Leib sagt, wäre womöglich auch noch einmal kritisch gegen seine hierarchische Verhältnisbestimmung von Seele und Leib in der Anthropologie der Schöpfungslehre (Karl Barth, *KD III/2* [Anm. 44], 391–524: § 46 „Der Mensch als Seele und Leib“) zu wenden.

Tag- und auch Nachtwerk nimmer tun,
mein Herz scharrt hilflos wie ein Huhn
im Aschenring, der sich verengt
und jedes Futterkorn versengt,
das schmeckt so heftig bitter.
Herr, brich den Rippenkrug entzwei,
nur einen Schlag lang lass mich frei
zum Flug durch Rauch und Gitter" (359).

Barth widmet dem spezifischen Leiden der christlichen Gemeinde und der einzelnen Christenmenschen, das er vom allgemeinen menschlichen Leiden, von dem diese ja nicht weniger betroffen sind, unterscheidet, in der Versöhnungslehre zwei eigene Abschnitte: in KD IV/2 begegnet es unter dem Titel „Die Würde des Kreuzes" (§ 66.6) als ein Motiv der *Heiligung* des Menschen; in KD IV/3 gehört die Bedrängnis des Christen konstitutiv zu seiner Berufung in den öffentlichen Dienst des Zeugen (§ 71.5 „Der Christ in der Bedrängnis"): „Indem sein Tun ein dienstliches ist, in welchem er sich, von Gott berufen, für die Welt einzusetzen hat, ist auch sein Leiden unter der ihm eben von der Welt her widerfahrenden Bedrängnis ein dienstliches."[72]

Ich beschränke mich im Folgenden auf einige Grundlinien der Bedeutung des Kreuzes in Barths Lehre von der Heiligung und auf sein wiederholtes Ringen mit einem einzigen Bibelvers, der mit seiner Überzeugung, dass Christus der einzige wirklich Leidende sei, kaum kompatibel erscheint.

5.1 Das eigene, nicht das Kreuz Christi tragen (§ 66.6)

Als letztes, aber „unentbehrliches Element jeder christlichen Lehre von der Heiligung" führt Barth in § 66.6 die freiwillige Übernahme von Leiden im Prozess der Heiligung an. Unmissverständlich macht Barth von Anfang an klar, dass es nicht darum gehen kann, in der Nachfolge Christi *dessen* Kreuz zu tragen. Steht der Kreuzestod Jesu für die Verwerfung dieses einen Menschen durch Gott selbst, in der stellvertretend die Verwerfung aller mitgetragen ist, hieße das Kreuz Christi tragen noch einmal die Verwerfung zu erleiden, die von Christus erlitten wurde. *Christi* Kreuz auf sich nehmen und

72 Karl Barth, *KD IV/3* (Anm. 52), 704f.

tragen zu wollen, würde so das Einfürallemal seines Kreuzestodes unterlaufen.

Zwar ist das Kreuz „die konkreteste Gestalt der Gemeinschaft zwischen Christus und den Christen"[73], doch ist das Leiden, das Christenmenschen in der Heiligung auf sich zu nehmen haben, nur „eine Entsprechung des Kreuzes Christi: eine höchst reale Entsprechung, aber nichts Anderes, nicht mehr als das, keine Wiederholung, keine Re-Präsentation des Kreuzes Christi" (679). Werden auch beide, Christus und die ihm Nachfolgenden, durch ihr Kreuzleiden gekrönt, so unterscheidet Barth bei dieser Auszeichnung und Würdigung auch terminologisch zwischen der *Erhöhung* Christi und der *Aufrichtung* der zu heiligenden Menschen: „Seiner *Erhöhung* entspricht die seinen Erwählten und Berufenen, den Christen jetzt und hier widerfahrende und allen Menschen verheißene *Aufrichtung*, ihre Auferweckung aus dem Todesschlaf der allgemeinen Sündenträgheit" (679).

Herbeizusehnen und zu suchen haben erwählte und berufene Menschen dieses Kreuz nicht: „Selbstgesuchtes Leiden hat mit der Passion Jesu Christi und also mit des Menschen Heiligung bestimmt nichts zu tun" (693). *Zur „Würde des Kreuzes" gehört kein selbstgewähltes Martyrium.* Es geht vielmehr um eine Teilnahme am Leiden Christi, die aber in keiner Weise eine Ergänzung oder gar Vervollständigung seines Leidens darstellt, als trügen Christenmenschen leidend zur Versöhnung der Welt mit Gott bei. Es gibt nur eine Ähnlichkeit, nie aber eine Gleichheit zwischen dem Kreuz Christi und dem Kreuz der ihm Nachfolgenden. Gottes Nein über das Unrecht ist nicht noch einmal zu (er)tragen. Die Analogie besteht darin – und damit begegnet die in § 30.2 wahrgenommene Relativierung wieder –, dass Christen ihr Kreuz tragen „im Nachklang seines Urteils, im Schatten seines Gerichtes, in den Nachwehen der göttlichen Verwerfung" (683). Im Unterschied zur Passion Jesu sei es zudem kein ganz und gar unschuldiges, kein einsames und auch nur ganz bedingt ein stellvertretendes Leiden.

Für die Frage, wie dieses den Christinnen und Christen auferlegte Kreuz zu tragen sei, ist entscheidend, dass es gleichsam die *eschatische Öffnung* der Heiligung darstellt. Christenmenschen wissen darum, dass ihr spezifisches Leiden wie überhaupt das Leiden der Kreatur nicht auf Dauer gestellt ist. Sie tragen ihr Kreuz in der gewissen Hoffnung auf die Erlösung von allem Leiden. Insofern liegt im Leiden der Heiligung so etwas wie der hermeneuti-

73 A.a.O., 677. Die Seitenzahlen in Abschnitt 5.1 beziehen sich auf KD IV/3.

sche Schlüssel zur Bejahung der geschöpflichen Endlichkeit. Die „*Würde des Kreuzes*" ist eine ganz und gar vor-läufige im Vorletzten.

Es überrascht, dass Barth gerade in diesem Unterabschnitt seiner Heiligungslehre das Leiden, das mit der Begrenzung geschöpflichen Lebens verbunden ist, so stark berücksichtigt, während es sonst – außer in KD III/2 – eher unterbestimmt bleibt. Zwar bezieht sich das Kreuz der Heiligung auch auf die Bedrängnis durch andere, auf Benachteiligung und Verfolgung[74] und auf das Leiden an der Sünde, doch betont Barth hier vor allem den Zusammenhang des Kreuzes mit dem Leiden an der Hinfälligkeit des Lebens, die alle Menschen miteinander verbindet, so dass Christenmenschen sich mit ihrem Kreuz, das eben auch „in einem ordentlichen Zahnweh" (687) bestehen könne, nicht allzu humorlos ernstnehmen sollten. Die Solidargemeinschaft mit der übrigen leidenden Kreatur ist allerdings wieder kaum im Blick. Aber die *assumptio carnis* kommt doch nicht nur in hamartiologischer Perspektive zur Sprache:

> „Ist Jesus jedenfalls auch leidende Kreatur schlechthin [...] gewesen, dann wird es doch wohl nicht nur erlaubt, sondern geboten sein, auch alles [...] menschliche Leiden mit ihm, in seiner Gemeinschaft, und also den Einbruch solchen Leidens in das Leben der Christen als das Zeichen dieser Gemeinschaft und also als das Sichtbarwerden der höchsten Würde des Christen zu verstehen" (692).

Den so gewürdigten Überlegungen Barths zur „*Würde des Kreuzes*" in der Heiligung kann ich gleichwohl nicht fraglos zustimmen und nenne zwei mir fragwürdige Motive:

1. Fällt Barth nicht hinter seine eigene Grundüberzeugung, dass allein in der Passion Jesu von einem göttlichen *Straf*leiden die Rede sein könne, zurück, wenn er mahnt, dass der Christ „sich die ihm mit seinem Kreuz in irgendeinem, vielleicht verborgenen, aber realen Sinn zukommende Strafe gefallen zu lassen" habe? Zwar bekomme der Erwählte und Berufene nicht „das Schwert des Zornes Gottes", wohl aber „die Rute seiner väterlichen Liebe" (687) verdientermaßen zu spüren. Öffnet Barth damit nicht doch wieder Tür und Tor dafür, in menschlichem Leiden welcher Art auch immer einen Ausdruck göttlichen Strafens zu sehen?
2. Barth schließt jede *soteriologische* Deutung menschlichen Leidens außerhalb der Passion Jesu Christi aus – aus einem zumindest zweifachen Grund: Die Heilsbedeutung der Passion Christi ist nicht ergänzungsbedürftig, und das Leiden soll nicht gesucht, soll nicht zum guten Werk

74 Dem widmet sich Barth in § 71.5: *KD IV/3* (Anm. 52), 704–741.

werden; ihm soll kein Sinn für andere eingestiftet werden. Barth möchte Joh 15,13 *„Niemand hat größere Liebe als wer sein Leben einsetzt für seine Freunde“* am liebsten exklusiv christologisch deuten und nur „unter größtem Vorbehalt“ (684) von einem zwischenmenschlich bedeutsamen Leiden sprechen. Was würde Barth dann etwa zu Dietrich Bonhoeffers Rede von der „stellvertretenden Schuldübernahme“[75] als eine der Strukturen verantwortlichen Lebens oder auch von anderen Texten Bonhoeffers, wie etwa seinem autobiographisch eingefärbten Gedicht „Der Tod des Mose“[76], sagen, die von einer zwischenmenschlichen Pro-Existenz der Leidenden zeugen? Und wie ist Kol 1,24 zu verstehen, wo Paulus der Satz in den Mund gelegt wird: *„Jetzt freue ich mich, wenn ich für euch leiden muss, denn damit bringe ich stellvertretend an meinem Fleisch zur Vollendung, was der Bedrängnis Christi noch fehlt – seinem Leib zugute: der Kirche“*? Redet Kol 1,24 nicht eindeutig von einem stellvertretenden menschlichen, hier: apostolischen Leiden, das soteriologische Implikationen hat und zudem auch noch die Passion Christi vollendet?

5.2 Die leidende apostolische Zeugenexistenz als „irdisch-geschichtliche[.] Entsprechung“ der Passion Jesu – Barths Ringen mit dem Verständnis von Kol 1,24

Es muss nach allem bisher Gesagten nicht verwundern, dass Barth mit Kol 1,24 zu kämpfen hatte, und zwar wiederholt. Wie sieht er dabei die Beziehung zwischen dem Leiden Christi und dem Leiden des Apostels? Was fehlt der Passion Christi noch, so dass sie menschlicherseits vollendet werden muss und kann? Worin besteht die leidende Proexistenz des Apostels für die Kirche? Hat sie wirklich keine soteriologische Dimension?

Hinsichtlich der „Würde des Kreuzes“ in der Heiligung deutet Barth diese einzige neutestamentliche Stelle, in der ein anderes menschliches Leiden als das der Passion Jesu explizit als *Leiden für Andere* verstanden wird, im Blick auf das Ereigniswerden der „irdisch-geschichtlichen Entsprechung“ (680) des Kreuzesleidens Christi. Ist die Gemeinde der Leib Christi, dann hat sie in ihrer eigenen Gestalt auch der Passion Christi zu entsprechen. Insofern

75 Dietrich Bonhoeffer, *Ethik* (Anm. 28), 275–283.

76 Dietrich Bonhoeffer, *Widerstand und Ergebung. Briefe und Aufzeichnungen aus der Haft* (DBW 8), hg. von Christian Gremmels u. a., Gütersloh 1998, 590–598.

vollendet der Apostel als Zeuge Jesu Christi dessen Bedrängnisse, indem er der Gemeinde mit seiner eigenen leibhaftigen Existenz das Ereignis der stellvertretenden Passion Christi bezeugt. Die Vervollständigung der Leiden Christi besteht also nicht in ihrer Wiederholung, Ergänzung oder Aktualisierung, sondern in ihrer den ganzen Leib in Dienst nehmenden sinnlichen *Bezeugung* für die und zugunsten der Gemeinde. Vollendet ist die Passion Jesu Christi also erst, wenn sie in ihrer soteriologischen Dimension auch verkündigt wird. Und die Auszeichnung des „Paulus" besteht darin, dass sich diese Verkündigung nicht nur mit Worten, sondern mit seinem ganzen Leib ereignet, als der Gleichgestaltung mit Christus in einem leiblichen Mitsterben, keineswegs aber darin, dass er sich für die Gemeinde kreuzigen lasse, wie Barth in § 71.5 betont. Was den Bedrängnissen des Christus noch fehlt, ist „[i]hr Reflex, ihr Gleichnis in ihrer durch den Apostel, durch den Christen überhaupt zu vollziehenden Bezeugung"[77].

Der vom Leiden gezeichnete Leib des Apostels hat Zeugnisfunktion. Müsste dann nicht auch das Leiden zu den *notae ecclesiae* gezählt werden, wenn denn der irdisch-geschichtliche Leibraum des Christus dem Leib Christi selbst zu entsprechen hat? *Zeugnis* und *irdisch-geschichtliche Entsprechung* sind also die beiden Interpretamente der Vollendung der Passion Jesu im Raum der Gemeinde. Dem entsprechen auch die übrigen Auslegungen der Stelle bei Barth:

In der Anthropologie der Schöpfungslehre kommt Barth in § 47.5 „Die endende Zeit" auf Kol 1,24 im Zusammenhang mit paulinischen Versen zu sprechen, die davon sprechen, dass der Apostel gezeichnet sei von der Passion Christi und ihr mit seinem eigenen Leiden leibhaftig entspreche. Barth sieht in Kol 1,24 einen „gewiss gewagte[n] Ausdruck", in dem mit der Vervollständigung der Leiden Christi deren *Entsprechung* im Leibraum der Kirche gemeint sei. Entsprechung heiße nichts anderes als „die Spuren dieses Ereignisses zu tragen, seine Nachwehen zu erleiden, in seinem Schatten zu existieren haben".[78]

77 Karl Barth, *KD IV/3* (Anm. 52), 732.

78 Karl Barth, *KD III/3*, Zollikon-Zürich 1950, 757. Wenn Barth dann aber fortfährt, dass diese Entsprechung den definitiven Charakter der Passion Christi nicht bestreite, sondern ihn bestätige, weil „Paulus seine Leiden nicht als die seinigen, sondern als die Jesu selbst verstanden wissen will", steht dann diese Aussage nicht in Spannung zu der deutlichen Unterscheidung zwischen der Passion Christi und dem übrigen menschlichen, auch dem apostolischen Leiden in § 66.6?

In KD IV/1, § 59.3 „Das Urteil des Vaters" spricht Barth davon, dass Kol 1,24 von einer dem Ereignis des Urteils Gottes im Kreuzestod Christi als solchem „fehlenden Vollkommenheit, Abgeschlossenheit und Gültigkeit nun wirklich nichts" sage, und dass darum „von einer Fortsetzung oder Wiederholung oder Vergegenwärtigung oder gar so erst zu vollziehenden Verwirklichung jenes Ereignisses keine Rede sein"[79] könne. Was an den Leiden Christi noch fehle, betreffe nicht ihre soteriologische Dimension, sondern allein deren Bezeugung. Barth deutet also auch hier das Leiden des Apostels für die Kirche Jesu Christi im Rahmen seines Zeugendienstes.

In KD IV/1, § 59.1 „Der Weg des Gottessohnes in die Fremde" schließt Barth – im Rahmen seiner Auslegung des Christushymnus in Phil 2 – nicht aus, dass dieser „sehr nach Echtheit schmeckende[.] paulinische[.] Spitzensatz"[80] zu einem *vorbildchristologischen* Missverständnis der Passion Christi beigetragen haben könnte.

Im Römerbriefkommentar von 1919 dagegen ist die Vollendung der Leiden Christi im Leiden der vom Geist Gottes bewegten Töchter und Söhne Gottes offenbar noch kein Problem für Barth: „Wir ertragen das Leid als das, ‚was noch aussteht an den Trübsalen des Christus' (Kol. 1,24), es kann gerade uns nichts Fremdartiges sein. Der Leib des Christus wächst und vollendet sich kämpfend, und darum auch teilnehmend an dem Weh, von dem sein Haupt in dieser Welt bedrängt war."[81]

Während Dietrich Bonhoeffer die christologische und die ekklesiologische Figur einer soteriologisch gefüllten Stellvertretung sehr, ja allzu eng verknüpft, gibt es bei Barth eine deutliche Unterscheidung zwischen beiden: Was auch immer die Kirche in ihrer Christusnachfolge zu erleiden hat, nie ist es das Leiden Christi selbst, zu dem sie ihrerseits leidend einen eigenen Anteil leisten könnte.[82] Zu fragen bleibt aber, warum dem stellvertretenden Leiden des Apostels für die Gemeinde, ja die weltweite Kirche Jesu Christi, nicht eine *soteriologische* Dimension innewohnen darf. Eignen stellvertretendem Handeln nicht immer soteriologische Momente?

> „Eigentlich […] müsste die Kirche selbst leiden, wie es ihrer Zugehörigkeit zu Christus (als ‚sein Leib') entspricht. Tatsächlich aber hat […] Paulus selbst dieses notwendige Leiden stellvertretend auf sich genommen. Er ist also nicht nur

---

79 Karl Barth, *KD IV/1* (Anm. 29), 325.

80 A.a.O., 208.

81 Karl Barth, *Römerbrief 1919* (Anm. 70), 232.

82 Dieses Verständnis von Kol 1,24 entspricht durchaus auch neueren Exegesen der Stelle, siehe etwa Andreas Lindemann, *Der Kolosserbrief* (*ZBK. NT* 10), Zürich 1983, 33f.

‚Diener des Evangeliums' (V. 23); sondern er ist selbst gleichsam ein Teil des Evangeliums geworden, nicht allein durch seine missionarische Predigt, sondern unmittelbar in seinem Leben. Dass das Leiden zur apostolischen Existenz gehört, sagt Paulus selbst (1. Kor. 4,9–12; 2. Kor. 11,23–33; Gal. 6,17); in Kol. 1,24 wird dies gesteigert, indem die Leidenserfahrung mit dem Gedanken der Stellvertretung verknüpft wird."[83]

6. Was bedeutet die von Ewigkeit her geschehene Rechtfertigung Gottes angesichts geschöpflichen Leidens in der Zeit? – Ein fragend-fraglich bleibender Antwortversuch

„Das war mein Leben, Gott, vergiss das nicht!
Ich werde niemals wieder eines haben –
du kannst's verzögern, dass sie mich begraben
und dass mein Herz an diesem Kummer bricht;
doch seither bin und bleib ich eine Leiche.
Sag nicht, so viele hätten schon das gleiche
mit deiner Hilfe herrlich überstanden
und wären fromm und Heilige geworden.
Mein Leichnam tobt und will sich noch ermorden
und die dazu, die dich als Trost empfanden,
dort, wo du niemals wirklich wirksam bist.
An meinen Nerven zehrt ein Wolf und frisst –
bist das auch du? Und wühlt denn deine Hand
in meinem Häuflein glimmernden Verstands
so grob herum und hält mich überwach,
wenn alle schlafen? – Gott, sag das nicht nach,
sag keins der lauen Worte deiner Frommen!
Ich will ja nicht in ihren Himmel kommen!
Nur einmal noch – bevor sie mich begraben –
lass mich im Traum ein Fünklein Liebe haben" (206)

Dass Karl Barths Theologie angesichts des Leidens in der Welt immer schon von der *ewigen Selbstrechtfertigung Gottes* herkommt, die darin besteht, dass Gott *unser* Leiden zu seinem *eigenen* gemacht hat – was bedeutet dies für unseren Umgang mit eigenem und fremdem Leiden hier und heute?

83 A.a.O., 34.

Worin – so präzisiere ich die Frage weiter – geht die Bedeutung dieser Theodizee über die paulinische Überzeugung von Röm 8,18, „*dass die Leiden der gegenwärtigen Zeit nichts bedeuten im Vergleich zur* doxa, *die an uns offenbar werden soll*“, das für Barth wohl wichtigste Schriftwort zum Thema, also über die Hoffnung auf eschatische Erlösung vom Leiden, hinaus?

Nach Röm 8,18 relativiert die in der Auferweckung Christi begründete und vom Geist Gottes inspirierte gewisse Hoffnung auf die zukünftige Offenbarung der *doxa* Gottes an jedem Geschöpf das Leiden in der gegenwärtigen, in der messianischen Zeit, macht es so erträglich, mutet aber zugleich zu, in der Kraft des Gottesgeistes alles Menschenmögliche zu seiner Überwindung hier und heute zu tun. Überbietet Barths These, dass Gott unser Leiden von Ewigkeit her zu SEINEM eigenen Leiden gemacht habe, diese eschatologisch perspektivierte Gewissheit noch?

Ohne hier eine abschließende Antwort auf diese Fragen geben zu können und zu wollen, scheint mir Barths ganze Leidenschaft im Blick auf die Beziehung Gottes zum Leiden in der Bezeugung der *Treue Gottes zu sich selbst* zu liegen. Ohne sie gibt es keine Treue Gottes zu SEINER Schöpfung, wenn es denn um den Gott geht, der sich am Anfang SEINER Wege und Werke unhintergehbar zur Gemeinschaft mit einem Anderen und damit zur externen Wiederholung SEINER innertrinitarischen Geschichte bestimmt hat. Barth geht es also darum, den *Grund* der Hoffnung, die sich in Röm 8,18 ausspricht, nicht erst in Ereignissen *in der Zeit*, sondern *in Ewigkeit* zu verankern, nämlich darin, dass Gott die Risiken und Nebenwirkungen SEINES Entschlusses, sich nicht selbst zu genügen, nicht nur gleichsam verantwortungsethisch abgewogen, sondern sie – um ihr tatsächliches Eintreffen wissend – zur eigenen Sache erklärt und sich bleibend für die Schöpfung verantwortlich gemacht hat. Wenn aber eine solche göttliche Verantwortung bereits das *Vor*zeichen vor der Schöpfung ist, dann muss sie auch deren *Ziel* bestimmen, dann ist es nicht möglich, dass Gott auch nur *ein* Geschöpf im Leiden verkommen lässt, ohne in Selbstwiderspruch zu geraten, ohne sich als Gott aufzugeben.

Was aber heißt das für die Bedeutung geschöpflichen Leidens und den Umgang mit ihm? Barths in immer neuen Anläufen gegebene Antwort ist klar: Geschöpfliches Leiden hat ‚nur' Zeichen- und Zeugnisfunktion für Gottes Leiden. Es ereignet sich in seinem Schatten, ist von diesem her immer schon begrenzt und relativiert. Es hat in der Bundesgeschichte Gottes mit der Schöpfung weder das erste noch das letzte Wort. Dass dies nicht ausschließt, Gott hier und heute zur Verantwortung zu ziehen, auf Gottes

Gerechtigkeit *und* das eigene Recht zu pochen, hat Barths Hiobauslegung gezeigt. *Die ewige Selbstrechtfertigung Gottes muss sich je und je neu in der Zeit als Zurechtbringung der Geschöpfe ereignen.* Darauf zu bestehen, haben wir – wie Hiob – alles Recht.

Womöglich ist diese urgeschichtlich-innertrinitarische Grundlegung unserer Hoffnung das Tröstlichste, was über die Beziehung Gottes zum Leiden gesagt werden kann. Doch viele der Fragen, die ich in meinem Vortrag gestellt habe, sind damit nicht beantwortet. Und ich füge ihnen noch eine weitere, vorläufig letzte hinzu: Könnte es nicht sein, dass auf der Linie der Grundthese Barths noch eine andere Deutung geschöpflichen Leidens in der unerlösten Welt möglich wird, nämlich als *Mitleiden mit einem Gott*, der sich nicht selbst genügen wollte, aber keine leidfreie Schöpfung schaffen konnte, weil jedes Geschöpf immer auch, wenn es denn wirklich um eine wechselseitige Beziehung zwischen Schöpfer und Geschöpf geht, von der *ewigen Selbstunterscheidung* Gottes, von dem Erwählen und Verwerfen in Gott selbst, und also vom Nichtigen als dem von Gott Nichtgewollten in Mitleidenschaft gezogen wird?

Was ich mit dem Motiv eines geschöpflichen *Mitleidens mit Gott* hier nur andeute, finde ich etwa in Dietrich Bonhoeffers Gedicht „Christen und Heiden" wieder, dessen zweite Strophe lautet:

> „Menschen gehen zu Gott in Seiner Not,
> finden ihn arm, geschmäht, ohne Obdach und Brot,
> sehn ihn verschlungen von Sünde, Schwachheit und Tod.
> Christen stehen bei Gott in Seinen Leiden."[84]

Damit bin ich nicht nur bei einem Motiv angekommen, das in Barths Theologie deutlich unterbestimmt ist, sondern es ist zugleich eine gewichtige theologische Aufgabe auf den Plan gerufen, nämlich *Neuschöpfung* nicht – wie die erste Schöpfung – als ein göttliches Scheiden zu verstehen[85], was ja auf ewig das von Gott Nichtgewollte kopräsent zum von Gott Gewollten hielte, sondern als eine Erlösung Gottes vom schöpferischen Scheiden zu

84 Dietrich Bonhoeffer, *Widerstand und Ergebung* (Anm. 76), 515 (zweite Strophe des Gedichts „Christen und Heiden").

85 Wenn Günter Thomas die Hoffnung auf die Neuschöpfung von Himmel und Erde so interpretiert, „dass Gott sich in seiner Treue zu dieser Welt zu ihr nochmals so verhält, dass ihre Fragilität überwunden und ihre Güte überboten wird" (Hoffen auf einen ‚neuen Himmel'. Erwägungen zu einer Welt ohne die Macht der Nacht, in: *EvTh* 65, 2005, 382–397, 396), dann lässt sich darin das Motiv einer göttlichen Neuschöpfung ohne Scheidung erkennen.

erhoffen.[86] Die gegenwärtigen Leiden ins Licht dieser Hoffnung zu rücken, „löst die Fragen und Probleme der Theodizee nicht auf, aber verortet sie in einem Horizont, der ermöglicht, Klage ernstzunehmen, Leiden anzuerkennen und zugleich Gott bei seiner Treue der Zuwendung zu behaften“[87]. Vermutlich kommt diese Hoffnung dem biblischen Realismus näher als Barths Überzeugung, dass Gott in der (ewigen) Geschichte Jesu Christi die Theodizeefrage beantwortet habe und darum alles geschöpfliche Leiden immer nur Zeichen- und Zeugnischarakter für Gottes Leiden in Christus habe. Und doch: Gilt nicht auch hier, dass die Antworten Gottes der Stoff sind, aus dem unsere Fragen gemacht sind? Und könnte dies nicht das größere Recht der Barth'schen Position sein, dass unser Fragen nie bei uns selbst beginnt, sondern immer schon Antwort ist auf ein ihm vorausgehendes Tatwort Gottes?[88] Wer weiß, ob darum nicht Barths leidenschaftliches, bisweilen auch arg penetrantes Bezeugen dessen, dass Gott längst mit SEINER Schöpfung zurechtgekommen ist, Gott mehr zur Verantwortung zieht und in Pflicht nimmt als manche unserer Klagen, Bitten und Fragen ...?!

---

86 Zwar modelliert Friedrich-Wilhelm Marquardt das Jüngste Gericht als ein Forum der Selbstrechtfertigung und der Einung Gottes mit sich selbst (*Was dürfen wir hoffen, wenn wir hoffen dürften?* [Anm. 2], 198–212), schließt aber ein richterliches Scheiden Gottes gerade nicht aus (vgl. bes. a.a.O., 361–371).

87 Günter Thomas, *Neue Schöpfung. Systematisch-theologische Untersuchungen zur Hoffnung auf das „Leben in der zukünftigen Welt“*, Neukirchen-Vluyn 2009, 33.

88 Zum philosophischen, theologisch vielfältig anknüpfungsfähigen Entwurf einer solchen responsiven Rationalität siehe Bernhard Waldenfels, *Antwortregister*, Frankfurt a. M. 1994.

Matthias Wuethrich

Gott und das Leid

Karl Barths Deutung des menschlichen Leids im Kontext seiner Lehre vom Nichtigen

Er werde sich im Letzten Gericht nicht nur fragen lassen, sondern auch selber fragen und hoffe, dass die Antwort ihm nicht versagt bleibe, die ihm keine Theodizee habe beantworten können, die Frage: „Warum, Gott, zum Heil die fürchterlichen Umwege, das Leid der Unschuldigen, die Schuld?" Die Worte Romano Guardinis kurz vor seinem Tod gehören mittlerweile zum vielzitierten Inventar v.a. katholischer Theodizeeabhandlungen.[1] Durch die oftmalige Wiederholung haben die Worte schon etwas Patina angesetzt. Doch wer sich ernsthaft auf das Tagungsthema „Gott und das Leid" einlässt, wird sich der ungebrochenen Virulenz dieser Frage kaum entziehen können.

Auch Karl Barth hat die Theodizeefrage umgetrieben. Wohl mehr als man seinem Werk ansieht. Das zeigt sich u.a. daran, dass er dem Problem des Bösen eine gegenüber der theologischen Tradition sehr eigenwillige, tiefsinnige und noch immer bedenkenswerte Abhandlung widmet. Gemeint ist der vieldiskutierte und umstrittene Paragraph 50 in KD III/3, überschrieben mit dem Titel „Gott und das Nichtige", in dem er seine „Lehre" vom Nichtigen, vom Bösen in einem weiten Sinne, entfaltet.[2]

Der folgende Beitrag fokussiert entsprechend auf die *Frage, wie Barth in §50 mit dem Theodizeeproblem umgeht und wie er dabei die Verhältnisbestimmung von Gott und Leid, v.a. menschlichem Leid, vornimmt.*[3] Ich gehe dabei

1 Zit. nach Karl Rahner, Warum läßt der liebe Gott uns leiden?, in: ders., *Schriften zur Theologie Bd. 14,* Zürich 1980, 250-266, 265.

2 Wenn im Folgenden von der Lehre oder Rede vom Nichtigen gesprochen wird, beziehe ich mich dabei primär auf §50. Das entspricht natürlich einer Verengung. Barth spricht nicht nur in KD III, sondern auch in KD IV vom Nichtigen und er tut das, wenn nicht begrifflich, so zumindest der Sache nach, auch in KD I und II.

3 Ich denke im folgenden Beitrag ein paar Einsichten aus meiner früheren Studie *Gott und das Nichtige. Eine Untersuchung zur Rede vom Nichtigen ausgehend von §50 der Kirchlichen*

so vor, dass ich in einem ersten Schritt zunächst vier Grundentscheidungen referiere, die für den §50 charakteristisch sind (1.). In einem zweiten Schritt wird eine kleine Phänomenologie des Nichtigen vor dem Hintergrund neuzeitlicher Entwicklungen im Verständnis des Bösen skizziert (2.). Nach diesen allgemeinen Klärungen widmet sich der dritte Teil der eigentlichen Vortragsfrage, nämlich Barths Umgang mit dem Theodizeeproblem (3.). Der vierte Teil widmet sich schließlich Rückfragen und Klarstellungen (4.).

1. Grundentscheidungen des §50

Anstelle einer ausgiebigen Paraphrase soll im Folgenden der Inhalt von §50 anhand von vier Grundentscheidungen erschlossen werden, die für ihn konstitutiv sind.

1. Grundentscheidung – Erkenntnis des wirklich Nichtigen allein in Jesus Christus

Es gehört zur tragischen, heimtückischen und gefährlichen Raffinesse des wirklich Nichtigen, dass man es als das, was es ist, stets verkennt. Barth versucht diese Lüge des Nichtigen in §50.2 aufzudecken und entwirft in §50.3 seine „erkenntnistheoretische“ Antwort darauf: Das wirklich Nichtige wird allein in Jesus Christus erkannt. Eine *natürliche* Erkenntnis des Nichtigen verstrickt sich immer wieder in das Nichtige und wird Opfer seiner verblendenden Lüge. Allein in seinem Gegensatz zu Jesu Christi Fleischwerdung, zu seinem Tod und seiner Auferstehung[4] erkennt man die Wirklichkeit des Nichtigen. Diese noetische Grundentscheidung Barths entspricht seiner grundlegenden Ablehnung einer natürlichen Theologie und liegt ganz auf der Linie seiner noetischen (und realen) Hinordnung des Weltgeschehens auf die Bundesgeschichte in den vorangehenden Passagen der Vorsehungslehre.[5]

Dogmatik Karl Barths, Zürich 2006, weiter und spitze sie gleichzeitig modifizierend auf die Leidthematik zu.

4 *KD III/3*, 342-346 – zu den Begründungen dafür vgl. a.a.O. 347-355.

5 Vgl. schon Leitsatz KD *III/3*, 1; vgl. auch a.a.O. 42.

2. Grundentscheidung – Fundamentaldifferenz zwischen Nichtigem und Schöpfung

Bekanntlich wird der §50 von Barth als Teil der *Vorsehungslehre* in KD III/3 konzipiert, die die §§48-51 umfasst. Entsprechend programmatisch markiert schon der Leitsatz, worum es Barth in §50 zu tun ist: Es geht – ganz grob gesagt – darum zu zeigen, dass und inwiefern die eigentümliche Wirklichkeit des Nichtigen „[u]nter Gottes Verfügung“[6] steht und wie sie als solche noch immer zur Geltung kommen kann.

Auffälligerweise verhandelt Barth das Problem des Nichtigen – abgesehen von wenigen, kurzen Hinweisen[7] – nicht in §49 im Rahmen der von ihm aufgenommenen altprotestantischen, vorsehungstheologischen Kategorien *conservatio, concursus* und *gubernatio*. Das liegt daran, dass er die „brennendste Frage“ und die „wichtigste Antwort“[8] der Vorsehungslehre nicht im Rahmen klassischer, altprotestantisch-orthodoxer Kategorien abhandeln kann und will.[9] Das Problem des Nichtigen muss in einem eigenen Paragraphen traktiert werden. Doch wieso eigentlich?

Weil das Nichtige im Verhältnis von Schöpfer und Geschöpf ein Fremdkörper[10] ist, ein drittes Wirkendes[11] im Blick auf das „die ganze Lehre von Gottes Vorsehung noch einmal neu zum Problem werden muss“[12]. Das Nichtige ist zwar ein Element der Vorsehung Gottes, aber es gehört nicht zu Gottes guter Schöpfung – das ist das Problem! Mit der Betonung des Nichtigen als einem nicht zur Schöpfung gehörigen Dritten neben Schöpfer und Geschöpf ist die zweite Grundentscheidung verbunden. Es handelt sich um die fundamentale Unterscheidung der Schattenseite der Schöpfung vom Nichtigen.[13] Intendiert ist dabei Folgendes: Es gibt nach Barth in der Schöpfung nicht nur eine Lichtseite, nicht nur einen positiven, sondern auch einen negativen Aspekt. Es gibt in der Geschöpfwelt eine an ihrem Rande vom Nichtigen

6 *KD III/3*, 327.

7 Bes. *KD III/3*, 83-96 im Kontext der *conservatio*, vgl. auch den Rückverweis in §50: *KD III/3*, 328.

8 *KD III/3*, 329.

9 Darauf hat hingewiesen: Bengt Hägglund, *Die Vorsehungslehre bei Karl Barth vor dem Hintergrund der altprotestantischen Tradition*, in: J. Heubach (Hg.), *Luther und Barth (VLAR 13)*, Erlangen 1989, 37–50, 41.

10 Vgl. *KD III/3*,327 et passim.

11 Vgl. *KD III/3*, 330.

12 *KD III/3*,327.

13 Vgl. *KD III/3*, 334–342.

bedrohte und ihm gewissermaßen benachbarte und zugewendete negative Seite: das ist die Schattenseite der Schöpfung. Es gibt in der Schöpfung ein Nein, Tiefen, Dunkelheiten, Armut, Unwerte, Misslingen, Weinen, Verlust, Sterbenmüssen ... Wohl mögen die Anteile an der Licht- und Schattenseite nach einer sehr verborgenen Gerechtigkeit verteilt sein. Barth meint aber, dass die auf Jesus Christus hin geschaffene Schöpfung auch als solche, in diesem inneren Gegensatz, in ihrer Ganzheit und Totalität vollkommen und gut ist, ja, wie sich in der Wiederkunft Jesu Christi zeigen wird: „sehr, sehr gut"[14]. Das Nichtige jedoch gehört nach Barth in keiner Weise zu dieser Schattenseite der guten Schöpfung. Das Nichtige bildet vielmehr den schlechthinnigen Gegensatz zu Schöpfer und Geschöpf. Das Nichtige ist geradezu der „Urgegensatz"[15]„zur Totalität der Schöpfung Gottes"[16]. Wolf Krötke und andere haben zu Recht darauf hingewiesen, dass es Barth letztlich nicht gelingt, die Differenz von Schattenseite und Nichtigem durchzuhalten.[17] Die Absicht, diese Differenz zu wahren ist aber zumindest für §50 konstitutiv. Ob es Barth nun gelingt oder nicht, jene Differenz aufrecht zu erhalten, so oder so zeigt seine Lokalisierung des Geschöpfes „am Rande des Nichtigen"[18] eine besondere Fragilität des Geschöpflichen an. Durch diese bereits in KD III/1[19] schöpfungstheologisch grundgelegte Lokalisierung „am Rande des Nichtigen" ist der *barthschen Theologie strukturell eine erhöhte Sensibilität für die Frage des Leides implementiert.*

Die beiden bisher genannten Grundentscheidungen konvergieren in einer dritten Grundentscheidung.

3. Grundentscheidung – Gottes Unwillen als Grund des Nichtigen

Wenn das Nichtige weder Gott noch Geschöpf ist, sondern vielmehr „in seiner eigenen, in seiner dritten Weise tatsächlich"[20] wirklich ist, wie kommt das Nichtige dann zu seiner ontologisch schillernden Drittexistenz?

---

14 *KD III/3*, 336.

15 *KD III/3*, 416.

16 *KD III/3*, 353.

17 Wolf Krötke, *Sünde und Nichtiges bei Karl Barth (NBST 3)*, 2. durchges. u. erw. Aufl., Neukirchen-Vluyn 1983, 26f.32ff.

18 *KD III/3*, 336.

19 Vgl. die Rede vom Geschöpf am Randes des Nichts: *KD III/1*, 430f, vgl. 439f.

20 *KD III/3*, 402.

Barth antwortet darauf im vierten und letzten Kapitel von §50. Er greift dabei auf Denkstrukturen der Erwählungslehre in KD II/2 zurück. Gottes Erwählen geht ein Verwerfen einher, ein Verwerfen, das dem Erwählen subsidiär ein- und zugeordnet ist, ein Verwerfen ohne eigene selbstzweckliche Notwendigkeit. Dieses Verwerfen, dieses Nichtwollen, dieses zornige, richtende Handeln Gottes zur Linken ist nach Barth der Grund der sonderbaren Wirklichkeit des Nichtigen. Das Nichtige entsteht, „weil und indem nicht nur Gottes Wollen, sondern auch Gottes Nichtwollen *kräftig* ist und also nicht ohne reale Entsprechung sein kann“[21]. Das Nichtige entsteht als „Wirkliche(s) *sui generis*“[22] weil und solange Gott in seinem *opus alienum* dagegen ist. Die Wirklichkeit des Nichtigen hat – wie Barth prägnant zusammenfasst – ihren „Grund in Gottes *Unwillen*“[23]. Diese Aussagen stie*ß*en auf gro*ß*e Kritik: Man warf Barth vor, eine spekulative Erklärung des Nichtigen vorzunehmen, stellte die Verwerfungslogik infrage oder sah Barth in Gefahr einer Dämonisierung des Gottesgedankens. Die Vorwürfe wiegen so schwer, dass wir ihnen unten in Kapitel 4 einen ausführlichen Abschnitt mit Klarstellungen widmen müssen. Wir sehen uns umso mehr dazu genötigt, als wir die Aussagen, die Barth hier vornimmt, durchaus nicht als randständige, spekulative Ausrutscher ansehen können. Sie sind vielmehr zentral für §50 und im Duktus der Kirchlichen Dogmatik fest verwurzelt.

Wie Barth selber anzeigt, hat er dieselbe Verwerfungslogik bereits in seiner Schöpfungslehre in Auslegung von Gen 1,2 vorausgesetzt. Dort war es das Chaos als Gestalt des Nichtigen, das Gott „noch vor dem Sprechen seines ersten Schöpfungswortes verworfen und verneint“[24] hat und das dadurch seinen „widerspruchsvollen Wirklichkeitscharakter“[25] erhält. In KD III/1 zeigt sich die Verwerfungslogik als ein schöpferisches Unterscheiden von Schöpfung und Chaos, wobei das Unterschiedene erst durch den Akt der Unterscheidung hervorgebracht wird.[26] Barths Aussage zum Grund des Nichtigen in Gottes Unwillen ist der Sache nach in der Erwählungslehre grundgelegt und wird also bereits in KD III/1 vorausgesetzt.

---

21 *KD III/3*, 406.

22 *KD III/3*, 406.

23 *KD III/3*, 416. vgl. 407.

24 So hält Barth rückblickend auf KD III/1 fest (*KD III/3*, 406).

25 *KD III/1*, 120.

26 Das hat im Blick auf Barth auch Günter Thomas, *Neue Schöpfung. Theologische Untersuchungen zum 'Leben der kommenden Welt'*, Neukirchen-Vluyn 2009, 140f, herausgearbeitet.

Die Argumentationslinien, die dann in §50 auf jene Aussage hinführen, werden schon zu Beginn des Paragraphen gelegt: Barth bekräftigt dort noch einmal das Axiom der Vorsehungslehre, nämlich dass „Gott der Herr über Alles ist" und hält fest, dass es auch in der Darstellung der Lehre vom Nichtigen schlicht um „eine besondere Anwendung" dieser axiomatischen Erkenntnis geht.[27] Um sie angemessen zur Geltung zu bringen, müssen aber nach Barth zwei Verkehrtheiten ausgeschlossen werden:

1. Die „Verkehrtheit zur *Rechten*",

> „das Nichtige, als wäre auch es ein Geschöpf, aus dem positiven Willen und Werk Gottes abzuleiten und also ihn, den Schöpfer selbst und seine Herrschaft mit der Nichtigkeit des Nichtigen zu belasten, das Geschöpf aber, als für dessen Existenz, Gegenwart und Wirksamkeit nicht verantwortlich, entsprechend zu entschuldigen"[28].

Mit dieser Verkehrtheit wäre die Heiligkeit Gottes in Frage gestellt.[29]

2. Doch auch eine andere Verkehrtheit ist zu vermeiden: Nämlich die „Verkehrtheit zur *Linken*", das Nichtige

> „allein aus der Aktivität des Geschöpfes herzuleiten, der gegenüber sich die Herrschaft Gottes auf ein passives Zulassen und Zuschauen, auf ein unwirksames Vorherwissen und auf bloß nachträgliche Stellungnahmen beschränken würde"[30].

Mit dieser Verkehrtheit wäre die Allmacht Gottes in Frage gestellt.[31]

---

27 KD III/3, 330. Das in verschiedenen Formulierungen begegnende Grundaxiom findet sich schon im ersten Leitsatz der Vorsehungslehre, wo es heißt, dass die Vorsehung „in jeder Hinsicht und in ihrem ganzen Umfang unter der väterlichen Herrschaft Gottes des Schöpfers verläuft, dessen Wille (…) in Jesus Christus geschieht und erkennbar ist", *KD III/3*, 1.

28 *KD III/3*, 330.

29 Vgl. *KD III/3*, 331.

30 *KD III/3*, 330.

31 Vgl. *KD III/3*, 331. Dass es sich hier um ein mit der christologischen Fassung des Allmachtsverständnisses in *KD II/1*, 587-685, vereinbares und gerade nicht ein abstrakt-metaphysisches Verständnis einer dunklen göttlichen Willkürmacht handelt, wird erst da deutlich, wo die christologische Zuspitzung der Aussage vom Grund des Nichtigen in Gottes Unwillen herausgearbeitet wird – wie das im Folgenden geschieht.

Barth steuert also – am Axiom von der Herrschaft Gottes festhaltend – zwischen diesen beiden Aporien zur Rechten und zur Linken hindurch. Und er steuert dabei u.a. genau auf die Aussage vom Grund des Nichtigen in Gottes Unwillen zu. Denn Barth vermeidet mit dieser Bestimmung die Verkehrtheit zur Rechten, nämlich „das Nichtige, als wäre auch es ein Geschöpf, aus dem *positiven* Willen und Werk Gottes abzuleiten" (Hvb. MW). Entstammt doch das Nichtige gerade nur dem *negativen* Willen, dem Nichtwollen, eben dem Unwillen Gottes, es ist allein Gegenstand seines *opus alienum,* nicht seines *opus proprium.* Es gibt von daher auch keine billigen Entschuldigungen, wenn der Mensch in seiner Sünde das Nichtige tut, denn aus Gottes positivem Schöpferwillen ableiten lässt es sich nicht.

Doch Barth vermeidet mit jener Bestimmung auch die erwähnte Verkehrtheit zur Linken, die eben darin besteht, das Nichtige „allein aus der Aktivität des Geschöpfes herzuleiten, der gegenüber sich die Herrschaft Gottes auf ein passives Zulassen und Zuschauen, auf ein unwirksames Vorherwissen und auf bloß nachträgliche Stellungnahmen beschränken würde". Denn durch die Behauptung, dass das Nichtige seinen Grund in Gottes Unwillen hat, ist doch klar, dass Gott „Grund und Herr auch des Nichtigen"[32] ist. „So ist auch das Nichtige nicht von ungefähr. Und es ist kein zweiter Gott. Und es hat sich nicht selbst erschaffen. Es hat keine Macht, die ihm nicht von Gott gegeben wäre. Auch es ist von Gott."[33]

Unsere Ausführungen machen deutlich, dass die Rede vom Grund des Nichtigen in Gottes Unwillen es Barth erlaubt, in den Bahnen der Erwählungslehre zwei vorsehungstheologische Aporien zu vermeiden. Diese Rede ist darum keine randständige, sondern gehört zu den zentralen Aussagen im Abschnitt §50.4, der gleichsam eine klärende Bündelung der vorhergehend entfalteten Problemlinien aus §50.1-3 bietet. Es zeigt sich hier, dass der Aufbau des §50 von Barth sehr fein komponiert wurde. Wir werden unten in Kapitel 4 genauer prüfen müssen, wie die opake Rede vom Grund des Nichtigen in Gottes Unwillen genauerhin zu interpretieren ist.

32 *KD III/3*, 405.
33 *KD III/3*, 405.

4. Grundentscheidung: Freude und Ernst

Die letzte Grundentscheidung betrifft die Gestimmheit des §50. Soll Glaubensernst angesichts der bedrängenden Wirklichkeit des Nichtigen oder österliche Freudigkeit angesichts seiner Besiegung in Jesus Christus den Ton der Darstellung ausmachen, fragt Barth eingangs des §50?[34] Barth entscheidet sich nicht für eine laue Vermittlungsposition zwischen Freude und Ernst, Zuversicht und Demut. Vielmehr will er in seiner Darstellung beiden je an ihrem Ort ihr volles Recht und Gewicht einräumen. Grob gesagt überwiegt in den Abschnitten §50.2 und §50.3 der Ernst und in §50.4 die Freude. Eine rezeptionsästhetische Analyse könnte jedoch zeigen, dass die dynamische Dramaturgie des Paragraphen noch komplexer verläuft[35] und die dialektische Spannungslage schließlich aufhebt, wenn Barth am Ende des Paragraphen schreibt:

„Gerade der wahre Ernst der Sache (…) hängt vielmehr daran, dass hier abschließend nicht bekümmert, sondern freudig gedacht und geredet wird. ‚Ernst machen' kann ja christlich immer nur heißen: damit Ernst machen, dass Jesus *Sieger* ist."[36]

Dass Jesus Sieger über das Nichtige ist, bildet denn auch das Grundmovens und die Zielrichtung der ganzen Darstellung. Nach Barth ist das Ziel von Gottes *opus proprium* das Ende des *opus alienum* und dieses Ende ist da erreicht, wo Gott sein Nein in Jesus Christus zu Ende spricht, wo es *„gegenstandslos"* geworden ist.[37]

2. Kleine Phänomenologie des Nichtigen in theologiegeschichtlicher Perspektive

Wir werden unten in Kapitel 4 zeigen, dass Barth keine metaphysische Unwillensontologie des Bösen zu entwerfen gedenkt. Es ist freilich kaum zu übersehen, dass sich bei Barth etliche Aussagen zum merkwürdigen „Sein" des Nichtigen finden. Die kürzeste Definition, die Barth gibt, lautet: „Was Jesus Christus ans Kreuz gebracht hat und was er am Kreuz besiegt hat, das

---

34 *KD III/3*, 331.

35 Vgl. Matthias D. Wüthrich, *Gott und das Nichtige* (Anm. 3), 290f im Kontext der Analyse, 284ff.

36 *KD III/3*, 421.

37 *KD III/3*, 418f.

ist das wirklich Nichtige."[38] Gemäß Barth ist das Sein des Nichtigen nicht das Sein Gottes oder des Geschöpfes, weil es auf seine eigene dritte Weise „ist" (§50.4.1), es ist aber auch nicht das Nichtsein Gottes und des Geschöpfes (§50.4.2). Es ist das Sein im Gegensatz zu Gottes und geschöpflichem Sein und ist als solches von Gott Verneintes und nur zum Vergehen bestimmtes, „unmögliches" Sein. Wolf Krötke hat den einleuchtenden Vorschlag gemacht, von einem *antithetisch anhypostatischen Sein* zu sprechen.[39] Das Nichtige hat keine ontologische Valenz und schon gar nicht den Charakter eines ontologischen Gegenprinzips.[40]

Die „Ontologie" des Nichtigen bereitet Denkschwierigkeiten. Ich möchte nicht weiter darauf eingehen, denn es ist für unsere Themafrage nach „Gott und dem Leid" produktiver zu fragen, auf welche *Phänomene* der Begriff des Nichtigen rekurriert. Es gehört zu den großen Stärken der Lehre vom Nichtigen, dass Barth darin ein sehr großes Phänomenspektrum menschlichen Leidens theologisch in den Blick nimmt und zum Teil auch theologisch zu verarbeiten vermag. Da Barth nicht einfach von einer natürlichen Evidenz des Nichtigen ausgeht, ist es am besten, die Erhebung des Phänomengehaltes anhand der verschiedenen *Gestalten*[41] des Nichtigen vorzunehmen, die in §50 aufgeführt werden. Barth zählt in seiner Kirchlichen Dogmatik an verschiedenen Stellen verschiedene Gestalten auf. Im Blick auf §50 und andere Passagen der Kirchlichen Dogmatik lassen sich folgende Gestalten unterscheiden: *Sünde, Übel, Tod, Teufel/Dämonen, Chaos und Hölle.* In jeder dieser Gestalten ist das Nichtige das ganze Nichtige. Ähnlich wie noch bei Gottfried Wilhelm Leibniz der Begriff „malum" so fungiert auch bei Barth der Begriff des Nichtigen als Oberbegriff von verschiedenen Begriffen des Bösen, die als Gestalten des Bösen beschrieben werden können. Zudem stehen diese Gestalten - auch darin Leibniz nicht ganz unähnlich - in komplexen Interdependenzverhältnissen, so dass der Begriff des Nichtigen ein ganzes Beziehungsgeflecht des Bösen markiert.[42]

Man versteht die Tragweite dieses konzeptionellen Zugriffs auf das Böse erst richtig, wenn man ihn vor dem Hintergrund einer neuzeitlichen Ent-

38 *KD III/3*, 346.

39 Wolf Krötke, *Sünde und Nichtiges* (Anm. 17), 47.

40 Das betont auch Ingolf U. Dalferth, *Malum. Theologische Hermeneutik des Bösen*, Tübingen 2008, 506-512, bes. 507, Anm. 84.

41 Zum Gestaltbegriff: *KD III/3*, 347.352f.

42 Zu Barths diesbezügl. Anschluss an Leibniz vgl. *KD III/3*, 362. Barth meint: „Es handelt sich (sc. beim Nichtigen) um ein ganzes dunkles System von Elementen", *KD III/3*, 327.

wicklung interpretiert, die dadurch gekennzeichnet ist, dass die Folgerelationen von *malum morale* und *malum physicum*, von Sünde und Übel bzw. von Sünde und Tod/Hölle, von Teufel und Sünde allesamt auseinanderbrechen und in der die einzelnen Relate umgedeutet oder eliminiert werden. Diese Entwicklung sei hier – typologisch vereinfacht – kurz anhand von Friedrich Schleiermacher dokumentiert.

1. In jener Entwicklung lässt sich das Auseinanderbrechen von Satanologie und Hamartiologie durch Eliminierung des Teufels beobachten. Der Teufel, der große Versucher, Lügner und Meister der Verwechslung von gut und böse, der dem Menschen buchstäblich auf den Leib rückte und ihn in seinen Bann zog, wurde neuzeitlich begraben. Damit verschwand eine der Sünde präveniente Macht, die die Sünde nicht nur evoziert, sondern zugleich ihre Erkenntnis verschleiert und sie so stabilisiert hat. Der Teufel ist aus dem modernen Denken verschwunden, er steckt heute bestenfalls noch im Detail. Das gilt mehrheitlich auch für die Theologie. Repräsentativ für diese moderne Tendenz darf die Aussage Schleiermachers gelten:

> „Die Vorstellung vom Teufel, wie sie sich unter uns ausgebildet hat, ist so haltungslos, daß man eine Überzeugung von ihrer Wahrheit niemandem zumuten kann“[43].

Zwar kam es in der Theologie des 20. Jahrhunderts zu einem seltsamen *revival* der Dämonologie, doch nur selten wurden dabei all die klassischen Merkmale der alten Satanologie repristiniert.

2. Zu jener Entwicklung gehört auch die Entkoppelung von Leiden, Übel und Tod von der Sünde. Wohl werden das *malum morale*[44] und das *malum physicum* bzw. *naturale* in der Moderne nicht vollständig auseinander gerissen. Noch immer kann das *malum physicum* als Folge des *malum morale* verstanden werden. Doch diese Folgerelation wurde als weltimmanente gedacht. Das Übel ist nicht extern vermittelte Strafe Gottes, sondern sich aus den gut eingerichteten Strukturen der Welt ergebende Wirkung des Bösen. Gerade das Erdbeben von Lissabon im Jahre 1755 hat freilich auch aufge-

43 Friedrich Schleiermacher, *Der christliche Glaube nach den Grundsätzen der evangelischen Kirche im Zusammenhange dargestellt*, Bd. 1, aufgrund der 2. Aufl. neu hg. von M. Redeker, [7]1960, Leitsatz zu § 44, 211.

44 Ich setze hier Sünde und *malum morale* der Einfachheit halber gleich. Aus theologischer Sicht ist freilich zu betonen, dass zumindest die reformatorisch betonte Ursünde – im Gegensatz zu den sich aus ihr ergebenden Sünden (im Plural) – gerade keine moralische, sondern eine transmoralische Größe ist.

zeigt, dass es ein *malum physicum* gibt, das nicht direkt in solche weltimmanente Folgerelationen eingespannt werden kann. Es gibt einen Bereich natürlicher Katastrophen, der nicht mehr moralisch verrechnet und rückgebunden werden kann. Die jüdische Philosophin Susan Neiman hat das sich hier manifestierende Auseinanderbrechen von *malum morale* und *malum physicum* zum Signum der modernen Philosophiegeschichte erhoben.[45]

Auch jenes Auseinanderbrechen der Folgerelation von Sünde und Leiden, Übel, Tod lässt sich paradigmatisch bei Schleiermacher beobachten: Wohl ist das gesellige Übel für ihn eine direkte, *unmittelbare* Folge der Sünde. Das natürliche Übel hingegen – wie Schmerz und Tod – hängt nur *mittelbar* mit der Sünde zusammen. Objektiv betrachtet entsteht das natürliche Übel nicht aus der Sünde, das ist nur subjektiv der Fall: der sündige Mensch versteht das natürliche Übel als Sündenstrafe.[46] Das Verdikt Schleiermachers ist doch beachtlich: die traditionelle Rede vom Tod als Sündenfolge erscheint nun selbst als Ausdruck sündiger Selbstauslegung.

Die Theologie des 20. Jahrhunderts ist Schleiermacher in der Unterscheidung eines natürlichen Todes von einem subjektiv interpretierten Sündentod weitgehend gefolgt und hat damit auch diese Entkopplung faktisch ratifiziert. Dasselbe könnte auch von Übel, Leiden und Schmerz gesagt werden, der Tod bildet da nur die Zuspitzung.

3. Sünde ist *incurvatio*, selbstverkrümmte Trennung von Gott, die Hölle bildet die topographisch-eschatische Manifestation und fixierte Ratifikation dieser Trennung. Nicht der *limbus infantium* oder der *limbus patrum*, auch nicht das *purgatorium* als Ort der Abbüßung zeitlicher Sündenstrafen, aber doch zumindest die Feuerhölle ist der Sündenpfuhl, in dem sich die Sünde ewig perpetuiert. Doch mit der neuzeitlichen Erosion des mittelalterlichen Weltbildes wurde auch die ewige Hölle eliminiert – oder sagen wir vorsichtiger: entlokalisiert, existentialisiert, spiritualisiert oder durch eine schlechthinnige Annihilation der Sünder oder eine Allversöhnung ersetzt und aus der futurischen Eschatologie immer mehr verdrängt. Die Hölle als Ort der Sündenstrafe geriet in der Aufklärung selbst ins moralische Zwielicht und konnte ihren ethischen Maßstäben nicht mehr genügen. Die theologische

45 Susan Neiman, *Das Böse denken. Eine andere Geschichte der Philosophie*, Frankfurt a.M. 2004, 76 et passim.

46 Friedrich Schleiermacher, *Der christliche Glaube* (Anm. 43), §76.2, 416f.

Infragestellung der Hölle liesse sich wiederum exemplarisch an Schleiermacher aufzeigen.[47]

Der eben beschriebene Prozess des Auseinanderbrechens hat im Blick auf das alte mythische Geflecht des Bösen zu einer anthropozentrisch-moralischen Engführung des modernen Sündenbegriffes geführt und gewisse *Leerstellen* in der Rede vom Bösen hinterlassen. Angesichts der beiden Weltkriege führte das zu einer beklemmenden Sprachnot im theologischen Reden vom Bösen. Meine These ist, dass Barths Rede vom Nichtigen als eine kritische und kreative Bearbeitung dieser neuzeitlich entstandenen Leerstellen in der Rede vom Bösen zu verstehen ist. Ohne Schleiermachers Kritik an der Tradition zu negieren, greift Barth auf alte Traditionsbestände der Rede vom Bösen zurück, interpretiert ihre Elemente um und vernetzt sie unter dem Oberbegriff des Nichtigen wieder zu einem eigentümlichen Geflecht.

Ich finde Barths Bearbeitung dieser Leerstellen stark. Zum Einen, weil er angesichts der Negativerfahrungen der Weltkriege um Sprache ringt, wo die moderne Theologie keine oder zumindest keine hinreichende Sprache mehr hatte (der seltsame Begriff des Nichtigen[48] kann selbst als Ausdruck dieses Ringens angesehen werden). Zum Anderen, weil er mit seinem Rückgriff auf alte Traditionsbestände gerade diejenigen Phänomene wieder in den Blick bekommt, die das *physische Leiden* des Menschen betreffen. Das sei im Folgenden kurz an zwei Beispielen erläutert, dem Nichtigen in der Gestalt des Teufels und des Übels.

- Zunächst zur Gestalt des Teufels: Der Teufel war in der Tradition immer auch diejenige Gestalt des Bösen, die dem Menschen buchstäblich auf den Leib rückte, ihn körperlich anfocht und ihm die Hölle im Leben wie im Tod heiß machte. Er versinnbildlichte ein verselbständigtes hoch destruktives Moment in der Schöpfung – das sich eschatologisch bis in die Hölle hinein verlängert in Form von ewigen auch physischen Qualen.

---

47 Vgl. Schleiermachers Ansicht über die ewige Verdammnis (Friedrich Schleiermacher, *Der christliche Glaube nach den Grundsätzen der evangelischen Kirche im Zusammenhange dargestellt*, Bd. 2, aufgrund der 2. Aufl. neu hg. von M. Redeker, [7]1960, im Anhang von §163 [437-439]), sowie seine gänzliche Zurückweisung des Topos der Höllenfahrt in §99.1 (82-84).

48 Es handelt sich bei Begriff des Nichtigen zwar nicht um einen Neologismus. Barth vollzieht aber eine gegenüber der vor ihm liegenden philosophischen und theologischen Begriffsverwendung sehr eigentümliche semantische Umprägung. Zur Geschichte des Begriffes des Nichtigen vgl. Matthias D. Wüthrich, *Gott und das Nichtige* (Anm. 3), 80-95.

Gerade dieses nicht allein sündentheoretisch verrechenbare Moment des physischen Leidens macht Barth wieder stark.

Früher las man §50 oft als ein unselbständiges Präludium der Hamartiologie, die Barth dann in den Viererbänden entfaltet.[49] Dabei wurde übersehen, dass Barth seine Abhandlung zum Nichtigen genau dort platziert, wo man in der altprotestantischen Orthodoxie meist den locus „de angelis bonis et malis" verortet hat, dort, wo Barth selbst in seiner Göttinger Dogmatik von 1924/25 von den „guten und bösen Engeln" handelt.[50] Was hat diese Lozierung zu bedeuten? Sie bedeutet, dass der Paragraph zum Nichtigen zwar durchaus von der Sünde handelt, aber eben auch als eine Satanologie bzw. Dämonologie zu lesen ist. Wohl kommen die Dämonen auch noch ganz am Ende der Angelologie in §51 zur Sprache.[51] Doch Barth sagt es selbst im Vorwort zu KD III/3: „Eine ernste Behandlung des in aller ‚Dämonologie' gemeinten ernsten Problems suche man also in der Abhandlung über das Nichtige."[52] Die Spuren von Barths Sensibilisierung für die Dämonologie führen meines Erachtens ins 19. Jahrhundert zum älteren und jüngeren

---

49 Um nur ein paar wichtige Beispiele zu nennen: – Anders als in seinem jüngst erschienen Artikel *Sünde und Nichtiges*, in: Michael Beintker (Hg.), *Barth Handbuch*, Tübingen 2016, 342-347, bes. 343, ist Wolf Kröktes früheres Buch Sünde und Nichtiges (Anm. 17) tendenziell noch von dieser Hamartiozentrik geprägt, obwohl Krötke das Nichtige nicht einfach in der Sünde (und deren Folgen) aufgehen lässt, vgl. a.a.O., 18 u. 74. – Auch Christian Link hat – wenigstens in früheren Äußerungen – Barths Rede vom Nichtigen auf „das große Thema der Hamartiologie (III/3, §50)" beschränkt. Ders., *Schöpfung. Schöpfungstheologie in reformatorischer Tradition (HST 7/1)*, Gütersloh 1991, 315. – Ähnliches gilt für John Hick, *Evil and the God of Love*, rev. Edition San Francisco ²1977, 126-144, und Gerhard Ebeling, der Barths Rede vom Nichtigen als „Grundlegung der Lehre von der Sünde" versteht; ders., *Karl Barths Ringen mit Luther*, in: *Lutherstudien* Bd. 3. *Begriffsuntersuchungen – Textinterpretationen – Wirkungsgeschichtliches*, Tübingen 1985, 429–573, 486. Auch Eberhard Busch zeigt in einem programmatischen Aufsatz solche restringierende Momente, wenn er sich auf Stellen in §50 bezieht, ders., *Die Entlarvung der Sünde im Lichte ihrer Überwindung. Karl Barths Sündenlehre,* ZDTh 6 (1990/91) 109–132, 113f.118f. vgl. 115.

50 Karl Barth, *Unterricht in der christlichen Religion*, Bd.2, *Die Lehre von Gott/Die Lehre vom Menschen* (1924/5), hg. v. Hinrich Stoevesandt, Zürich 1990, §21 „De angelis bonis et malis" – wobei Barth hier, in Gegensatz zur Kirchlichen Dogmatik, die Dämonologie noch als Teil der Anthropologie entfaltet. Vgl. auch die Hinweise im Vorwort *KD III/3*, VI.

51 *KD III/3*, 608-623.

52 *KD III/3*, VI.

Blumhardt[53], wo auch das physische Leiden eine ganz neue theologisch-seelsorgerliche Aufmerksamkeit erfuhr[54].

Barth kaut jedoch nicht einfach die alte Satanologie wieder. Der Teufel wird von ihm weder als gefallener Engel und also als Geschöpf verstanden noch in personalen Kategorien verfasst.[55] Vehement wehrt sich Barth auch gegen die zeitgenössische lutherische Vorstellung, Gott handle *sub contrario* unter einer Satansmaske! Gott ist *gegen* die Dämonen, er handelt nicht *verborgen* in, mit und unter ihnen.[56] Wer genau hinsieht, merkt, dass Barth durch seine Lehre vom Nichtigen die alte Satanologie komplett transformiert.

- Und nun zur Gestalt des Übels: Wie in der Tradition zwischen einem *malum morale* und einem *malum physicum* unterschieden wurde, so unterscheidet auch Barth zwischen einem moralisch Nichtigen, der Sünde, und einem physisch Nichtigen, Übel und Tod.[57] Das Nichtige wird in der Sünde nicht nur zur eigenen Tat und Schuld, wir bekommen es auch als physisch Nichtiges zu „*erleiden*"[58]. Doch die bereits erwähnte Unterscheidung von Nichtigem und Schattenseite der Schöpfung führt Barth zu einem differenzierteren Verständnis des Übels als man es in der Tradition findet. Nicht jedes Übel ist der Gestalt des physisch Nichtigen zuzuordnen, es gibt auch Übel, die zur Schattenseite der guten Schöpfung Gottes gehören.

Die neuzeitliche Infragestellung der Rückführung der Übel auf die Sünde wird dadurch einerseits verstärkt, andererseits wird sie unter den modifizier-

---

53 Der Name Blumhardt fällt bei Barth öfters in Kontexten, die vom Nichtigen handeln: *KD III/3*, 356.359; *KD III/4*, 421f; *KD IV/3*, 201.301.

54 Vgl. Barths Charakterisierung des jüngeren Blumhardt in: Karl Barth, *Vergangenheit und Zukunft*, in: *Anfänge der dialektischen Theologie Teil I, Karl Barth, Heinrich Barth, Emil Brunner (TB 17)*, hg. v. Jürgen Moltmann, München 1962, 37-49, 45f.

55 Vgl. neben §50 auch *KD III/3*, 608-623.

56 Diese Charakterisierung, die schon bei Eberhard Jüngel, *Die Offenbarung der Verborgenheit Gottes. Ein Beitrag zum evangelischen Verständnis der Verborgenheit des göttlichen Wirkens*, in: ders., *Wertlose Wahrheit. Zur Identität und Relevanz des christlichen Glaubens. Theologische Erörterungen III (BevTh 107)*, München 1990, 178, herausgearbeitet wird, müsste freilich weiter differenziert werden. Immerhin kann Barth das Nichtige auch als »Gottes Knecht« bezeichnen (*KD III/3*, 425) und ereignet sich die Verderbnis durch das Nichtige – gemäß Leitsatz des §50 – »[u]nter Gottes Verfügung« (*KD III/3*, 327). Zudem fungiert das Nichtige bei Barth zuweilen als Instrument des Gerichtes Gottes – über das Nichtige!

57 *KD III/3*, 353.

58 *KD III/3*, 352.

ten Bestimmungen der Lehre vom Nichtigen wieder neu und auf differenziertere Weise formatiert, sofern man es a) hier mit einem „manchmal ziemlich greifbaren", aber „manchmal auch tief verborgenen Zusammenhang" zwischen moralisch Nichtigem und physisch Nichtigem zu tun hat[59] und b) Barth anscheinend das physisch Nichtige auch als der Sünde prävenient denken kann[60].

Barths Differenzierungen bedeuten: Nicht jedes physische Leiden, das wir subjektiv als böse erfahren ist eine Manifestationsform des Nichtigen, etwas, was Gott verneint und nicht gewollt hat. Es gibt auch ein physisches Leiden, das – wenn auch auf reichlich verborgene Weise – noch dem positiven Schöpferwillen Gottes entspricht. Die Transformation des Begriffes des Übels ist bedeutsam für das Theodizeeproblem.

Am Beispiel der Transformation des traditionellen Verständnisses des Teufels und des Übels wurde aufgezeigt, wie Barths Bearbeitung der neuzeitlich entstandenen Leerstellen in der Rede vom Bösen ihn dazu führt, mittels der Rede vom Nichtigen gerade das physische Leiden theologisch differenzierter in den Blick zu bekommen.

Dieser differenzierteren Phänomenwahrnehmung entspricht übrigens auch eine umfassendere Christologie. Jesus Christus ist – wie Barth sagt – der „Heiland" im „umfassenden Sinne", er ist der Heiland eben auch der Wundergeschichten, er ist der Tröster und Sieger auch nach der Seite des physisch Nichtigen, er ist das Wort, das wirklich *Fleisch* wurde. Und er kritisiert von daher im Anschluss an die Ostkirche, dass „der Protestantismus von jeher allzu moralistisch und spiritualistisch und darum für diese Seite des Evangeliums allzu farbenblind gewesen" ist.[61]

---

59 *KD III/3*, 352. Auch andernorts in KD ist Zusammenhang differenziert zu betrachten. So kann Barth z.B. Krankheit als Sündenfolge verstehen (*KD III/4*, 422), andererseits aber in KD III/2 §47 einen „natürlichen Tod" vertreten (die Sündenfolge des Gerichtstodes trifft nur auf Jesus Christus zu).

60 *KD III/3*, 359. Zum physisch Nichtigen müssten darum auch die der menschlichen Sünde nicht nur folgenden, sondern auch vorangehenden Nichtigkeitsgestalten des Teufels und des Chaos gezählt werden, was kaum Schwierigkeiten bereitet, sofern Barth das physisch Nichtige auch als die „umfassende Negation des Geschöpfes und seiner Natur" bezeichnet (*KD III/3*, 353).

61 Alle Zitate: *KD III/3*, 354.

3. Barths Umgang mit dem Theodizeeproblem

Anhand der Entfaltung der Grundentscheidungen und der kurzen Phänomenologie in den vorherigen Kapiteln konnte ein allgemeiner Überblick über Barths Rede vom Nichtigen vermittelt werden, so dass wir nun in der Lage sind, seinen eigentümlichen Umgang mit dem Theodizeeproblem nachzuzeichnen.

John Hick hat in seinem Buch „Evil and the God of Love" bekanntlich einen irenäischen von einem augustinischen Theodizeetypus unterschieden und gemeint, Barths Rede vom Nichtigen mit wenigen Vorbehalten dem *augustinischen Theodizeetypus* zuordnen zu können.[62] Es ist hier nicht näher auf Hicks Buch einzugehen. Es ist mir jedoch wichtig festzuhalten, dass Barths Rede vom Nichtigen gerade auf keine der vielen Theodizeeversuche (oder theodizeeanalogen Denkstrukturen) passt, die in dieser Tradition hervorgebracht wurden:

- Barths Rede vom Nichtigen ist unvereinbar mit *sündentheoretischen* Theodizeeversuchen, die das Übel auf das Drama der menschlichen Freiheit rückbeziehen oder den Teufel (und dessen Freiheitsdrama) davorschalten und von da aus erbsündentheoretisch o.ä. deuten wollen. Es gibt keine wie auch immer geartete *free will defense* bei Barth.[63] Barths Freiheitsverständnis lässt das nicht zu und er sagt deutlich, dass das Nichtige nicht allein aus der Aktivität des Geschöpfes herzuleiten ist, auch wenn wir es in der Sünde mit der prekärsten Einbruchstelle des Nichtigen zu tun haben.
- Barths Rede vom Nichtigen ist unvereinbar mit *ordnungstheoretischen* Theodizeeversuchen, die das Übel als funktionales Element einer höheren, umgreifenden Ordnung ausgeben; das Nichtige ist der Bruch in jedem Systemdenken.[64]
- Barths Rede vom Nichtigen ist unvereinbar mit *privationstheoretischen* Theodizeeversuchen, die das Übel ontologisch depotenzieren und nur als Mangel an Gutem deuten wollen. Barth hält dagegen:

62 John Hick, Evil (Anm. 49), 38-240, zu Barth: a.a.O., 126-144.

63 So auch Dalferth, der meint, dass mit der Reduktion auf die traditionelle *free will defense* „die Pointe von Barths Lehre vom Nichtigen verharmlost und verfehlt wird". Ingolf U. Dalferth, *Malum* (Anm. 40), 511, Anm. 100, vgl. 510. Vgl. auch Christian Link, *Theodizee. Eine theologische Herausforderung (Theologische Bibliothek III)*, Neukirchen-Vluyn 2016, 290.

64 *KD III/3*, 332-334.

das Nichtige ist weder das Nichts *(nihil pure negativum)* noch relatives Nichtsein. Es „ist" vielmehr „in seiner eigenen, in einer dritten Weise tatsächlich gar sehr".[65]

Barth verweigert also traditionelle Strategien der Theodizee[66]. Im Gegenteil: Mit seiner Rede vom Nichtigen hebt er vielmehr den Charakter des abgründig Bösen hervor (§50.4.5). Und weil er das Nichtige entgegen der skizzierten Entwicklung in der Neuzeit nicht nur als Sünde fasst, sondern auch als Übel, Tod, Teufel, Chaos und Hölle, weil er das Böse also als ein umfassendes Geflecht von verschiedenen interdependenten Gestalten des Nichtigen denkt, muss er auch Phänomene des physischen Leidens theologisch ernst nehmen. Dadurch wird aber die Rückfrage nach dem Verhältnis Gottes zum Leid umso dringlicher. Dennoch erteilt Barth dem Versuch einer Entlastung Gottes via Belastung des Menschen und Entbösung des Bösen eine klare Absage. *Er belastet vielmehr gerade den Gottesgedanken mit der ganzen Problematik des Nichtigen.* Auf den ersten Blick sieht es also so aus, dass Barths Rede vom Nichtigen keine Theodizee bietet, sondern die Theodizee*frage* ungemein verschärft. Umso erstaunlicher ist, was Barth am Ende des §50 schreibt:

„Wir haben uns also sämtliche auf jener Abstraktion und Außenansicht beruhenden Fragen [sc. zum klassischen Theodizeeproblem] gar nicht erst stellen lassen, sondern das Problem des Nichtigen auch im allgemeinen Verhältnis zwischen Schöpfer und Geschöpf, auch im allgemeinen Weltgeschehen unter Gottes Regierung dort gesucht, wo es in seiner *eigentlichen* Gestalt, wo es *echt* gestellt und authentisch beantwortet ist. Es ist das von der heiligen Schrift bezeugte Heilsgeschehen in *Jesus Christus*, in welchem sowohl die Frage nach der Wirklichkeit, dem Charakter und der Funktion dieses Fremdkörpers *ernsthaft* aufgeworfen als auch die Antwort auf diese Frage *ernsthaft* gegeben wird."[67]

Die Theodizeefrage stellt sich zwar durchaus, doch anders als in den klassischen Theodizeen stellt sie sich nach Barth erst dort und nur dort ernsthaft, wo sie auch schon beantwortet ist, nämlich in Jesus Christus. Wie ist das zu verstehen?

Barth bestreitet keineswegs, dass das Nichtige den Gottesgedanken belastet. Er sagt es ja selber: das Nichtige ist „in allen (…) Gestalten zuerst

---

65 *KD III/3*, 402f.

66 Zu den drei erwähnten Strategien vgl. z.B. Kessler, *Gott und das Leid seiner Schöpfung. Nachdenkliches zur Theodizeefrage*, Würzburg 2000, 22-40.

67 *KD III/3*, 423, vgl. 422f.

und vor allem Gottes *eigenes* Problem“[68]. Der verschärften Belastung Gottes entspricht bei Barth die Ernstnahme des Gedankens eines *Leidens Gottes.*[69] Letztlich und zuerst ist es Gott, der das die Schöpfung gefährdende Nichtige „sich selbst angehen und treffen lässt“[70]. Und weil das Nichtige zuerst Gott selbst affiziert, darum ist auch die Auseinandersetzung mit dem Nichtigen „primär und eigentlich Gottes *eigene* Sache“[71]. Entsprechend legt Barth am Ende des Paragraphen dar, wie Gott sich selbst durch das Nichtige treffen lässt und wie er es in Jesus Christus bekämpft und am Kreuz endlich ganz besiegt. Jesus ist Sieger! – so tönt es in blumhardtscher Manier triumphierend auf den letzten Seiten des §50.[72] Sieht man auf das, was sich in der Geschichte Jesu Christi ereignet, so sieht man, dass Gott die mit dem Nichtigen gestellte Frage beantwortet hat: Das Nichtige ist besiegt, es führt nur noch eine Schattenexistenz, hat aber „keine wirkliche, keine letzte Macht“[73] mehr.

Barths Pointe besteht darin, dass *das Nichtige keine selbständige Geschichte außerhalb der Geschichte Jesu Christi hat.* Es kommt immer nur dann in den Blick, wenn auch seine Besiegung in Jesus Christus sichtbar wird. Darum kann sich die Frage nach der Gerechtigkeit Gottes angesichts des Nichtigen auch erst da rechtmäßig erheben, wo sie eben schon „authentisch beantwortet“ ist (wie Barth in Anspielung auf Immanuel Kant[74] meint). Barth wählt also einen offenbarungstheologischen Zugang zum Theodizeeproblem. Gott offenbart seine Bundesgerechtigkeit im Ereignis Jesu Christi. Man könnte vorsichtig von einer *„christologischen Theodizee“* sprechen. Es muss dabei jedoch klar sein, dass es um eine Selbstrechtfertigung *Gottes*[75] geht und

68 *KD III/3*, 409.

69 Vgl. z.B. *KD II/2*, 129-134.177-184 oder *KD III/3*, 354f.409-416.

70 *KD III/3*, 418. Vgl. die pointierte Aussage in *KD II/2*, 180 (Petitdruck).

71 *KD III/3*, 409.

72 Vgl. *KD III/3*, 420f, vgl. 416ff; vgl. auch *KD IV/3*, 188ff.

73 *KD III/3*, 424.

74 Vgl. Immanuel Kant, Über das Misslingen aller philosophischen Versuche in der Theodizee, Werke in sechs Bänden, hg. v. W. Weischedel, Bd. IV, Nachdruck d. Ausg. Darmstadt 1956ff, Sonderausg. Darmstadt 1998, 103–124, bes. 115-119, wo Kant eine doktrinale von einer authentischen Theodizee unterscheidet.

75 Näherhin geht es um eine sich in des Menschen Rechtfertigung (man müsste ergänzen: sowie Heiligung und Berufung – bzw. in der Erlösung vom Nichtigen) ereignende *„Selbstrechtfertigung“* Gottes (*KD IV/1*, 633), in der sich Gott sogar „als des Menschen Schöpfer: als Schöpfer des Himmels und der Erde“ (*KD IV/1*, 628) rechtfertigt. Interessant ist dabei, dass Barths darauf verzichtet, den Gott entlastenden Gedanken einer protologischen Güte der Schöpfung zu retten. Diesem Gedanken hat er in seinem Abschnitt „Schöpfung als Rechtfertigung“ in *KD III/1*, §42.3 den Abschied gegeben, indem er die Rechtfertigung

nicht um das menschliche Bemühen einer Rechtfertigung Gottes (oder des Glaubens an Gott) vor dem Forum neuzeitlicher Vernunft, wie Barth paradigmatisch an Leibniz' Theodizee kritisch aufzeigt.[76]

Rückblickend lässt sich bei Barth im Blick auf die Theodizeethematik also eine doppelte Bewegung ausmachen: *Gemessen an den traditionellen Theodizeeversuchen findet bei Barth einerseits eine fast unheimliche, verschärfte Belastung Gottes angesichts des Nichtigen in der Welt statt. Andererseits wird diese Belastung nahezu ganz von der in Jesus Christus stattfindenden Selbstrechtfertigung Gottes aufgehoben.*

4. Rückfragen und Klarstellungen

Zum Schluss seien ein paar wichtige Rückfragen und Klarstellungen formuliert. Der erste Punkt erfordert eine gründlichere Auseinandersetzung, bei den drei folgenden Punkten reicht es, die Fragerichtung anzudeuten.

1. Wie wir bereits ausgeführt haben, schreibt Barth in §50, dass das Nichtige seinen „Grund in Gottes *Unwillen*"[77] hat. Bietet Barth mit dieser Bestimmung eine spekulative Herkunftsmetaphysik des Nichtigen? Ist die Verwerfungslogik überhaupt denkbar? Führt die Aussage nicht in die Gefahr einer Dämonisierung Gottes? Wir wollen diesen drei[78] heftig debattierten Fragen im Folgenden nachgehen und sie einer innovativeren Antwort zuführen, als das bisher geschehen ist.

a) Zum Vorwurf der spekulativen Erklärung des Nichtigen

Unde malum? Woher kommt das Böse, das Übel? So hat die Tradition immer wieder gefragt und in ihren Theodizeeversuchen umfassende Antworten zu geben versucht. Liefert Barth mit seiner Aussage über den Grund des Nichti-

---

auch der Schöpfung in ihrer Hinordnung auf Tod und Auferstehung Jesu Christi gründet (*KD III/1*, 430).

76 *KD III/3*, 360-365. (In *KD III/1*, 446-451 fällt Barths Kritik an Leibniz noch weit positiver aus.)

77 *KD III/3*, 416. vgl. 407.

78 Wir unterscheiden im Folgenden analytisch zwischen drei Vorwürfen, auch wenn sie sich faktisch in der Sekundärliteratur oft überschneiden.

gen in Gottes Unwillen eine saubere, metaphysische *Erklärung* der Herkunft des Nichtigen, wie das oft kritisiert wurde?[79]

Meines Erachtens geht eine solche Lektüre deutlich an Barths Intention vorbei. Sie ignoriert die Grundbewegung des ganzen Paragraphen, die auf den Sieg Jesu Christi über das Nichtige abzielt. Die christologische Pointe von §50 besteht darin, dass die konkrete Geschichte Jesu Christi nicht nur den *„Erkenntnisgrund"*, sondern auch den *„Realgrund"* der Wirklichkeit des Nichtigen bildet.[80] Und das bedeutet, dass erst von der Christusgeschichte her das Nichtige wirklich in den Blick kommt und seine Wirklichkeit bestimmt werden kann. Die Bestimmung des Nichtigen lässt also keinen spekulativen Rückgang hinter das Christusereignis zu. Barths Ausgangspunkt ist vielmehr das Faktum des Sieges Jesu über das Nichtige, wie es in der Bibel bezeugt ist. Weil das Nichtige als Bekämpftes und Besiegtes in der Christusgeschichte einfach *unvordenklich „da"* ist, darum existiert es auch – in ungewollter Weise. Ist diese Auslegung richtig, dann muss man festhalten: Barth geht von der faktischen Wirklichkeit des Nichtigen aus, weil er seine Besiegung biblisch bezeugt sieht, aber er *erklärt* sie *nicht. Meine These ist darum, dass man Barth so lesen muss, dass er die „Herkunft" des Nichtigen von seiner Besiegung her denkt.*[81] Die Rede vom Grund des Nichtigen in Gottes Unwillen ist gegenüber dem Zeugnis jener Besiegung nur eine abgeleitete, sekundäre Bestimmung. Barth projiziert sie *a posteriori* zurück in den Gottesgedanken – um sie von dort aus wiederum als doktrinale Voraussetzung für die Konstituierung der Wirklichkeit des Nichtigen zu statuieren.[82] In dieser abgeleiteten Rückprojektion mag ein spekulatives oder zumindest *postulatives* Moment liegen. Es ist aber sicher unangebracht, Barth im Blick auf

---

79 So z.B. Gerrit Cornelis Berkouwer, *Der Triumph der Gnade in der Theologie Karl Barths*, Neukirchen 1957, 201, vgl. 200, oder Eberhard Jüngel, *Die Offenbarung* (Anm. 56), 163–182, 80. Vgl. auch John Hick, *Evil* (Anm. 49), 135f, vgl. 126–144. Vgl. selbst Otto Weber, *Grundlagen der Dogmatik*, Bd. 1, Neukirchen-Vluyn [3]1964, 543.

80 *KD III/3*, 416.

81 So gelesen ist Wolf Krötke zuzustimmen, wenn er schreibt, dass dem Nichtigen vor Gott nie ein Werden, sondern nur ein Vergehen zugeschrieben werden kann, vgl. Wolf Krötke, *Sünde und Nichtiges* (Anm. 17), 25. Vgl. auch Burghard Krause, *Leiden Gottes – Leiden des Menschen. Eine Untersuchung zur Kirchlichen Dogmatik Karl Barths (CThM 6)*, Stuttgart 1980, 268, vgl. 262-270.

82 Diesen Gedanken hat schon Wilfried Joest geäußert: „Er [sc. Barth] urteilt gleichsam a posteriori von dem her, dass Gott das Böse überwunden hat, und projiziert dies nach rückwärts auf die Frage, wieso es überhaupt dasein kann." Wilfried Joest, *Dogmatik Bd.2. Der Weg Gottes mit dem Menschen*, Göttingen [4]1996.

den eigentlichen *christologischen Ansatzpunkt* vorzuwerfen eine Erklärung des Nichtigen vorzunehmen![83] Und so ist denn auch klar, dass Barth die alte Frage „unde malum" nicht mit dem Hinweis auf das Drama der menschlichen Freiheit oder den Engelfall oder ein vorgängiges dunkles Gottesdekret zu beantworten sucht. Barth hat schlicht kein Interesse an dieser Frage. Alles Fragen, das am mit dem „Deus dixit" gesetzten Anfang vorbei in einen vermeintlichen Ursprung des Nichtigen zurückfragt, verfehlt sein Ziel.

b) Zur Kritik an der Logik der Verwerfung

Auch die von Barth statuierte Logik der Verwerfung ist vielfach Gegenstand der Kritik geworden.[84] Unsere Widerlegung des Vorwurfes einer spekulativen *Erklärung* des Nichtigen eröffnet auch die Möglichkeit, diese Kritik ein Stück weit zu entkräften. Der die Logik betreffende Vorwurf bezieht sich grob gesagt auf die Feststellung, dass Barth nicht nur behaupte: „weil es das Nichtige gibt, ist Gott dagegen", sondern zudem: „weil er dagegen ist, gibt es das Nichtige".[85] Die Wirklichkeit des Nichtigen wird so zum sekundär notwendigen Implikat des positiven Willens und Wirkens Gottes, eine Logik, die suggeriert, dass Gott selbst hier einem lästigen ontologischen Wirkmechanismus unterliegt.

Das Problem dieser Logik spitzt sich in besonderer Weise im Blick auf die Möglichkeit der Annihilierung des Nichtigen zu. Lässt sich unter Barths logischen Voraussetzungen die von ihm in Anschlag gebrachte Vernichtung des Nichtigen überhaupt noch denken? Vielfach wurde in der Barthforschung der Vorwurf laut, dass Barths Verwerfungslogik eine ungewollte *Verewigung des Nichtigen* impliziert.[86] Barth hat das Problem selber gesehen und ange-

---

83 So hält auch Christian Link als Absicht Barths fest: „Seine (sc. des Nichtigen) Herkunft und das Faktum seiner Existenz müssen wir als ein dunkles Rätsel stehen lassen." Christian Link, *Theodizee* (Anm. 63), 293.

84 Besonders schwer wiegt die Kritik von Wilfried Härle, *Sein und Gnade. Die Ontologie in Karl Barths Kirchlicher Dogmatik (TBT 27)*, Berlin/New York 1975, bes. 227-246, und David Ray Griffin, *God, Power, and Evil: A Process Theodicy*, Lanham/New York 1991, 126-144.

85 Vgl. Ingolf U. Dalferth, *Malum* (Anm. 40), 506.

86 So meint etwa Günther Thomas: „Barth kann darum nicht deutlich machen, wie sich die Verwerfung des Nichtigen so auf das Nichtige richten kann, dass dieses nicht mehr ist'." Ders., *Der für uns „gerichtete Richter". Kritische Erwägungen zu Karl Barths Versöhnungslehre*, *ZDT* 18 (2002) 211–225, 217, Anm. 14. Vgl. auch Günter Thomas, Neue Schöpfung

mahnt, man dürfe sich hier nicht in eine falsche „logische Dialektik" verstricken lassen, nach der Gott „indem er in Ewigkeit liebt und also wählt und bejaht, auch in Ewigkeit hassen und also verwerfen und verneinen müßte."[87] Es fragt sich aber, ob mit der *Behauptung* der finalen Außerkraftsetzung der Verwerfungslogik auch schon die damit verbundenen, tiefliegenden Denkstrukturen in der Kirchlichen Dogmatik aufgehoben sind. Etwa die zwar randständige, aber bei Barth doch anzutreffende Denkstruktur, dass das Nichtige als Instrument von Gottes Gericht – über das Nichtige – fungiert.[88]

Das logische Problem der hier zur Debatte stehenden Verwerfungslogik hat Ingolf Dalferth am schärfsten gesehen: Es besteht darin, dass sie Entscheidungen Gottes nur im Sinne einer absolutistischen Entscheidungslogik denken kann, „die nur Entscheidungshandlungen kennt und daher auch Nichtentscheidungen als Entscheidungen konstruiert. Etwas nicht zu wählen wird dann zur Wahl, es nicht zu wählen, und diese Wahl wird nicht als Nichtwahl, sondern als Wahl des Nichtwählens konzipiert, die eben als solche dem Nichtgewählten einen prekären Realitätsstatus verleiht"[89]. Dalferths Kritik leuchtet ein. Doch entsprechend unserer obigen Interpretation betrifft sie nicht Barths christologischen Ansatzpunkt – denn Barth setzt ja bei der in Jesus Christus Ereignis gewordenen, biblisch bezeugten Besiegung des Nichtigen, seiner proleptischen Vernichtung ein. Die Kritik betrifft nur die von diesem Ansatzpunkt aus vorgenommene, aposteriorische Rückprojektion der Wirklichkeit des Nichtigen in den Gottesgedanken und die Konzeptionierung des göttlichen Wählens und Verwerfens.

Aufgrund jenes christologischen Ansatzpunktes sind wir nicht der Meinung, dass Barth eine spekulative Unwillensontologie des Nichtigen vertritt, wie sie unter Voraussetzung jener kritisierten Logik angenommen werden müsste. Unsere Interpretation legt vielmehr nahe, Barth so zu verstehen, dass er *mit strengem Fokus auf das Christusgeschehen zu einem hermeneu-*

(Anm. 26), 147.205. Exemplarisch für die vielen Kritiken seien noch genannt: Gerrit Cornelis Berkouwer, Der Triumph (Anm. 79), 199. R. Scott Rodin, *Evil and Theodicy in the Theology of Karl Barth*, New York u.a. 1997, 258.

87 *KD III/3*, 417. Barth spricht davon, dass das *opus alienum* und damit das Nichtige durch das *opus proprium* aufgehoben wird, *KD III/3*, 416-421, bes. 410.

88 *KD III/4*, 418; *KD IV/1*, 338. – Das Annihilationsproblem des Nichtigen spiegelt sich in §50 bereits begrifflich in der Schwierigkeit, dass das *opus alienum* Gottes sowohl als *Akt* wie als *Resultat* gedeutet werden muss.

89 Ingolf U. Dalferth, *Malum* (Anm. 40), 508, Anm. 87.

tisch adäquaten Umgang mit der Wirklichkeit des Bösen anleiten will, der traditionelle Deuteaporien ausschließt.[90]

c) Zum Vorwurf der Dämonisierung Gottes

Paul Ricouer hat gefragt, ob Barth nicht „wieder den Weg für Spekulationen über die dämonische Seite der Gottheit geöffnet"[91] habe. Auf diesen Vorwurf ist hier anhand eines kurzen Exkurses zu Ottmar Fuchs' 2014 erschienenem Buch „Der zerrissene Gott" einzugehen.

Fuchs nimmt die menschlichen Leiderfahrungen ebenso ernst wie er an den biblischen Verheißungen und an der Allmacht und Liebe Gottes festhält. Die dadurch entstehende Spannung trägt er so radikal in den Gottesgedanken ein, dass er nicht nur – wie Moltmann – von einer „‚Entzweiung' in Gott"[92], sondern mehrfach von einem „Satanischen in Gott"[93] redet. Fuchs will keinem Dualismus das Wort reden, er versteht darum den Teufel als ein Geschöpf, das nicht ewig böse bleiben muss, sondern erlöst wird von der universalen Liebe Gottes, die auch die „höllischen Untiefen der Schöpfung (und Gottes selbst)" umfasst und verwandeln wird.[94]

Das geschieht vorweg im Kreuz Jesu Christi, in dem nicht nur des Menschen Sünde, sondern auch Gott für die Zumutung seiner Schöpfung und das vorläufige Ausbleiben der verheißenen Rettung gesühnt wird.[95]

Fuchs schlägt in seinem Buch vor, ein ökumenisches Gespräch über eine „diabolische Theologie" zu führen, die „das Satanische in Gott selber oder doch wenigstens in Gottes Verantwortung aufsucht".[96] Da Fuchs dabei auch

---

90 Ähnlich interpretiert auch Dalferth, a.a.O., 508.

91 Paul Ricoeur, *Das Böse*, Zürich 2006 (frz. 1986), 50.

92 Jürgen Moltmann, *Der gekreuzigte Gott. Das Kreuz Christi als Grund und Kritik christlicher Theologie*, München ^{4}1981, 233.

93 Ottmar Fuchs, *Der zerrissene Gott. Das trinitarische Gottesbild in den Brüchen der Welt*, Ostfildern ^{2}2014, 118.121.124. Es geht dabei aufgrund der Logik, dass alles, was „außerhalb" Gottes stattfindet, sich auch in ihm selber ereignet (so, 113.123), um eine Aussage über das Wesen Gottes bzw. die trinitarische Theodramatik selbst (vgl. 109-126).

94 A.a.O., 126, vgl. 122.

95 A.a.O., 77f.191. Zur partiell berechtigten Kritik an dieser Vorstellung bei Magnus Striet und Ottmar Fuchs vgl. Matthias Zeindler, *Sühne für Gottes Zumutungen? Zur neueren Diskussion um den Opfertod Jesu*, EvTh 76/2 (2016), 101-110.

96 Ottmar Fuchs, *Der zerrissene Gott* (Anm. 93), 124.

auf Karl Barth rekurriert – und sich dabei auf einen Aufsatz von mir bezieht[97] – drängt es mich zu einer kurzen Klarstellung der Differenzen zu Barths Position. Den entscheidenden Differenzpunkt sehe ich darin, dass für Fuchs der Teufel ein Geschöpf ist[98]. Vermittelt über trinitarische Überlegungen führt dies zu einer Art Dämonisierung Gottes (oder wenigstens einem Dämonischen *in* Gott) und schließlich dazu, dass Fuchs „(u)m Gottes Willen" für eine Erlösung auch des Teufels plädiert[99]. Anders bei Barth: Bei ihm ist der Teufel gerade *kein Geschöpf*, das satanisch Nichtige ist weder Gott noch Geschöpf, sondern ein Drittes. Es besteht darum für Barth auch nicht der geringste Anlass dieses Nichtige zu *erlösen* oder via höllische Sündenstrafen o.ä. zu *verewigen*. Vielmehr wird das Nichtige *annihiliert*, es wird besiegt und vernichtet in Jesus Christus. Und hier ist – so habe ich plädiert – auch der „Herkunftsgrund" des Nichtigen in Gottes Unwillen zu lokalisieren. Barth denkt von der Besiegung des Nichtigen her. Genau darum scheinen mir auch all die Interpretationen falsch, die angesichts des Nichtigen von einer Dämonisierung Gottes sprechen. Genausowenig wie man Barth eine *Banalisierung* des Gottesbildes vorwerfen kann, darf man ihm umgekehrt eine *Dämonisierung* des Gottesbildes anlasten. Gott ist *gegen* das Nichtige. – Ein ökumenisches Gespräch ist wird dann fruchtbar und weiterführend, wenn diese Differenz deutlich gemacht wird.

2. Barths allein christozentrische Verortung der Erkenntnis des Nichtigen geht einher mit einem Entzug der *Evidenz* des Nichtigen. Barth bestreitet natürlich nicht, dass wir das Nichtige „faktisch erfahren und erleiden", er meint aber, es komme dabei im Falle seiner „natürlichen Erkenntnis" unausweichlich zu Missdeutungen des Nichtigen.[100] Die barthsche Ablehnung eines natürlichen Erkenntniszuganges zeugt zunächst von einer tiefen phänomenalen Wahrheit. So ist etwa dem stumm und dumpf leidenden Menschen sein Leiden oft mehr oder weniger verborgen, oder er verdrängt es. Es gibt tatsächlich ein verborgenes Leiden am Nichtigen. Doch es gibt eben auch einigermassen evidente Leiden, die so offensichtlich und unausstehlich sind, dass niemand sie leugnen kann. Es gibt Menschen, die von einer Krankheit so bedrängt werden, dass sie nur noch Schmerz sind. Soll diesen Menschen versagt bleiben, ihr eigenes Leiden als etwas Nichtiges, als „böse" zu deuten

97 Vgl. a.a.O., 124.
98 Vgl. a.a.O., 125.
99 A.a.O., 122.
100 *KD III/3*, 404f.

und damit – zumindest für ihre momentane Situation – eine letzte Wahrheit gesprochen zu haben?[101]

Barth vertritt in unerbittlicher Konsequenz die Meinung, dass letztlich allein Gott zu beurteilen hat, welches Leiden in unserem Leben wirklich böse ist.[102] Dieser Gedanke ist ebenso tröstend und heilsam wie er auch schwierig und manchmal existentiell kaum nachzuvollziehen ist.

3. Die vielleicht brennendste Frage lautet, ob Barth durch die Betonung der Besiegung, der Vernichtung des Nichtigen, durch seine Aussage, dass das Nichtige „als solches objektiv beseitig" ist, den harten, widerständigen Leiderfahrungen von Menschen gerecht wird. Reicht es zu bekennen, dass das Nichtige nach seiner Besiegung nur noch unter Gottes „Zulassung" und als „wunderlicher Knecht" auf der Welt agiert?[103] Gleicht das nicht doch einer Verharmlosung all des abgründigen Leids auf dieser Welt? *Hat Barth hier zu freudig geredet?*

Barth hat den Status dieser Aussagen leider nicht näher expliziert. Man kann ihnen nur dann folgen, wenn man sie nicht als deskriptive Aussagen über die Wirklichkeit des Bösen in der Welt interpretiert, sondern sie als im Ringen mit dem Problem des Nichtigen gegen Ende des §50 errungene *Hoffnungsaussagen* versteht. So gedeutet stellt sich die Frage dann jedoch ebenso in entgegengesetzter Richtung: *Darf man weniger freudig reden als Barth es getan hat?*

4. An diese Frage schließt die letzte Frage an: Die Gebetsform der Klage kommt bei Barth zu kurz.[104] Es ist im Blick auf das menschliche Leid die vordringliche Aufgabe der Theologie, die Theodizeefrage so offenzuhalten, dass sie immer wieder ins Gebet führt, wo wir fragen dürfen und müssen: „Warum, Gott, wie lange noch?". Ich kann darum Barths christologischer Antwort hinsichtlich der Besiegung des Nichtigen *dann* gut folgen, wenn ich sie so deute, dass sie die Theodizeefrage nicht stilllegt, sondern nun erst recht befördert. Der Gekreuzigte legt die Klage nicht still, sondern er evoziert sie

---

101 Neben dieser noetischen Brechung der Wirklichkeit des Leidens lässt sich bei Barth auch eine vom Christusereignis her gedachte *konzentrisch-analogische* Brechung der Wirklichkeit des Leidens beobachten: Allein Christus im Zentrum erleidet das wirklich Nichtige, das Leiden schlechthin – der in seinem Umkreis lebende Mensch ist davor bewahrt.

102 Vgl. auch, Dalferth, *malum* (Anm. 40), 512.

103 *KD III/3*, 424f.

104 Zu dieser Kritik vgl. Matthias D. Wüthrich, *Nichtige Klage? Eine Suche nach Gründen für die systematisch-theologische Verdrängung der Klage am Beispiel Karl Barths*, in: Eva Harasta (Hg.), *Mit Gott klagen. Eine theologische Diskussion*, Neukirchen-Vluyn 2008, 57-73.

„laut“ (Mt 27,45.50). Die Einsicht in die Art wie Gott in Jesus Christus dem Nichtigen in seiner Geburt, als Heiland, am Kreuz und in der Auferstehung entgegentritt, entfacht doch allererst die in der Klage evozierte Sehnsucht nach ihm als unserem eschatischen Erlöser.

Andreas Schüle

Klage als Anfang der Theologie. Eine exegetische Auseinandersetzung mit Karl Barths Hiobinterpretation[1]

1. Gottes Risiko: Karl Barths Hiobinterpretation

Die Auseinandersetzung mit dem Hiobbuch nimmt in Barths Versöhnungslehre bekanntlich breiten Raum ein – und zwar nicht nur als biblische Illustration, sondern, wie Barth selbst sagt, als Grundlage seines eigenen Nachdenkens über das Versöhnungsgeschehen.[2] Die Versöhnung, die Gott aus freier Entscheidung gewährt, bedarf des Zeugnisses, d.h. der Wahrnehmung, des Verstehens und der Bejahung. Hiob ist für Barth das Modell, wenn auch nicht die vollendete Darstellung, des „wahrhaftigen Zeugen."[3] Mit Hiob definiert das biblische Zeugnis den „Typus"[4], der in Jesus von Nazareth seine vollkommene Gestalt findet.

Hiob ist der Mensch, den Gott sich zum Zeugen macht und auf dessen Zeugnis er sich verlässt. Barth hält fest, dass Gott in der berühmten Wette mit Satan etwas auf den ersten Blick sehr Ungöttliches, weil Riskantes tut, indem er seine Glaubwürdigkeit an die Entscheidung eines Menschen bindet. Gott setzt ganz darauf, dass Hiob im entscheidenden Moment nicht einbrechen und also nicht dem nachgeben wird, was Satan vermutet und was ihm

1 Dieser Beitrag erscheint parallel auch in der Festschrift für Michael Welker zum 70. Geburtstag. Auf beiden Wegen grüße ich meinen Mentor und ehemaligen „Chef" in großer Dankbarkeit.

2 Karl Barth, *Die Kirchliche Dogmatik IV/3*, Zürich, 1989, 443.

3 A.a.O., 444: „Wir treten hier ein erstes Mal auf Hiob ein: in besonderer Aufmerksamkeit auf die besonders am Anfang und am Schluß des Buches sichtbare Linie, auf der uns das begegnet, was im Vorangehenden die Grundstruktur, die reine Gestalt des wahrhaftigen Zeugen genannt wurde."

4 A.a.O., 448.

seine Frau einflüstert, nämlich Gott abzuschwören. Und Gott behält Recht, weil Gott immer Recht behält – wie Barth pointiert formuliert.[5] Der berühmte Satz „Der Herr hat's gegeben, der Herr hat's genommen, der Name des Herrn sei gelobt" (Hi 1,21; vgl. 2,10) ist wahrhaftiges Zeugnis, weil Hiob darin Gottes Freiheit akzeptiert und sich dieser Freiheit *frei*-willig unterwirft. Denn darum geht es: Das Zeugnis Hiobs ist wahrhaftig, weil es keine Regeln für Gott erfindet, nach denen dieser zu funktionieren habe. Das bedeutet aber, dass Hiob das Gute wie auch das Schlechte annehmen muss, das ihm von Gott zukommt. Wenn Gott nur dann Gott sein darf, wenn er dem entspricht, was Menschen von ihm wollen, dann wäre er eben nicht Gott – dann hätte Satan recht gehabt, dann wäre Hiobs Leben eben nicht wahrhaftiges Zeugnis, sondern Lüge gewesen.[6] Aber so kommt es eben nicht. Gott vertraut seinem Knecht und der Knecht unterwirft sich dem Ratschluss seines Herrn.[7]

Eigentlich könnte das Hiobbuch hier bereits enden. Was das Niveau seiner theologischen Erkenntnis anbelangt, geht es, jedenfalls in Barths Lesart, an keiner Stelle über den Prolog hinaus. Der Epilog ist im Grunde nur noch narratives Nachspiel. Gott tritt nun selbst auf die Bühne und nennt die Dinge beim Namen: Hiob hat recht geredet, seine Freunde dagegen nicht (Hi 42,7). Gott setzt den wahrhaftigen Zeugen ins Recht und entlarvt die Lügner. Für seine irregeleiteten Freunde soll Hiob Fürbitte leisten (Hi 42,8), der Satan und Hiobs Frau werden gar nicht mehr erwähnt. Dabei nimmt Barth interessanterweise wenig Anstoß an dem theologisch doch eher fragwürdigen und auch narrativ etwas flachen Happy End. Hiob wird (doch nicht etwa als Belohnung für seine Treue?) noch reicher mit Kindern und Besitz gesegnet als zuvor. Ende gut, alles gut. Wenn man das Hiobbuch vor seinem jetzigen Abschluss retten wollte, müsste man eigentlich Satan noch einmal vor den geschlossenen Vorhang treten und ihn etwas sagen lassen wie: „Und so hat es sich also doch gelohnt für Hiob!"

Insofern stellt sich die Frage, was Barth aus dem langen poetischen Mittelteil des Buches macht, der seiner Lesart nach kein theologisches Eigengewicht besitzt. Barth unterscheidet, nicht wörtlich aber der Sache nach, zwischen „Zeugnis" und Überzeugung, zwischen dem, was der Glaube schon weiß und was er existenziell noch verinnerlichen muss.[8] Tatsächlich fällt

5 A.a.O., 445.
6 A.a.O., 526.
7 A.a.O., 448.
8 A.a.O., 460f.

Hiob ab Kapitel 3 ja noch einmal hinter den frommen Satz „Der Herr hat's gegeben, der Herr hat's genommen" zurück und klagt Gott an. Er schwört Gott nicht ab, und insofern kommt selbst im Mittelteil des Buches Satan nicht doch noch zum Ziel. Aber Hiob verzweifelt an dem Gott, der ihm nach allen Maßstäben menschlichen Gerechtigkeitsempfindens nicht hätte antun dürfen, was er ihm angetan hat. Im Grunde wird die geradezu übermenschliche Hiobgestalt des Prologs, die in allem vollkommen und untadelig ist, hier auf das normal Menschliche zurückgenommen, weil Hiob nun (endlich) tut, was vermutlich jeder Mensch in dieser Situation getan hätte, nämlich klagen, hadern, verzweifeln, aufbegehren.[9] Durch all das muss der Mensch Hiob zwischen Kapitel 3 und 31 hindurch, bevor er wieder an dem Punkt ankommt, an dem er in Kapitel 2 der Sache nach schon einmal war. Er bereut, was er an Torheit gesagt hat, und unterstellt sich der souveränen Macht Gottes. Aber nun ist dies nicht nur ein frommes Bekenntnis, nun erst wird der fromme Satz aus Kapitel 1 zu einem erlittenen Zeugnis.

Damit ist eine gewichtige Aussage über die Bedeutung von *Klage* getroffen, um die es uns hier gehen soll. Für Barth hat sie kathartische und katalytische Funktion. Kathartisch, insofern an ihrem Ende die Szenerie tatsächlich bereinigt ist. Hiob bereut, und auch wenn er den frommen Satz aus Kapitel 1 nicht wiederholt, könnte er ihn nun wieder sagen, da er so etwas wie seinen inneren Frieden gefunden hat. Damit aber ist der vielleicht wichtigere Punkt berührt, denn Klage ist, folgt man Barth an dieser Stelle, ein katalytisches Element, durch das das Zeugnis Hiobs nicht nur zu seiner eigenen inneren Überzeugung gerinnt[10], sondern nun verbindliche Bedeutung erlangt: Gott bekennt sich nun nicht nur im Himmel, sondern auch auf Erden zu seinem Knecht Hiob.[11] Was Gott zunächst nur im himmlischen Thronrat über Hiob sagt, wiederholt er nun vor aller Welt (Hi 42,7f.).

Klage wäre also eine *Vertiefung des Zeugnisses*. Tatsächlich kommt der fromme Satz aus Kapitel 1 ja fast zu schnell und erscheint angesichts der Schwere dessen, was Hiob an Schicksalsschlägen trifft, weder literarisch besonders plausibel noch psychologisch einleuchtend. Erst indem dieser Satz durch die Klage hindurchgegangen ist, wird das Zeugnis auch glaubwürdig. Gleichwohl ist es nicht die Situation der Klage selbst, die das Zeugnis hervorbringt. Anders gesagt: die Klage ist kein Ort, dem eine genuine, theologi-

9 A.a.O., 460.
10 A.a.O., 468-470.
11 A.a.O., 525-529.

sche Erkenntnis entspricht. Klage ist nicht Wissen, sondern Vergewisserung – was Barth sicher nicht ungewollt in die Nähe der Gebetstheologie Calvins bringt, der das Gebet allgemein als eine Einfindung des Beters in die Vorsehung Gottes versteht.[12]

Gewiss zeigt sich in Barths Hiobsexegese eine dialektisch inspirierte Aufhebungsfigur. Was am Anfang noch (oder nur) subjektives Bekenntnis ist, wird am Ende zur religiösen Substanz. So kann man das Hiobbuch in seiner Endgestalt freilich lesen, und so ist es in der christlichen Interpretationsgeschichte auch immer wieder gelesen worden.[13] Geht man stärker exegetisch an das Hiobbuch heran, relativiert sich eine solche Herangehensweise allerdings. Dass das Hiobbuch nicht aus einem Guss ist, gilt heute (und galt schon zu Barths Zeit) als einigermaßen sicher. Die Debatte dreht sich allerdings darum, in welchem Verhältnis der narrative Rahmen zum poetischen Mittelteil steht. Handelt es sich hierbei um zwei ursprünglich voneinander unabhängige Traditionen, die dann zu einer Gesamtkomposition zusammengefügt wurden? Oder aber ist eine davon der Nukleus der Entstehung des Buches? In diesem Fall gäbe es ein Abhängigkeitsverhältnis: Entweder reagiert der poetische Teil auf die Erzählung, oder umgekehrt. Vermutlich liegen die Dinge entstehungsgeschichtlich noch komplizierter, weil sowohl die jetzige Rahmenerzählung wie auch der poetische Mittelteil in sich gewachsene Größen sind. Diese Detailfragen müssen hier weitgehend ausgeblendet bleiben.[14] Allerdings soll es im Folgenden etwas genauer um das Verhältnis der Klage Hiobs als treibendes Element des Mittelteils (vor allem in Hi 9f.) zur Frömmigkeit Hiobs in der Rahmenerzählung gehen. Wenn man dies nicht wie Barth im Sinne einer Aufhebungsfigur beschreiben möchte, bleibt die Frage, wie anders man das spannungsvolle Gegenüber des klaglos erleidenden und des klagend-aufbegehrenden Hiob beschreiben kann. Oder, noch einmal in Barths Diktion ausgedrückt: Es geht um das Verhältnis von Zeugnis und Klage, von Bekenntnis zu Gott und Anklage gegen Gott.

---

12 Johannes Calvin, *Institutio Christianae Religionis* (1559), III, 20,4.

13 Dazu Samuel E. Balentine, *Job*, Macon 2006, 22-24.

14 Zu den unterschiedlichen Argumentationsweisen in der gegenwärtigen Forschung vgl. die Beiträge von Melanie Köhlmoos und Raik Heckl in Leonie Ratschow, Hartmut v. Sass (Hg.), *Die Anfechtung Gottes: Exegetische und systematisch-theologische Beiträge zur Theologie des Hiobbuches* (ABG 54), Leipzig 2016.

2. Die Klage im Alten Testament

Klage ist ein recht klar definiertes Genre des Psalmenbuches. Üblicherweise wird sie (nach Hermann Gunkel und Claus Westermann) dreifach entfaltet: als Ich-Klage, Du-Klage, und Gott-Klage. In dieser Dreigliedrigkeit spiegelt sich das Welt- und Menschenbild vieler Psalmen, das den einzelnen Mensch innerhalb eines dreistelligen Beziehungsgefüges wahrnimmt: dazu gehören die Beziehung zur Körperwelt, zur Sozialwelt und zur Sphäre des Kultes als Ort der Gottesgegenwart. Wenn man statt Relationsgefüge das Bild des Netzwerks wählt, könnte man auch sagen, dass jedes Individuum ein „Knotenpunkt" dieses Netzwerks aus Körper-, Sozial- und Kultwelt ist. Das wird weiterhin daran deutlich, dass jedem dieser drei Bereiche ein eigener anthropologischer Begriff entspricht: Der Körperwelt entspricht der Begriff *bāśār* „Fleisch", der Sozialwelt der Begriff *lēv* „Herz" und der Kultwelt der Begriff *naefaeš*, der in Bibelübersetzungen oft als „Seele" wiedergegeben wird.

Idealerweise stützen sich Individual-, Sozial- und Kultsphäre, und wo dies gelingt, spricht das Hebräische vom Šālō*m*, was seiner eigentlichen Bedeutung nach weniger „Friede" meint, sondern allgemeiner ein unversehrtes Ganzes bezeichnet. Andererseits macht das Bild des Netzwerks auch deutlich, dass, egal an welcher Stelle das Netz beschädigt wird oder gar reißt, immer das Ganze betroffen ist. Zerrüttete, feindselige Sozialbeziehungen können den Menschen auch anderweitig, physisch und psychisch, nicht gesund sein lassen. Wer krank ist, fühlt sich auch von Gott entfernt oder gar verlassen. Egal an welcher Stelle das Netz reißt, findet eine umfassende Lebensminderung statt, an deren Ende der dreifache Tod steht: Der Mensch driftet letztlich in die Schattenwelt, die Š^{e}ō*l*, in der es keine Beziehungen mehr gibt – nicht zu sich selbst (zum eigenen Körper), nicht zu anderen Menschen, und, vor allem, auch nicht mehr zu Gott.

Ps 41 ist ein Text, der wahrscheinlich als Gebet eines Kranken zu deuten ist und der besonders anschaulich macht, wie sich neben dem körperlichen Verfall auch das Sozialgeflecht um den Kranken herum gegen ihn wendet:

Makarismus

(2) Glücklich, wer achtet auf den Geringen! Am Tage des Übels wird JHWH jenen erretten.

(3) JHWH wird ihn behüten und ihn am Leben erhalten. Er wird glücklich gepriesen im Land. Lass ihn nicht der Begierde[15] seiner Feinde anheimfallen! (4) JHWH wird ihm helfen auf dem Krankenbett, sein gesamtes Darniederliegen wandelst du in seiner Krankheit.

Klage

(5) Ich sprach: JHWH, sei mir gnädig! Heile mich[16], denn ich habe gegen dich gesündigt. (6) Meine Feinde reden Böses über mich: ‚Wann wird er sterben und sein Name vergehen?' (7) Und wenn jemand kommt, um nach mir zu sehen, redet sein Herz Nichtiges. Er sammelt sich Schlechtes zusammen und geht hinaus und sagt es (dort). (8) Zusammen flüstern über mich alle, die mich hassen, und planen Böses gegen mich. (9) ‚Etwas Böses hat ihn getroffen, und wie er daliegt, wird er nicht mehr aufstehen.' (10) Selbst mein Freund, auf den ich vertraute, der mein Brot aß, hat die Ferse gegen mich ‚groß gemacht'.

Anrufung

(11) Aber du, JHWH, sei mir gnädig und richte mich auf, und ich will es ihnen vergelten! (12) Daran erkenne ich, daß du Gefallen an mir hast, wenn mein Feind nicht über mich jauchzt. (13) Aber ich, in meiner Vollkommenheit stützt du mich und lässt mich ankommen vor deinem Angesicht auf ewig.

An diesem Text ist mehreres bemerkenswert. Er oszilliert seiner Form nach zwischen Dank- und Klagepsalm, zumal nicht klar ist, ob der Beter sich noch in einer Notsituation befindet oder, bereits genesen, auf diese zurückblickt. Der Klageabschnitt, der uns vor allem interessiert, bildet den Mittelteil. Hier räumt der Beter ein, dass die Krankheit durchaus etwas mit seinem eigenen Verhalten zu tun hat („Heile mich, denn ich habe gegen dich gesündigt"). Worin genau die „Sünde" besteht, wird nicht eigens entfaltet. Und das mag auch gar nicht nötig sein, denn „sündigen" kann man in der

---

15 Im Hebräischen steht für „Begierde" an dieser Stelle *naefaeš*.

16 Im Hebräischen: „Heile meine *naefaeš*", hier als anthropologischer Begriff der ‚Ausrichtung auf' und des ‚Begehrens nach' Gott verstanden.

Welt der Hebräischen Bibel im Grunde durch jedes Verhalten, das sich negativ auf den Schalom-Zustand des Relationsgefüges auswirkt. Das tut fraglos jeder Mensch mehr oder weniger häufig, mit manchmal vernachlässigbaren, manchmal aber auch gewichtigen Folgen. Dabei ist gar nicht immer oder automatisch von einer „Schuld" die Rede, die beglichen werden muss, vielmehr geht es im weitest möglichen Sinne um etwas, das zu Rissen im Šālōm-Zustand führen kann und insofern der „Heilung" bedarf. Klage setzt also keineswegs Sünd- bzw. Schuldlosigkeit voraus. Der klagende Mensch muss nicht zuerst und vor allem auf seiner Fehlerlosigkeit bestehen, damit das, was er beklagt, bei Gott Gehör findet. Wichtig ist allerdings, dass er/sie in dieser Situation Gott anruft und um Intervention bittet. Es ist gerade der Sinn der Klagerituale, dass der unvollkommene Mensch, der von einer unvollkommenen sozialen Welt umgeben ist, doch wieder den Weg zurück ins Leben finden kann.

Im Klageteil von Ps 41 spricht nun der so verstandene „sündige" Mensch, der sich zu seinem physischen Leiden auch sozialen Anfeindungen ausgesetzt sieht. Da sind die Außenstehenden, die nur darauf warten, dass es mit dem Beter zu Ende gehen wird, weil dieser eben nicht mehr zu retten ist. Die sich abzeichnende Perversion des Sozialgefüges erreicht darin ihren Höhepunkt, dass sich am Ende sogar der beste Freund zum Feind wandelt. Dabei lohnt der Hinweis, dass „Freund" (V.10) hier die Übersetzung des Hebräischen *ʾiš-šᵉlōmī* ist. Gerade der Mensch also, der den eigenen Šālōm, des Ganz- und Heilseins, mitbestimmt, bewirkt nun das Gegenteil. Dafür wird ein drastisches Bild gewählt: der ehemalige Freund macht wörtlich die „Ferse groß" gegen den Beter. Was damit gemeint ist, bleibt unklar. Es könnte mit physischer Gewalt zu tun haben („jmdn. treten"). Das Bild könnte auch darauf hindeuten, dass, wenn man die Ferse sieht, sich der betreffende Mensch von einem weg bewegt.

Was in Ps 41 fehlt, ist die ausgeprägte Gott-Klage, wie man sie sonst im Psalter finden kann, wo Gott dafür angeklagt wird, dass er nicht eingreift und sich so faktisch zum Mittäter macht. In Ps 41 tritt diese Klage fast gänzlich hinter die Vertrauensbekundung und das Lob Gottes zurück, die sich als Klammer um den Psalm legen. Hier wird nun gesagt, welche Rolle Gott eigentlich für den Šālōm-Zustand dieses Beziehungsgefüges spielt, nämlich die des Richters und Retters. Er soll den Beter von seiner Not erretten und gegenüber seinen Mitmenschen ins Recht setzen, damit er „Vergeltung üben" kann (auch hier mit der Wuzel ŠLM i.S. von „etwas vollständig/komplett" machen). Gott ist derjenige, ohne dessen Intervention sich dieses Gefüge nicht wieder zusammensetzt. Dazu gehört, dass sich Gott auf die Seite derer stellt, die das Rechte *wollen* und die gerade nicht den Geringen missachten, wie dies gleich zu Eingang in V. 2 formuliert ist.

So kann der Beter von seiner eigenen „Vollkommenheit" (V.13) sprechen (in den Übersetzungen meist mit „Lauterkeit", „Frömmigkeit" oder „Aufrichtigkeit" wiedergegeben). Im Hebräischen steht da das Wort *tamm*, das auch im Blick auf „vollkommene" Menschen wie Hiob und Noah verwendet wird (Gen 6,9; Hi 1,1). Das stößt sich auf den ersten Blick mit dem schon erwähnten Sündeingeständnis – aber eben nur auf den ersten Blick. Begriffe wie „Gerechtigkeit", „Wandeln mit Gott" oder „Vollkommenheit" gehören zu dem, was wir heute vielleicht als Gesinnungsethik bezeichnen würden. Auch ein von den besten Absichten und Einsichten geleiteter Mensch kann moralisch irren, kann falsche Entscheidungen treffen, kann sündigen. Darüber haben sich die biblischen Autoren wohl ebenso wenige Illusionen gemacht wie wir das heute tun würden. Aber solche Menschen verdienen Rettung, verdienen, dass Gott „Gefallen" an ihnen hat wie dies in V. 12 gesagt wird. „Gefallen" ist kein juridischer Begriff und setzt insofern auch nicht den unschuldigen Menschen voraus, wohl aber den Menschen, der durch sein Denken und Tun nicht Schuld auf sich laden will.

Nun sind Klage- und Dankpsalmen nicht im eigentlichen Sinne theologisch-reflektierende Texte, sondern fallen eher in die antike Seelsorge und die Pädagogik. Das kann man z.B. an dem Makarismus sehen, mit dem Ps 41 einsetzt und der zu den Gattungen der weisheitlichen Lehrrede gehört. In jedem Fall geht es um praktische Lebensorientierungen und Lebenshilfe, die, nach allem, was wir wissen oder ahnen können, zur Aufgabe des Kultbetriebs gehörte. Laut 1. Sam 1 geht die unfruchtbare Hanna in ihrer Not zum Priester in Silo, klagt ihr Leid und erhält ein Heilsorakel. Und nachdem einige Zeit vergangen ist und Hanna ihren Sohn Samuel geboren hat, kehrt sie zurück und spricht ihr berühmtes Dankgebet (1. Sam 2). Hier kann man den konkreten religiösen ‚Sitz im Leben' von Klage und Dank geradezu mit Händen greifen.[17] Ps 50,15 bringt dies als prägnante Handlungsanweisung auf den Punkt: „Rufe mich an in der Not, so will ich dich erretten und du sollst mich preisen."[18]

---

17 Vgl. Claus Westermann, *Ausgewählte Psalmen,* Göttingen 1984, 54.

18 Dazu William P. Brown, *Seeing the Psalms: A Theology of Metaphors*, Louisville 2002, 155: „Giving thanks is something that God cannot coerce from a worshiper, for it is to be rendered freely. And yet God provides ample opportunity for thanksgiving by guaranteeing deliverance to those who ‚call on me in the day of trouble'." Brown weist hier zurecht auf die

Damit sind wir bereits sehr nahe am Hiobbuch angekommen, weil die drei Freunde auf dieser Ebene der Seelsorge und der religiösen Praxis argumentieren. In gewisser Weise empfehlen sie Hiob, genau das zu tun, was Ps 50,15 vorgibt, nämlich Gott anzurufen in der Not, seine Rettung anzunehmen und ihn dafür zu preisen. Für die Freunde ist im Grund unerheblich, was Hiob genau getan hat, weil eben niemand fehlerlos sein muss, der sich Gott im Klageritual anvertraut. Nur Hiobs prinzipielle Ablehnung jeder eigenen Unvollkommenheit ist für sie anstößig, nicht nur, weil es für sie nicht vorstellbar ist, dass ein Mensch vollständig gerecht ist, sondern weil sich Hiob auf diese Weise den Weg versperrt, eben das Klageritual, das zur Wende seiner Situation führen könnte. Der später noch auftretende Elihu nimmt dagegen eine eher pädagogische Position ein und interpretiert wohl dosierte Leiderfahrungen als erzieherische Maßnahme Gottes gegen menschlichen Hochmut (Hi 33,15-19).

3. Das nachdenkende Ich und der unbekannte Gott

Nun gibt es innerhalb der Psalmen eine Weiterentwicklung der Klagetradition, die man als theologische Reflexion auf diese Tradition selbst verstehen kann und die auch den Titel dieses Beitrags erklärt: die Klage als Anfang der Theologie. In einigen Texten tritt neben das klagende Ich, das im Erleben der Situation gefangen zu sein scheint, ein nachdenkendes Ich, das gleichsam aus der Szenerie heraustritt und die Dinge aus einer nochmals anderen Perspektive, ‚von außen', betrachtet. Dieses ‚zweite Ich' ist auf eigentümliche Weise nicht identisch mit dem erleidenden Ich, das nach Rettung ruft, sondern ist ein anderes, ein reflektierendes Ich, für das in Frage steht, ob der Klageritus noch trägt und ob das Bild des Gottes, der rettet, wenn man ihn anruft, tatsächlich einen Anhalt innerhalb von Erleben und Erfahrung hat.

---

in den Klagepsalmen verbreitete Vorstellung hin, dass der Lobpreis, den Gott als Antwort von seinen Geschöpfen empfängt, die Schöpfung allererst vollständig macht. Wie unten anhand von Ps 88 und Hi 10 zu zeigen ist, scheint genau diese Vorstellung zumindest in Teilen der Entwicklung der Klagetradition ins Wanken geraten zu sein.

3.1 Psalm 22

Ein Beispiel hierfür ist Ps 22. Hier muss man sich zunächst etwas frei machen von der neutestamentlichen Rezeption dieses Psalms als eines der ‚letzten Worte Jesu.' Dieser Psalm ist seiner Form nach ein typisches, wenngleich nach und nach gewachsenes Klagelied[19], in dessen erstem Teil man die dreigliedrige Klage (V. 2-6: Gottklage, V. 7-9: Feindklage, V. 10-18(19): Ich-Klage) findet, gefolgt von einer Anrufung/Petition (V. 20-22) und der abschließenden Lobankündigung (V. 23-32). Die Besonderheit dieses Textes befindet sich in der Gottklage. Da ist zunächst die Intensität der Anrufung („Mein Gott, mein Gott, warum hast du mich verlassen!"), die sonst keine Parallele im Psalter hat.[20] Weiterhin fällt der geschichtliche Rückblick auf, der hier in die Klage integriert ist: „Unsere Väter vertrauten auf dich, und weil sie dir vertrauten, rettest du sie. Zu dir schrien sie und wurden gerettet, sie hofften auf dich und wurden nicht zuschanden" (V. 5f.). Hier erhält also eine andere, aus den Geschichtspsalmen bekannte Gattung, Einzug in die Klage des Einzelnen. Der geschichtliche Rückblick dient dem Kontrast zum gegenwärtigen Erleben des Beters: Es gab eine Zeit, da rettete Gott die Israeliten, weil sie auf ihn vertrauten.[21] Welcher Abschnitt der Geschichte damit genau gemeint ist, wird nicht eigens gesagt. Die Momente, in denen Israel seinem Gott wirklich vertraute, sind eher selten, zumindest wenn man sich am uns vorliegenden Pentateuch und dem deuteronomistischen Geschichtswerk orientiert. Möglicherweise geht es aber gar nicht um Geschichtsrekonstruktion *per se*, sondern um die Hervorhebung eines Kontrasts: Damals, als die Väter und Mütter Israels, Gott vertrauten, rettete er sie. Jetzt, in der Gegenwart, liegt der Beter des Psalms vor demselben Gott, weiß aber gerade nicht, ob dieser Gott auch ihm zur Rettung kommen wird: „Ich aber bin ein Wurm und kein Mensch, ein Spott der Leute und ein Verachteter des Volkes" (22,7). Der Beter hat also keinen Halt innerhalb seines Sozialgefüges. Dem

19 Zur Analyse Klaus Seybold, *Poetik der Psalmen*, Stuttgart 2003, 186-189.

20 Beat Weber, *Werkbuch Psalmen I: Die Psalmen 1 bis 72*, Stuttgart 2001, 122.

21 Dazu Patrick D. Miller, *And They Cried to the Lord: The Form and Theology of Biblical Prayer*, Minneapolis 1994, 115: „In verses 3-5, the psalmist affirms the character of God as holy and the history of the people as a demonstration of the positive response of God to those who cried out in trust. Such recollection joins the psalmist with that company but also inplicitly contrasts the present condition of the psalmist who trusts with the fathers and mothers who trusted." Zum Auseinandertreten von Erinnerung und eigener Erfahrung auch Beat Weber, Werkbuch Psalmen I (Anm. 20), 123.

wird zur Seite gestellt das Bild des Menschen, den Gott in dieses Leben gezogen hat, der nun aber schutzlos außerhalb des Mutterleibes existiert: „Du bist derjenige, der mich aus dem Mutterleib gezogen hat, du hast mich Vertrauen finden lassen an der Brust meiner Mutter. Auf dich bin ich geworfen. Vom Schoß, vom Bauch meiner Mutter her bist du mein Gott. Sei nicht fern von mir, denn Angst ist nahe, weil es keinen Helfer gibt" (V. 10-12). Demnach befördert Gott Menschen also ins Leben, lässt sie Vertrauen fassen durch die Fürsorge der Mutter. Aber dann, wenn der Mensch weiter ins Leben vordringt, lässt diese Vertrauensgewissheit nach. In der Metaphorik von V. 12a ausgedrückt: Gott geht und die Angst kommt. Warum aber erschafft Gott den Menschen überhaupt, wenn das Leben auf die Erfahrung von Gottferne hinausläuft?

Das ‚reflektierende Ich' von Ps 22 überlässt sich demnach nicht einfach dem Ritus der Klage, sondern lässt die Frage anklingen, ob es überhaupt (noch) Sinn hat, auf den Gott früherer Generationen zu vertrauen. Die gegenwärtige Erfahrung gibt dafür jedenfalls keinen Anhalt. Wie nachher noch zu zeigen sein wird, tritt dieses Motiv des Menschen als von seinem Schöpfer alleingelassenes Wesen in noch gesteigerter Form in der Klage Hiobs auf. Dort begegnet der Verdacht, dass Gott dies geradezu absichtlich tut, Menschen also nur ins Leben ruft, um sie dann scheitern zu lassen. Damit deutet sich eine Entwicklung an, in der der Beter aus der Rolle heraustritt, die ihm innerhalb des Klageritus zukommt, und stattdessen fragt, ob denn wirklich belastbar ist, was Ps 50 zusagt: „Rufe mich an in der Not und ich werde dich retten und du sollst mich preisen." Die ‚planmäßige' Lobankündigung am Ende von Ps 22 gerät damit unter den Vorbehalt der Frage, ob Gott sich auch für *diesen* Beter als der Retter erweisen wird, der er für andere einmal war.

3.2 Psalm 88

Das Auseinandertreten von klagendem und nachdenkendem Ich zeigt sich in noch einmal gesteigerter Weise in Ps 88. Auch dieser Psalm nimmt eine besondere Rolle ein, weil er der einzige Klagepsalm ist, der in keinerlei Vertrauens- und Lobelement mündet, der also auch nicht den eigentümlichen Stimmungsumschwung, das Umspringen von Klage in Lob, zeigt.[22] In Ps 88

22 Dazu James L. Crenshaw, *Defending God: Biblical Responses to the Problem of Evil*, Oxford 2005, 119: „The agony of Psalm 88 is contained in its initial declaration: ‚YHWH, God of

finden wir ein Ich, das einerseits auf seine zerfallene Existenz blickt und andererseits auf den Gott, der tatenlos und fern zu sein scheint:

Anrufung I

(2) JHWH, Gott meiner Rettung! Am Tag schreie ich, nachts bin ich vor dir.
(3) Es komme vor dich mein Gebet! Neige dein Ohr zu meinem Schreien!

Reflexion auf die Situation des Beters

(4) Denn gesättigt mit Bösem ist meine Seele, und mein Leben berührt die Unterwelt.
(5) Ich bin gerechnet zu denen, die in die Grube hinabsteigen. Ich bin wie ein Mann, der keine Kraft hat, (6) verlassen unter den Toten wie Erschlagene, die im Grab liegen, derer du nicht mehr gedenkst. Sie sind von deiner Hand abgeschnitten. (7) Du hast mich in die tiefste Grube gelegt, in Finsternisse, in Tiefen. (8) Auf mir lastet dein Zorn, und mit allen deinen Wogen bedrückst du mich. Sela. (9) Meine Bekannten hast du von mir fern werden lassen, hast mich ihnen zum Abscheu gemacht. Eingeschlossen bin ich und komme nicht heraus.

Anrufung II

(10) Mein Auge ermattet vor Elend. Ich rufe dich an, JHWH, jeden Tag. Ich strecke meine Hände aus zu dir.

Reflexion auf das Handeln Gottes

(11) Wirst du an den Toten ein Wunder tun? Ob die Totengeister aufstehen werden und die preisen? Sela.

---

my salvation.‘ Nothing that follows lends credibility to the traditional epithet. In fact, this same deity is blamed for the trouble that has overwhelmed the poet, who wanders aloud, somewhat brazenly, whether the inhabitants oft he grave can match his praise of YHWH, now held in abeyance.“

(12) Erzählt man im Grab von deiner Gnade, von deiner Treue im Abgrund?
(13) Wird bekannt werden in der Finsternis dein Wunder, und deine Gerechtigkeit im Land des Vergessens?

Anrufung III

(14) Ich aber, JHWH, schreie zu dir, und am Morgen begegnet dir mein Gebet.
(15) Warum, JHWH, verwirfst du meine Seele, verbirgst du dein Angesicht vor mir?
(16) Elend bin ich und ein Toter von Jugend auf. Ich trage deine Schrecken, hilflos bin ich.
(17) Über mich sind deine Zorneswellen hinweg gegangen, deine Anschläge richten mich zugrunde[23]. (18) Sie umgeben mich wie Wasser den ganzen Tag, sie umringen mich allesamt. (19) Du hast mir fern gemacht Freund und Nachbarn. Meine Bekannten sind Finsternis.

Die tragenden Elemente sind hier die drei Anrufungen, die den Rahmen und die Mittelachse bilden. Dadurch wird der Psalm als Klagepsalm kenntlich, insofern hier die Trias von Ich-Klage, Du-Klage und Gott-Klage begegnet. In diesen drei Anrufungen scheint der Beter auch zu hoffen, dass das Relationsgefüge des Šālō*m* wiederhergestellt und Gott sich trotz aller Evidenz des Gegenteils als Retter erweisen wird. Aber diese Hoffnung trägt nicht mehr so weit, dass sie sich in Form von Vertrauensbekundung und Lobgelübde ausdrückt. Im Gegenteil, das letzte Wort hier ist *ch*ōšækh „Dunkelheit."

In dieses Gerüst der Anrufungen eingebettet sind zwei Reflexionspassagen. Hier tritt das reflektierende Ich neben sich, neben den Trümmerhaufen seiner Existenz tritt und sieht sich selbst leblos in der Todeswelt daliegen. Dieses nachdenkende, reflektierende Ich ist Zuschauer seiner selbst, ohne die Möglichkeit einzugreifen und dem eigenen Geschick eine Wendung zu geben. Es kann nur erkennen und artikulieren, dass aus seinem gegenwärtigen Erleben heraus nichts für das Gottesbild spricht, das es früher einmal für wahr gehalten hat. Es gibt eine Differenz zwischen dem Gott der Erinnerung und dem Gotteserleben der Gegenwart, und genau daraus ergibt sich die

23 Zur Übersetzung und Bedeutung dieser Stelle Seybold, *Poetik* (Anm. 19), 157.

Frage, was man von diesem Gott zu erwarten hat – ob dieser Gott wirklich ein Gott ist, auf den man hoffen darf. Keine der Fragen in V. 11-13 wird innerhalb des Psalms einer Antwort zugeführt. Mit anderen Worten: die Frage nach Gott ist an dieser Stelle vollkommen offen.

Es ist eine fast unwirkliche Szene, die Ps 88 seiner Leserschaft vor Augen führt: Da ist auf der einen Seite der Psalmist, der seine leblose Existenz betrachtet, und da ist auf der anderen Seite Gott, der das offenbar teilnahmslos geschehen lässt. Und trotzdem ist Ps 88 immer noch ein Gebet. Alles, was der Psalmist über sich selbst und über Gott sagt, geschieht im Modus der Anrufung. Zu einer Antwort kommt es allerdings nicht – entweder nicht mehr oder noch nicht. Und darin liegt etwas Unerledigtes, der Stoff also, aus dem Theologie entsteht.

In einer ungewöhnlichen Examensarbeit hat eine Leipziger Studentin, Anja Marschall, Paul Celans berühmtes Gedicht „Psalm" als Fortsetzung und Abschluss einer Linie gedeutet, die von Ps 88 herkommt.

Psalm
Niemand knetet uns wieder aus Erde und Lehm,
niemand bespricht unsern Staub.
Niemand.

Gelobt seist du, Niemand. Dir zulieb wollen
wir blühn.
Dir
entgegen.

Ein Nichts
waren wir, sind wir, werden
wir bleiben, blühend: die Nichts-, die
Niemandsrose.

Mit
dem Griffel seelenhell,
dem Staubfaden himmelswüst,
der Krone rot
vom Purpurwort, das wir sangen
über, o über
dem Dorn.

Bei Celan ist aus dem Beter das Nichts und aus Gott Niemand geworden. Das sind keine Codewörter mehr, keine Chiffren tieferen Sinns. Vielmehr ist nun klar, dass Gott und Beter einander gestorben sind. Niemand wird vom Nichts gepriesen. Erwartet oder gar erhofft wird also nichts mehr von niemandem. Wo der Beter von Ps 88 doch immer noch fragen konnte: „Warum verwirfst du mich?", hat sich diese Frage für Celan in ein Lob des nichts-mehr-erwarten-Müssens gewandelt: „Gelobt seist du, Niemand. Dir zulieb wollen wir blühn./ Dir/ entgegen."

3.3 Die Klage Hiobs

Kommen wir zum Hiobbuch zurück, denn Ps 88 hat uns im Grunde dort schon wieder abgesetzt. Der Gedanke, dass Ps 88 von Hiob hätte gebetet werden können, legt sich ohne weiteres nahe. Hier wie dort geht es nicht nur um ein Ich, das aus seiner Misere befreit und gerettet werden will, sondern das verstehen möchte, warum und nach welchem Maßstab das, was ihm widerfährt, gerecht ist. Hier wie dort tritt neben das klagende das nachdenkende Ich. Und dem steht der Gott gegenüber, der nicht mehr als Retter in Anspruch genommen wird, sondern der theologisch frag-würdig geworden ist.

Auch hier müssen wir uns mit einem Schlaglicht darauf begnügen, wie sich bei Hiob die Klage, wie man sie aus den Klagepsalmen kennt, in eine Anklage gegen Gott wandelt. Hiob ist nicht jemand, der emotional gegen Gott anrennt, sondern einer, der Gott theologisch herausfordert. Ein besonders aufschlussreicher und gleichermaßen enigmatischer Text hierfür ist Hiob 10.

Eröffnung: Der Ekel vor dem Leben

Meine Seele empfindet Ekel vor meinem Leben. Ich will meinen Kummer von mir lassen, will reden in der Bitterkeit meiner Seele.
Frage: Ist Gottes Grausamkeit nicht ungöttlich, weil zutiefst menschlich?

Ich sage zu Gott: Verdamme mich nicht! Lass mich wissen, weswegen du mich vor Gericht ziehst![3] Gefällt es dir, wenn du unterdrückst und zurückweist das Werk deiner Hände, aber den Rat der Bösen zu Ehren bringst? Hast du Augen von Fleisch, so als ob du siehst wie Menschen sehen? Sind deine Tage wie Menschentage, so als ob deine Lebensjahre wie die Lebensjahre eines Mannes sind? Denn du suchst meine Schuld und meine Sünde willst du finden, obwohl du doch weißt, dass ich nicht zu den Sündern gehöre und es (sowieso) niemanden gibt, der sich vor deiner Hand retten kann.

Reminiszenz: Gott ist doch eigentlich der Schöpfer

Deine Hände haben mich geformt und mich zusammengefügt rundum, und nun willst du mich zerstören? Erinnere dich doch, dass du mich wie den Lehm geformt hast, und zu Staub willst du mich nun wieder werden lassen? Hast du mich nicht wie Milch ausgegossen und wie Käse gerinnen lassen? Haut und Fleisch hast du mir zur Kleidung gemacht, und mit Knochen und Sehnen hast du mich durchflochten. Leben und Schutz hast du mir gewährt, und deine Fürsorge bewahrte mein Leben.

An dieser Passage fällt zunächst auf, dass sie poetisch nahezu perfekt ist. Hier artikulieren sich nicht einfach die emotionalen Ausbrüche eines Menschen, der an Gott verzweifelt. Diese Klage ist ein sprachliches Kunstwerk. Das lässt sich auch anhand des Deutschen zum Beispiel am Übergang von Vers 7 und 8 erkennen, wo das Bild der Hand zunächst die Gewalt eines Potentaten ausdrückt, um dann unversehens zur Hand des fürsorgenden Schöpfers zu werden. Ähnliches gilt für den Kontrast des Lehms als Material, aus dem Leben entsteht, und dem Staub als das, was übrig bleibt, wenn das Leben gewichen ist. Diese sprachlichen Details weisen bereits darauf hin, dass, wie auch in Ps 22, Schöpfung ein Kernaspekt der Anklage Hiobs ist: Gott hat den Menschen sorgsam geformt und lebendig gemacht. Aber daran gemessen erscheint es nun geradezu widersinnig, wie Gott mit dem Menschen umgeht, wenn er denn einmal ‚erwachsen' im Leben steht. Dann hat er geradezu Gefallen an deren Untergang. Es gibt demnach eine Diskrepanz in der Erfahrung mit Gott, die größer nicht sein könnte und die letztlich auf die Frage zuläuft: Welcher ist der eigentliche Gott? Der gnädige Gott, der den Menschen geschaffen hat? Oder aber der Gott, der ihn dann ohne Rücksicht und Erbarmen zunichte macht?

Nun würde man gerne (mit Barth) und anderen sagen, dass der willkürlich strafende Gott nur die Außenseite, eine Fassade ist, an der Menschen vor allem dann hängenbleiben, wenn sie verzweifelt und so sehr in ihrer Not gefangen sind, dass auch Gott nur als Feind erscheinen kann. Dahinter aber steht, wenn der Blick dann wieder frei geworden ist, Gott, wie er eigentlich ist: der Schöpfer und Retter. Aber zu diesem Ergebnis kommt Hiob gerade nicht, zumindest nicht hier. Die Divergenz zwischen dem fürsorglichen und dem vernichtenden Gott löst er nicht zugunsten der Gnade Gottes auf, sondern genau umgekehrt. Der gnädige Gott ist die Fassade, die Außenseite, die den Menschen solange in Sicherheit wiegt, bis sich Gott dann so zeigt, wie er eigentlich ist: übermächtig, gewalttätig und skrupellos. Aber das erkennen Menschen nicht, weil sie meinen, Gott, der Schöpfer, könne gar nicht anders als gütig und gnädig sein. Genau an der Stelle reklamiert Hiob nun eine Erkenntnis Gottes für sich, die gerade nicht dieser falschen Prämisse erliegt:

(13) Diese Dinge verbargst du in deinem Herzen, ich aber habe erkannt, dass du so handelst:
(14) Wenn ich sündige, dann beobachtest du mich, und von meiner Schuld lässt du mich nicht loskommen. (15) Wenn ich schuldig werde - wehe mir! Und wenn ich gerecht handle, könnte ich mein Haupt trotzdem nicht erheben. Satt ist die Schmach und sichtbar meine Unzulänglichkeit. (16) Aber wenn es (das Haupt) sich erheben würde, dann brächtest du mich wie ein Löwe zur Strecke und zeigtest deine Macht an mir. (17) Immer neue Zeugen würdest du gegen mich ins Feld führen und immer größer machen deinen Zorn, ein Heer nach dem anderen stünden gegen mich.

Was Hiob hier für sich reklamiert, ist, dass er Gott gleichsam die Maske vom Gesicht gerissen hat („Diese Dinge verbargst du in deinem Herzen, ich aber habe erkannt ..."). Gott will es verheimlichen, Hiob aber weiß, dass Gott nur darauf wartet, dass Menschen etwas tun, wofür er sie zur Strecke bringen kann. Gott sucht gerade nicht das, was gut und gerecht an einem Menschen ist, sondern nutzt menschliche Schwächen, um daran seine ganze Gewalt zu demonstrieren. Und wer doch etwas gelten will („das Haupt erhebt"), der wird im wahrsten Sinn des Wortes von Gottes Streitkraft überrollt. Das kann Gott tun, weil ihn niemand an der Ausübung solcher Macht zu hindern vermag. Es gibt kein moralisches Gesetz und auch kein Erbarmensrecht, das noch über Gott stünde. Und so bleibt für Hiob schließlich nur der Wunsch, dass es doch bald zu Ende gehen möge, dass er nicht länger in der Arena kämpfen muss, in der Gott immer schon als der übermächtige Gegner auf ihn wartet, sondern dass er zurückkehren darf in das Dunkel, aus dem er hervorgegangen war:
(2) Sind denn nicht ohnehin kurz meine Tage? Höre auf und lass ab von mir, damit ich ein wenig Freude habe, (21) bevor ich gehe, und nicht wiederkehre, ins Land der Dunkelheit und der Todesschatten, (22) ins Land der Fins-

ternis, das wie die Dunkelheit des Todesschattens. Da gibt es keine Ordnung, und würde es helle werden, wäre es immer noch Dunkelheit.

Wir erinnern uns: Auch Ps 88 endete mit einem Begriff für „Dunkelheit". In Hi 10 ist dies in noch gesteigerter Weise der Fall. Hier begegnet fast das gesamte Begriffsregister von Dunkelheit und Finsternis. Noch schwärzer geht es eigentlich nicht. Aber gerade weil Hiob ohnehin dort enden wird, bittet er darum, dass Gott ihm nicht auch noch das Leben zur Hölle mache, sondern ihm zumindest ein wenig Freude am Leben gönnen möge. Auch hier gilt: Eine noch minimalistischere ‚Hoffnung' ist im Grund nicht denkbar.[24]

Allerdings unterscheidet sich die Perspektive von Ps 88 und Hi 10 doch an entscheidender Stelle: In Ps 88 geht es um die Erfahrung von Gottesferne verbunden mit der Frage, ob Gott überhaupt noch einmal nahe sein wird. Es geht also um den Verlust Gottes. In Hi 10 dagegen ist Gott ganz und gar nicht fern. Im Gegenteil, hier muss Hiob darum bitten, dass Gott von ihm ablässt und sich ihm gerade nicht ‚zuwendet.' In Ps 88 gibt es so etwas wie einen *deus absconditus*, an dem der Beter zu verzweifeln droht. In Hi 10 gibt es dagegen den *deus horribilis*, den Hiob von sich fernzuhalten versucht.

Die reflexive Distanz, die das klagende Ich von Hi 10 einnimmt, führt demnach nicht nur zum Bewusstsein, dass die Mittel des traditionellen Klageritus nicht ausreichen, um dem Beter Zuversicht und Rettungsgewissheit zu vermitteln. Aus dieser reflektierenden Distanz heraus werden vielmehr auch die theologischen Annahmen der Klagetradition („Rufet mich an in der Not ...") in Zweifel gezogen. Oder etwas anders gewendet: Die Klage Hiobs dekonstruiert und destruiert die Vorstellung eines richtenden *und rettenden* Gottes.

---

24 Eine andere Interpretation hat zuletzt Sam Balentine, *Job* (Anm. 13), 172-177 vertreten. Er geht davon aus, dass der klagende Hiob in Hi 9f. Gott gerichtlich anklagt und ihn entsprechend zu einer Aussage veranlassen will: „The dominant theme of chapters 9-10 is Job's decision to put God on trial. That decision is crucial, for it represents a dramatic shift in Job's understanding of how he must engage God" (a.a.O., 177). Demnach geht es um die Theodizeefrage, in der sich Gott angesichts von Hiobs Leid erklären soll. Hiobs Strategie wäre also gewesen, Gott in einer Weise als sadistischen Gewaltherrscher hinzustellen, mit dem Ziel, dass Gott diesen Vorwurf widerlegt. Was Hiob sagt, wäre demnach vor allem strategisch motiviert, aber nicht letztlich so gemeint. M.E. entschärft diese Sichtweise Hi 9f. aber mehr als der Text selbst zuzulassen scheint. Die Klage Hiobs räumt von Anfang an ein, das niemand mit Gott „rechten" kann (9,3). Das Ziel ist hier also gerade nicht (mehr), dass Gott sich erklärt. Alles was Hiob an dieser Stelle von Gott noch will, ist von ihm in Ruhe gelassen zu werden. Insofern ist die Pointe hier eine andere als später in Hi 29-31, wo Hiob in der Tat als Zeuge für sich selbst in einem Gerichtszenario aussagt.

4. Abschluss

Was trägt die Beschäftigung mit Hi 10 für das Verständnis des Hiobbuchs ingesamt aus und welcher Einwand ergibt sich von daher nun genauer für Barths Lektüre des Hiobbuches? Hi 10 formuliert eine Position, die nicht ‚den' Schlüssel zum Hiobbuch liefert. Die Tatsache, dass hier vielleicht die dunkelste und abgründigste Theologie des Buches entwickelt wird, bedeutet ja nicht, dass diese auch ‚richtig' ist. Sie ist aber *möglich*, und darauf scheint es hier anzukommen. Wer sein Leben betrachtet, wie der leidende Hiob dies tut, wer also aus eigener Erfahrung über Gott nachdenkt und sich dabei nicht von einem vorgegebenen Rahmen (wie eben dem Klageritual) leiten lässt, *kann* zu den Schlussfolgerungen kommen, die Hiob vorträgt. Es gibt eine Wahrnehmung der Welt, die auf den *deus horribilis* als den eigentlichen Gott zuläuft, weil es Lebensschicksale gibt, die kaum einen anderen Gottesgedanken zulassen als eben diesen.

Man könnt nun versucht sein einzuwenden, dass diese Position bereits innerhalb des Buches, nämlich am Schluss, relativiert wird, wo Hiob bereut, „töricht" von Gott geredet zu haben (Hi 42,1-6). Diese Lesart, der sich auch Barths Interpretation verdankt, greift allerdings zu kurz. Nach dem nunmehr Ausgeführten ist deutlich geworden, dass sich die Rahmenerzählung mittels Hi 42,1-6 zwar von dem klagenden Hiob des Mittelteils distanziert. Das aber bedeutet aber freilich nicht, dass die Rahmenerzählung deswegen theologisch vorrangig ist. Man kann auch genau umgekehrt folgern, dass die Klage Hiobs die Rahmenerzählung unter den Ideologieverdacht stellt, weil diese nur ‚funktioniert', wenn Gott verlässlich jedem Gerechten, der Hiobs Schicksal erleidet, auch die gleiche Form der Wiedergutmachung zuteil werden lässt. Gegen Barths Lesart ist exegetisch und hermeneutisch also vor allem einzuwenden, dass sich die unterschiedlichen Positionen des Hiobbuches gerade nicht ineinander aufheben lassen. Wenn man dies tut, nimmt man dem Buch genau die innere Spannung, die seine literarische und theologische Größe ausmacht.

Betrachtet man die Rahmenerzählung und die Klage Hiobs nebeneinander, zeigt sich, dass diese jeweils die Extrempositionen des theologisch Denkbaren beziehen. Die Rahmenerzählung kommt vom weisheitlichen Denken her und verteidigt den sog. Tun-Ergehens-Zusammenhang, wonach es eine moralische Ordnung der Welt gibt, die dem Täter nach seinem Handeln vergilt. Dieses Prinzip verteidigt die Rahmenerzählung selbst gegen die Erfahrung des immensen Leids, das Hiob widerfährt und unterlegt dies mit der Überzeugung, dass es einen Gott im Himmel gibt, der über dieser moralischen Ordnung wacht und sie sich, gegen allen Anschein, auch nicht aus der Hand nehmen lässt. Der ‚Preis' für diese ins Extreme getriebene Weisheitstheologie ist die Überhöhung der Hiobfigur: Hiob muss in jeder Hinsicht perfekt sein, um auch nicht den Hauch eines Zweifels zuzulassen, dass sein Verhalten die Balance dieser moralischen Ordnung gestört hat. Gott muss sich in jeder Hinsicht auf Hiob verlassen können, um nicht den Unterstellungen Satans Raum zu geben. Es mag gute theologische Intuition gewesen sein, die Barth dazu veranlasst, Hiob als den ‚Typus' des wahrhaftigen Zeugen zu wählen, weil Hiob eben kein normaler Mensch ist – ebenso wenig wie dann die vollendete Gestalt des Zeugen.

Die Position der Freunde Hiobs lässt diese extreme Form der Tun-Ergehens-Auslegung aber nicht gelten. So einen Menschen wie den Hiob des Prologs gibt es ‚wirklich' nicht, und darin ist die Position der Freunde tatsächlich erfahrungsnah. Menschen sind unvollkommene Wesen und ihre Welt ist entsprechend anfällig für Sünde und Schuld. Aber für die Freunde gilt die Zusage Gottes, die im Hintergrund des Klageritus steht: „Rufe mich an in der Not, und ich will dich retten, und du sollst mich preisen." Von dieser ‚Mittelposition' setzt sich nun der klagende Hiob ab, der sich gerade nicht auf einen Mechanismus der Rettung einlassen will, sondern der nun den theologischen Diskurs des Hiobbuches in ein anderes Extrem führt und über den Rahmen der Klagetradition hinaus den Gedanken an den *deus horribilis* zu seinem bitteren Ende denkt. Es ist eine der bemerkenswerten Tatsachen über das Hiobbuch, dass dessen Protagonist für zwei extreme und in ihrer theologischen Ausrichtung gegenläufige Theologien steht, die sich aus unterschiedlichen Quellen weisheitlicher und kultischer Tradition speisen. Zu deren Zusammenführung kommt es nicht, weil das Hiobbuch, ebenso wie die meisten alttestamentlichen Bücher, eher am theologischen Diskurs als an der Synthese interessiert ist. Mit der Hiobfigur markiert das Buch gleichsam die Eckpunkte oder, mit einer Begrifflichkeit Schleiermachers gesprochen, die „natürlichen Häresien"[25], zwischen denen sich ein solcher Diskurs aufspannt: Da ist einerseits die Erwartung, dass es eine moralische Weltordnung gibt, über die ein guter Gott wacht, und da ist andererseits die Erfahrung, dass die Welt dem Willen eines übermächtigen Gottes unterliegt, der sich an der Unzulänglichkeit seiner Geschöpfe verherrlicht. Für eine heute zu

25 Friedrich Daniel E. Schleiermacher, Der Christliche Glaube (2. Ausgabe), §22.

vertretende Theologie ist hermeneutisch von Belang, dass beide Sichtweisen Teil eines kanonischen Buches sind.

Andrea Bieler

Die Facetten des Schmerzes und der affizierbare Gott.

Praktisch-theologische Erkundungen zur Deutung leidvoller Erfahrungen

1 Einleitung

Aus praktisch-theologischer Perspektive nähere ich mich dem Thema „Gott und das Leid“, indem ich in die Fragestellung eine stärkere Phänomenwahrnehmung und Subjektorientierung einziehe, so dass auch die Glaubenden und Leidenden in ihrer Gottes- und Weltbeziehung in den Fokus kommen. Nur durch diesen Perspektivwechsel kann ich die Fragen aufgreifen, die sich für leidende Menschen stellen.[1]

Jeder theologische Entwurf muss sich der Frage aussetzen, welches Gewicht den gefundenen Antworten und den aufgebauten Konstruktionen im Angesicht der Fragen leidender Menschen zukommt. Es geht also auch um die Pragmatik unseres Sprechens: was bewirkt z.B. die Rede vom Gottes- und Menschensohn Jesus Christus als *einzig wirklich* Leidenden und die damit verbundene Logik von der unheimlichen Belastung Gottes im Angesicht des Nichtigen in konkreten individuellen und kollektiven Leidensvollzügen? Oder wie bewerten wir Karl Barths Aussagen zur Überwindung geschöpflichen Leidens durch Gottes zuvorkommende Barmherzigkeit und Gerechtigkeit, die von einer Entwertungsrhetorik hinsichtlich menschlichen Leidens begleitet ist?[2]

Unter welchen Bedingungen ist dies ermächtigende, pleromatische Rede, in der Lebensfülle und Fülle in Gott und Fülle der Zeit sich gegenseitig er-

1 Der Vortragsstil wurde im Folgenden beibehalten.

2 Vgl. z.B. *KD II/1*, 420.

schließen? Wann beleidigt solch ein Sprechen die Leidenden? Wie kann diese Rede vor einer heilsegoistischen Bemächtigung der Wirklichkeitswahrnehmung geschützt werden?

Ich beginne mit einer kleinen Szene. Vor einigen Jahren fuhr ich mit einem afrikanisch-amerikanischen Freund nach einem gemeinsamen Abendessen nach Hause. Mein Kollege hat vieles erreicht: er ist ein Professor an einer renommierten Universität, beliebt bei den Studierenden, er hat Ehrungen und Preise für seine Arbeit errungen, er ist ein Vorbild in seiner Community, humorvoll, selbstbewusst, ein interessanter Gesprächspartner.

Wir fahren also nach Hause und werden auf einmal von der Polizei gestoppt, er soll seinen Führerschein vorzeigen. Er fängt an im Fach beim Beifahrersitz herum zu suchen und wird auf einmal mit aller Wucht aus dem Auto gezerrt, am Schopf gepackt, die Hände hinten am Rücken mit Handschellen zusammengeschnürt und angebrüllt. Ich reagiere wie erstarrt auf die Gewalt, die sich ausbreitet, und erst ein paar Sekunden später steige ich aus und gebe dem Polizisten den Führerschein. Am Ende sitzen wir beide wieder im Auto, er zittert vor Wut und Ohnmacht. Ein Riss auch zwischen uns, die Color Line breitet sich aus gegen jede Intention und jedes Wollen von beiden Seiten. Scham und Schweigen folgen. Diese Form der Polizeigewalt gehört zum Alltag in den USA. Die Black Lives Matter Bewegung, die sich seit einigen Jahren formiert, versucht diese Problematik zu thematisieren.

Sonntags singt der Kollege in seiner „Black Church“, wo er mit Inbrunst vom Sieg singt, den Christus errungen hat: There is power, there is power, there is power in the blood of Jesus. Der Prediger spricht von der Entmachtung des Bösen, die schon geschehen ist: „They hate our flesh: Black flesh. Preach it brother. But this hatred will not overwhelm us. Jesus is LORD, and the most important battle is already won. Life is a battle field – yet we are swimming through Jordan River towards the land of freedom.“

Diese kontrafaktische rituelle Inszenierung, obwohl auf Dauer gestellt, hat eine machtvolle Plausibilität: Jesus ist Sieger, inmitten der Verachtung des „schwarzen Fleisches“, schon jetzt.

Wenn ich versuche, Karl Barths Überlegungen zur Bedeutung des Nichtigen einen Ort im Gottesdienst zu geben, der eine gewisse Stimmigkeit besitzt, dann beispielsweise in diesem afrikanisch-amerikanischen Kontext.

Ich habe meinen Vortrag in drei Schritte eingeteilt. Zunächst möchte ich über die ambivalente Artikulation von Leiden in der kirchlichen Praxis sprechen, also über die Frage: *wie* sprechen und wenden wir uns dem Leiden zu? Darauf folgt eine phänomenologische Reflexion: *Was* ist Leiden?

In einem dritten Schritt werde ich auf folgende theologische Fragen zugehen: Inwieweit sind die vorgestellten phänomenologischen Überlegungen hilfreich, um theologisch über Gott und das Leid im Horizont der Rede von der Inkarnation nachzudenken? Welche Bedeutung hat die Rede von der Affizierbarkeit Gottes in praktisch-theologischer Hinsicht?

2. Die Artikulation des Leidens in der kirchlichen Praxis

„Das Reden über Leiden kann für Leidende eine Beleidigung sein.
Doch sein Verschweigen kann erst recht zur Verhöhnung der Opfer werden.
Durch Reden und Schweigen kann Leiden vermehrt werden.“[3]

Ich möchte mich dem Tagungsthema aus praktisch-theologischer Sicht annähern, indem ich zunächst auf die Pragmatik unseres Sprechens vom Leiden im Kontext kirchlichen Handelns eingehe. Das Statement des katholischen Theologen Peter Eicher dient dabei als Anstoß zu fragen, was der Inhalt unserer Wörter, Sätze und Gesten in konkreten Kontexten bewirkt. Würde ich eine Kunstlehre zu unserem Thema ausarbeiten, könnte ich vielleicht mit dieser Negativbestimmung beginnen: Unser Reden über Leiden soll die Leidenden nicht beleidigen. Unser Handeln, das auf Leidminderung zielt, soll die Würde der Leidenden nicht antasten und ihr Leid nicht vermehren. Das sind banale Selbstverständlichkeiten, mögen Sie denken. Zu bescheiden. Beim näheren Betrachten verändert sich jedoch das Bild.

In der kirchlichen Praxis wird die Leidensthematik an verschiedenen Orten artikuliert, z.B. im öffentlichen Raum der Liturgie und in der Predigt, im diakonischen Handeln der Kirche und in der Seelsorge. Wie kann in diesen Kontexten die Pragmatik religiöser Rede vom Leiden beschrieben werden?

---

3 Peter Eicher, Leiden, in: ders. (Hg.), *Neues Handbuch theologischer Grundbegriffe, Neuausgabe*, München 2005, 451-474, 451.

In Liturgie und Predigt

Im Gottesdienst treten Christinnen und Christen in den Resonanzraum des dreieinigen Gottes ein. Sie beten zu Gott dem Vater, dem Schöpfer alles Lebendigen, durch den Messias Jesus in der Bewegung der Heiligen Geistkraft. Als Angesprochene treten sie in einen Austausch mit dem zugewandten – und wie ich noch erläutern werde – dem affizierbaren Gott ein, dessen Antlitz im gekreuzigten Auferstandenen aufscheint. In all dem tun sich immer wieder fragile, lebendige Bruchstellen auf: Beten geschieht in der Kraft des Heiligen Geistes, der unserer Schwachheit aufhilft, wenn wir nicht wissen, wie wir beten sollen (Röm 8,26). Sprechen und nicht sprechen können, sich darin der Bewegung des Geistes anvertrauen und damit Gott die Ehre geben, all dies geschieht im Gottesdienst, der mitten in der Welt geschieht und somit inmitten der Banalität des Bösen.

Im Gottesdienst ist die ästhetische Dimension angefragt: Wir gebrauchen Wörter, Symbole, Rituale, visuelle und auditive Medien in Zeit und Raum, um dem Leiden der anderen und unserem eigenen Leiden Ausdruck zu verleihen. Wir bringen damit etwas Drittes in die Welt, Artefakte, die im öffentlichen Raum des Gottesdienstes zirkulieren.

In den Fürbittgebeten bringen wir das Leiden anderer Menschen zur Sprache. Wir tun dabei etwas Riskantes: Wir nehmen uns das Recht, für andere zu sprechen und so Gott anzusprechen und tun dies in der Hoffnung, dass Gott sich bewegen lässt. Das Sprechen für andere ist gefährlich, weil hier immer die Gefahr fehlgeleiteter Repräsentation lauert.

Im Sündenbekenntnis geht es um die vielfältigen Weisen, mit denen wir andere verletzen, um das Leiden, das wir in die Welt bringen, um das Böse, in das wir verstrickt sind, obwohl wir es nicht wollen. Manchmal geht es auch um das Gewahrwerden der Selbstverletzung und der Scham, die sich im Umgang mit der eigenen Schuld zeigt. Aber dies ist eine Tabuzone, die wir rituell nur selten betreten. Wir verstehen all dies als unsere tiefste Selbstverkrümmung vor Gott, als Entfremdungserfahrung, durch die wir aus der Welt zu fallen drohen. Und das heißt auch zuallererst aus der Beziehung zu Gott. Das schuldhafte Tun und die Verstrickung, die Leiden und darin Böses hervorbringen und zerstörerisch wirken, müssen beim Namen genannt und Gott hingehalten werden, erst dann kann Loslösung geschehen. Hier ist der konfessorische Gestus im Umgang mit dem Leid zu finden: Wir bekennen, wir haben gesündigt, in Worten, Taten und Werken.

In der Kyrie-Dimension des Gottesdienstes wird der rohe Schmerz laut. „Kyrios, erbarme dich“, „Christus, erbarme dich“; es ist der Ruf des Blinden (Mt 20), der am Straßenrand hockt, umgeben von der Menge, die ihn unsichtbar macht. Er weiß sich nicht anders zu helfen als laut loszubrüllen, um von Christus gesehen zu werden und mit ihm in Beziehung treten zu können. In dem er das tut, gewinnt er Handlungsmacht; die Selbst- und Fremdviktimisierung wird durch den Zuwachs an Stimme ins Wanken gebracht. Zumindest ist dies eine Lesweise, das Kyrie eleison zu deuten – als Schrei der Ausgeschlossenen, die sich Gehör verschaffen und darin zu sich selbst kommen, weil sie geheilt werden wollen. In der Kyrie-Dimension üben wir die herausrufende Rede ein. Dies ist der evozierende Sprachgestus.

In den Klagegebeten ringen Menschen mit Gott, wenn sie Ungerechtigkeit erfahren oder von Schmerzen und Angst überwältigt werden. Zu klagen kann vor wohltemperiertem bürgerlichen Zynismus bewahren, indem die Fähigkeit, erfahrenes Leiden auszudrücken, zu protestieren und nicht hinzunehmen, eingeübt werden kann. Dies berührt auch die Gottesbeziehung. Klagegebete ringen um Gottes Anwesenheit, sie drücken erlebte Abwesenheit aus und fordern Gottes Nähe, Stellungnahme, Einspruch und Gerechtigkeitssinn ein.

Schmerz und Sehnsucht fühlen bzw. artikulieren zu können und vor Gott zu bringen, ist ein wichtiger Schritt zur Sensibilisierung der politischen Aufmerksamkeit. In den Klagegebeten wird das Schmelzen einer empfindungslosen Lebenshaltung eingeübt. In der Klage wird ein Begehren formuliert, das einer apathischen Abstumpfung widersteht. Die Klage als evozierende Anrede ist die Sprache des Schmerzes, die sich mit dem Begehren und der Sehnsucht nach der Überwindung des Leidens verschwistert hat. Das Begehren verweist auf eine klaffende Wunde: auf die Differenz zwischen dem, wie es ist, und dem, wie es sein sollte oder doch sein könnte. Es drückt sich in dem drängenden Wunsch aus, die Zeit des Leidens möge zu einem Ende kommen und kulminiert in der Frage: GOTT, wie lange noch …?

In der Predigt wandelt sich oftmals der Ton. Wir beschreiben Leidenssituationen, wenden ethische Dilemmata im Umgang mit dem Leiden hin und her, wir begehen die Orte des Leidens aus verschiedenen Blickrichtungen. Wir bringen singuläre Leidenszeugnisse zu Gehör, die in ihrer Individualität dem anonymen Gewirr von Stimmen und Bildern entrissen sind, die uns täglich überfluten. Wir stellen Fragen und treten mit den Hörenden in ein Gespräch ein, wir legen die Schrift im Angesicht des Leidens aus, wir reflektieren.

Wir tun all dies im Gottesdienst, indem wir uns als in den Raum der Gottesanrede Hineingestellte vorfinden. Es ist eine Anrede, die lange bevor wir zu sprechen beginnen, erklungen ist, und die sich je und je konkret im Ereignis des Betens, Singens und Predigens wieder auftut. Wir tun dies, indem wir Zuflucht suchen in den Worten und Gedanken unserer Mütter und Väter im Glauben; wir schmiegen uns ein in die Traditionen, in denen der Umgang mit dem menschlichen Leiden coram Deo einen Ausdruck gefunden hat. Doch manchmal gelingt dieser Weg zurück in die Tradition nicht und wir müssen dann alles noch einmal ganz anders sagen.

Wir betreten dabei den Raum darstellenden Handelns. Wir zeigen etwas von unserem Glauben, davon, wie Gott inmitten menschlichen Leidens wirksam ist. Unser Handeln ist bewegt von der Hoffnung, dass sich Gott selbst durch all unsere Bemühungen hindurch – und manchmal gegen sie – in seiner Barmherzigkeit zeigt.

Dieses darstellende Handeln ist ein ästhetisches Ereignis, es ist nicht unmittelbarer Leidensausdruck, sondern in Formen gegossen, an denen kollektiv partizipiert werden soll. Es gewinnt erst in der Rezeption, im Hören, Mitsprechen, Antworten an Gewicht.

In Gottesdiensten gibt es viel respektvolles, einfühlsames, tröstendes und hoffnungsvolles Reden und Zeigen im Angesicht leidender Menschen. Menschen fühlen sich in ihrer Vulnerabilität angesehen und in ihrem Ringen als Leidende anerkannt. Sie werden getröstet, erleben einen Zuwachs an Energie, sie verlassen den Gottesdienst hoffnungsfroh.

Und zugleich geschieht in unseren Gottesdiensten ab und an auch das Gegenteil. Die Artikulation des Leidens anderer Menschen kommt oft lieblos daher, wenn sie beispielsweise zur belanglosen Abstraktion verkommt. Wenn immer nur für *die* Opfer des Krieges, *die* Armen, *die* Verfolgten, *die* Entrechteten gebetet wird, bewegen wir uns in einem Modus der Abstraktion, in dem konkrete Orte, Zeiten und Gesichter unkenntlich gemacht werden. Die Praxis des Fürbittehaltens zielt doch eigentlich auf die Kultivierung des Respekts vor der Singularität der leidenden Person und führt doch zugleich in die paradoxe Erfahrung: Je mehr ich hinschaue, desto größer wird auch u.U. das Nichtverstehen, die Anonymität und die Fremdheitserfahrung.

Der Strudel der Gewalt, in den Menschen im Krieg oder auf der Flucht hineingezogen werden, geht einher mit der zerstörerischen Negierung der Singularität der Person. Wir kennen die Namen und die Lebensgeschichten der Menschen, die in den letzten Jahren im Mittelmeer ertrunken sind, nicht. Ihr Tod bleibt abstrakt. Und was verstehen wir wirklich von den Geschichten der Menschen aus Syrien, Afghanistan oder Eritrea, die bei uns ankommen und durch die Hölle gegangen sind?

Im Gottesdienst müsste es also immer auch um das Durcharbeiten der Ohnmachtserfahrung gehen, die in der gewaltvollen Abstraktion fremder Leidensgeschichte verborgen ist. Dies geschieht in der christlichen Gebetstradition in den Fürbitten, in denen das Gedächtnis Gottes angestoßen wird: Gott möge sich an die Märtyrerinnen und Märtyrer erinnern, an die Kranken, an die, die im Gefängnis sitzen, und an die, die eines unzeitigen oder gewaltsamen Todes gestorben sind.[4] Diese Gebete drücken die Hoffnung aus, dass Gottes Gedächtnis alles und alle umfängt. Alles, was wir nicht erinnern können oder wollen, was in unseren Genealogien der Nichtung preisgegeben ist, das, was in Schamgefühle gehüllt und nicht ausgesprochen werden kann, findet in Gottes Gedächtnis einen Resonanzraum. In diesem Zusammenhang kann von der Melancholie in Gott gesprochen werden. In Gottes Gedächtnis ist das sinnlose, gewaltvolle Leiden bewahrt, das wir nicht erinnern können oder wollen. Hier birgt der Glaube, der sich als Sehnsucht ausdrückt, einen Trost, der zwar keine *securitas* kennt, wohl aber eine *certitudo* in der Bezogenheit auf das Gedächtnis Gottes.[5]

Manchmal erleben Menschen im Gottesdienst in der Artikulation von Leidenserfahrungen einfach nur die Verdoppelung ihrer Alltagserfahrungen. Dann geschieht gerade kein „Reframing" leidvoller Erfahrung im Lichte des Evangeliums.

Zu Zeiten bewirkt das Beschreiben leidvoller Situationen in der Predigt, z.B. die Beschreibung von Alltagsarmut, ein Gefühl der Beschämung bei den Betroffenen. Sie fühlen sich mitten im bergenden Raum des Gottesdienstes ans Licht gezerrt. Dann vollzieht sich eine Mimesis der Hoffnungslosigkeit, die deprimierend und verunsichernd wirken kann.

---

4 Vgl. hierzu weiter Don E. Saliers, *Worship as Theology. Foretaste of Glory Divine*, Nashville 1994, 126-138.

5 Für die Rehabilitierung des Trostes spricht sich in ähnlicher Weise auch Henk van der Meulen aus: „Geloof is niet allen onrust brengend. Het biedt inderdaad geen securitas, maar kent wel certitudo omdat het vertrouwt op wat God heeft beloofd. Zo is ook niet alle troost leugenachtige vertroosting. Er is ook ware troost die solidair is en houvast geeft. Troost kenmerkt het handelen van God, van de Geest, en behoort ook tot een van de grondfuncties van pastoraat." Henk van der Meulen, Pastoraat als „andere Levenshulp". Henning Luthers bijdrage aan de pastorale theologie, in: *Nederlands Theologisch Tijdschrift* 65 (2011), 212-226.

Nichtung durch Abstraktion, Beschämung sowie schlechte Mimesis – all dies kann die Artikulation vom Leiden der anderen im Gottesdienst bewirken.

In Diakonie und Seelsorge

Das zweite Feld kirchlicher Praxis, auf das hier kurz Bezug genommen werden soll, ist die diakonische Praxis. Sie folgt der Logik institutionalisierten Hilfehandelns, die im Geist der Geschichte vom barmherzigen Samariter letztlich auf Selbsthilfe zielt. Entsprechend soll der Viktimisierung gewehrt werden; die Opfer sollen nicht auf einen hilflosen Status festgeschrieben werden. Vielmehr geht es um den Aufbau von Institutionen, die nachhaltig und systematisch Leiden lindern und verhindern sollen.

In historischer und ökumenischer Perspektive können wir viele beeindruckende Beispiele nennen, wie das diakonische Antworten auf das Leiden von Menschen eine konstruktive Gestalt gewonnen hat – sei es in Form gemeindlicher Initiativen oder in der vereinsförmigen Organisation diakonischen Handelns.

Ich selbst habe eindrückliche Beispiele von einer Exkursion mit Studierenden in die DR-Kongo, nach Goma, vor Augen. Die DR-Kongo wird von den Vereinten Nationen als *failed state* qualifiziert. Der Staat ist kaum präsent in dem, was wir vermutlich als Basisaufgaben ansehen würden. Die Kirchen betreiben Schulwesen, Krankenhäuser, Traumastationen sowie die Reintegration von Kindersoldaten in die Gesellschaft. Zugleich lassen sich an vielen diakonischen Projekten aber auch die Spuren einer kolonialen Praxis ablesen.

Grundsätzlich lässt sich festhalten, dass auch das diakonische Handeln angesichts des Leidens in Ambivalenzen verstrickt ist. Diese werden in der Gewaltausübung in asymmetrischen Hilfebeziehungen sichtbar, in denen die Verletzlichkeit von Menschen ausgebeutet wird. Ebenso kann sowohl der Paternalismus im Hilfehabitus, der leidende Menschen zu schwachen Rezipienten von Hilfeleistungen degradiert, die problematische Dimension verdeutlichen als auch die Vernachlässigung von alten und kranken Menschen in Institutionen, die unter hohem Ökonomisierungsdruck stehen.

Ein weiteres Feld kirchlichen Handelns, in dem der Umgang mit dem Leiden präsent ist, ist die Seelsorge. Hier geht es um die unmittelbare Kommunikation, die meist im intimen Kontext von Zweier- und Kleingruppengesprächen erfolgt. Hier wird der singulären Lebensgeschichte im Lichte des Evangeliums Raum gegeben; hier geschieht Rechtfertigung der jeweiligen Lebensgeschichte. Im Segnen, im Gebet, im Schweigen geschieht die Hinwendung auch zur pathischen Leiderfahrung mit und ohne Worte. Und auch hier gibt es Formen des Machtmissbrauchs, die das Leiden der Leidenden vermehren.

Zwischenreflexion

Eine kurze Zwischenreflexion: Als Praktische Theologin versuche ich mich bestimmten Phänomenen zu nähern, indem ich multiperspektivisch arbeite. Ich suche unterschiedliche wissenschaftliche Diskurse im Hinblick auf die Sache auf, um die es geht, weil ich davon ausgehe, dass die Theologie eine gewichtige, aber eben nur *eine* Wirklichkeitsdeutung anzubieten hat. Hinzu kommt, dass jede theoretische Reflexion Sehen und Nichtsehen, Erkennen und Verkennen produziert. Durch den multiperspektivischen Zugang verdichtet sich das Wahrnehmungsfeld, was dann hoffentlich auch die theologische Reflexion befruchtet und den Fragehorizont erweitert.

Ein Zugang besteht für mich darin, elementartheologisch zu arbeiten, d.h. die kirchliche Praxis sowie die Religionspraxis außerhalb der Kirche theologisch gehaltvoll zu beschreiben und zu interpretieren. Dies ist ein voraussetzungsvolles Unternehmen, in dem ich bestimmte theologische Ansätze und Traditionen privilegiere und normative Aussagen mache, die natürlich wieder kritisiert werden können. Dies habe ich im vorangegangenen Abschnitt versucht.

Ein weiterer Perspektivwechsel könnte jetzt darin bestehen, die zu Beginn eingespielte Maxime mit VertreterInnen anderer Berufsgruppen zu diskutieren. Also noch einmal: Unser Reden über Leiden soll die Leidenden nicht beleidigen. Unser Handeln, das auf Leidminderung zielt, soll die Würde der Leidenden nicht antasten und ihr Leid nicht vermehren. Über diesen Leitgedanken könnten wir mit Journalisten, Ärztinnen, Therapeuten oder Juristinnen ins Gespräch kommen. In all diesen Professionen und den damit verbundenen wissenschaftlichen Diskursen werden die auf unterschiedliche Weise um die Pragmatik des Redens über das Leiden. Dieser Perspektivwechsel kann an dieser Stelle nicht weiter verfolgt werden.

3. Leiden: Phänomenologische Erkundungen

Ich möchte nun das Gespräch mit der neueren Phänomenologie aufnehmen, um die Wahrnehmung dessen, *was* wir unter Leiden verstehen, zu vertiefen. Dabei beziehe ich mich auf Mediziner, die auch Philosophen sind, und die sich bemühen, die Sache, um die es geht, so dicht wie möglich zu beschreiben, bevor die großen metaphysischen Deutungen auf den Plan gebracht werden.[6]

Die Phänomenologie ist bemüht, ausgehend von der intensiven Wahrnehmung und Beschreibung individuellen Erlebens, fundamentale Grundstrukturen und Gestalten des Leidens zu identifizieren. Diese beziehen sich auf das Leib-Sein-Zur-Welt sowie auf die Bestimmung von Qualitäten und Dynamiken, die mit Leidensvollzügen einhergehen. Diese sind in bestimmte Zeit- und Raumstrukturen eingebettet.

Die Zerstörung des Weltbezugs im Schmerz

Leiden wird von Boris Wandruszka verstanden als „der reaktiv-antwortende und damit reaktiv-synthetische Akt oder Selbstvollzug eines individualen oder kollektiven Subjekts im Angesicht einer kollisiv-erlittenen, darum hemmenden, im Augenblick des Erleidens und Leidens nicht integrierbaren, ‚fremden', in diesem weiten Sinne, ‚störenden', aber doch vom Subjekt zu integrieren (oder loszuwerden) bestrebten Wirklichkeit, dem so genannten ‚Leid' oder ‚Übel'."[7]

Im Zentrum des leidvollen Selbstvollzuges steht ein Diskrepanzerleben, das eine Art Reißen produziert, das wir psychisch und/oder somatisch als Schmerz erleben.[8]

Als fundamentale Charakteristika der Schmerzerfahrung identifiziert Christian Grüny die Aspekte der Flucht, der Zerstörung und der Materia-

6 In der Theologie werden drei verschiedene Formen des *malum* unterschieden, von denen theologische Deutungsversuche ausgehen: das *malum metapysicum* (Sterblichkeit), das *malum naturale* (das von Menschen verursachte Böse) und das *malum physicum* (in der Natur vorhandenes Übel).

7 Boris Wandruszka, *Philosophie des Leidens. Zur Seinsstruktur des pathischen Lebens* (Phänomenologie: Texte und Kontexte 20), Freiburg/München 2009, 165.

8 Vgl. zum Schmerz auch Andrea Bieler, *Verletzliches Leben. Horizonte einer Theologie der Seelsorge* (APThLH 90), Göttingen 2017, 143-157.

lisierung. Unter dem Stichpunkt der Flucht behandelt er das Charakteristikum der Negativität. Es geht um eine „Erfahrung, die von sich aus besagt, daß sie nicht sein soll […]"[9]. Oder in einer Formulierung von Elaine Scarry: „Schmerz ist die reine physische Erfahrung der Negation, eine Sinneswahrnehmung des ‚gegen' die Wahrnehmung von etwas, das gegen uns ist, und von etwas, gegen das man sein muß. Obwohl der Schmerz in einem selbst ist, wird er sogleich als ‚nicht man selbst', als ‚nicht ich', als etwas Fremdes eingestuft, daß man unverzüglich abstreifen will."[10]

Die Negativität als Dimension des Schmerzes verdichtet sich in der Verbindung von unvorbereitetem Bruch und vergeblicher Rückzugsbewegung. Sie wirkt in der Erfahrung einer Unterbrechung bzw. eines Bruches im Fluss alltäglicher Weltbezogenheit sowie im Erleben einer Störung des körperlichen und seelischen Befindens.[11] Die pathische Qualität des Schmerzes umfasst sowohl ein Erleiden als auch ein aufgezwungenes Tun, das an die vergebliche Rückzugsbewegung gebunden ist.

Mit dem Begriff der Zerstörung nimmt Grüny die Einwirkung auf den Gesamtzusammenhang der Erfahrung in den Blick. Hier geht es um die totalisierenden Tendenzen, die sich im Schmerzerleben vollziehen können, wenn der Schmerz nicht mehr als abgrenzbarer Fremdkörper erscheint, sondern „als handelnde Instanz, die sich des Körpers und des Bewusstseins bemächtigt."[12] Auch Elaine Scarry greift die totalisierende Dynamik des Schmerzes auf: „Am Anfang ist er lediglich ein erschreckendes, wiewohl begrenztes inneres Faktum, am Ende hat er den ganzen Körper mit Beschlag belegt und greift sogar noch darüber hinaus, zieht alles, innen und außen, in seinen Bann, macht beides auf obszöne Weise ununterscheidbar und zerstört, was ihm fremd ist und seine Ansprüche bedrohen könnte, die Sprache ebenso wie alles andere, das es uns ermöglicht, uns in der Welt auszudehnen."[13]

Die Zerstörung der menschlichen Fähigkeit, sich in der Welt auszudehnen, zeigt sich in der Einschränkung der Handlungsspielräume und der Bewegungsfreiheit, die Schmerzen hervorrufen können; dies kann bis zu einem Verlust des Weltvertrauens in den sozialen sowie den natürlichen Lebens-

---

9 A.a.O., 29.

10 Elaine Scarry, *Der Körper im Schmerz. Die Chiffren der Verletzlichkeit und die Erfindung der Kultur*, Frankfurt a.M. 1982, 79.

11 Christian Grüny, *Zerstörte Erfahrung. Eine Phänomenologie des Schmerzes* (Wittener Kulturwissenschaftliche Studien 4), Würzburg 2004, 28–30.

12 A.a.O., 35.

13 Scarry, *Der Körper* (Anm.10), 83.

raum führen. Das erlebte Schrumpfen der Welt, die den Leib umgibt, kann als eine räumliche Strukturierung von Leiderfahrungen angesehen werden.

Die Zerstörung des Weltbezugs zeigt sich in besonders eindringlicher Weise im Verlust der Sprache: Der Leidende kann sich im Moment akuten Schmerzerlebens vielleicht nur im Schrei oder im Stöhnen ausdrücken. Der Verlust der Artikulationsfähigkeit bezieht sich auch auf den Versuch, das Erlebte sprachlich auszudrücken und den erlebten Schmerz in Sprache zu fassen.

Das oben beschriebene Reißen im Schmerzerleben kann zum Riss werden, wenn die Struktur-, Belastungs-, Integritäts- und Integrationsgrenzen des Betroffenen überschritten werden, dann kommt es zu einer Verletzung, dann mutiert das Leiden zum Not-leiden, das zu beeinträchtigen und zu vernichten droht. Ein so bedrohter Mensch vermag sich oft nicht mehr ausreichend selbst zu helfen. Er fühlt sich hilflos, ausgeliefert, bedrängt und ohnmächtig.[14]

Strukturen und Modi des Pathischen

Das Reißen bzw. die Diskrepanz entsteht, weil das Übel, das erlitten wird, als Objekt einer Alteratio erlebt wird. Es ist nicht gewollt, es wird als Fremdes, Unheimliches oder Unverständliches erlebt. So wird die Betroffene heimgesucht und in ihrer Bedrängnis, Bedürfnis- und Strebungslage eingeengt. Man wird also von Übeln zunächst getroffen, sie haben eine pathische Qualität, der Getroffene wird im Zwischenraum, den das Widerfahrnis zwischen Aktivität und Passivität eröffnet, affiziert.

Das Dimension des Pathischen in der Leidenserfahrung verweist auf Widriges, auf das, was gegen unseren Willen und zumeist ohne unser Zutun geschieht, auf die passivische Erfahrungsform des Erleidens, Getroffenseins und Überwältigtwerdens. Dieses Getroffensein ist nach Bernhard Waldenfels als Vorgängigkeit einer Wirkung, die ihrer Ursache vorausgeht, zu denken. Das Pathische entzieht sich der Beschreibung von Kausalität und Intention. Erst im Nachhinein bildet jenes Getroffensein ein narratives Potenzial aus. Etwas wird in Worte gefasst, das auf die Vergangenheit zurückstrahlt

---

14 Boris Wandruszka, *Logik des Leidens. Phänomenologisch-tiefenanalytische Studie zur Grundstruktur des Leidens mit ihren Auswirkungen auf die Gestaltung der therapeutischen Beziehung*, Würzburg 2004, 3.

und wird erst auf diese Weise „materialisiert", es wird zu „etwas". „Das Etwas gehört bereits zur deutenden Antwort auf das Geschehen. Erst im Antworten auf das, wovon wir getroffen sind, tritt das, was uns trifft, als solches zutage. [...] Dieses Antworten ist also ganz und gar vom Getroffensein her zu denken, in der Nachträglichkeit eines Tuns, das nicht bei sich selbst, sondern beim anderen beginnt, als eine Wirkung, die ihre Ursache übernimmt."[15] Im Hinblick auf die Zeitstruktur der pathischen Leidensqualität können wir sagen, dass alles Antworten auf Widerfahrnisse dem Modus eines apriorischen Perfekt folgt und Momente einer zeitlichen Vorgängigkeit in sich trägt. „Widerfahrnisse gleichen einer Wunde, die wir schon empfangen haben, wenn wir sie vorweisen."[16]

Bernhard Waldenfels spricht von einer zeitlichen Diastase bzw. einer Verschiebung, die die Vorgängigkeit des Pathos und die Verzögerung bzw. Nachträglichkeit der Response erzeugt. Diese Diastase erzeugt einen fragmentierten Zusammenhang: „Vorgängiges Pathos und nachträgliche Response sind zusammenzudenken, aber über einen Spalt hinweg, der sich nicht schließt und der eben deshalb nach erfinderischen Antworten verlangt."[17]

In der Seelsorge, insbesondere in lebensbedrohlichen Leidenssituationen, geht es immer wieder um diesen Spalt, den der Nachhall des Pathischen aufreißt.

Leidenserfahrungen haben also immer einen pathischen Zug; gesagt ist damit noch nicht, dass sie immer pathologisch sind. Krankmachend werden sie erst dann, wenn der Leidensvollzug destruktive Belastungen bei dem Betroffenen oder bei anderen hervorruft. Diese Beschädigungen geschehen, wenn die Leidenserfahrung zu intensiv, zu total oder zu verwirrend ist; dann wird die bewusste Leidwahrnehmung verstellt durch „Verdrängung, Verleugnung, Abspaltung, Verzerrung, Verschiebung (Somatisierung) und Projektion bis hin zu Wahnvorstellungen seitens der Betroffenen."[18] Die Selbstreflexivität und Selbstwahrnehmung wird im pathologischen Leiden durch diese Mechanismen gestört.

---

15 Bernhard Waldenfels, *Bruchlinien der Erfahrung. Phänomenologie, Psychoanalyse, Phänomenotechnik*, Frankfurt a.M. 2002, 58f.

16 A.a.O., 56.

17 Bernhard Waldenfels, *Grundmotive einer Phänomenologie des Fremden*, Frankfurt a.M. 2006, 49.

18 Boris Wandruszka, Möglichkeiten und Grenzen einer Wissenschaft vom leidenden Subjekt, in: Thomas Fuchs u.a. (Hg.), *Das leidende Subjekt. Phänomenologie als Wissenschaft der Psyche* (Schriftenreihe der DGAP 3), Freiburg/München 2014, 71.

Dabei werden zumeist vier basale Strebungs- und Bedürfnissysteme blockiert, durcheinandergebracht oder beschädigt: die physiologischen Bedürfnisse, die überwiegend emotionalen Bindungsbedürfnisse (Anlehnung, Schutz, Geborgenheit), die volitionalen Autonomiebedürfnisse (Selbstständigkeit, Kontrolle, „Eigensinn", Handlungsfähigkeit) sowie die überwiegend kognitiven Explorations- und Orientierungsbedürfnisse. Die Beschädigungen der genannten Bedürfnissysteme können sich auf individueller, interpersoneller sowie auf kollektiver Ebene zeigen.

In der Beschädigung dieser Bedürfnissysteme treten fünf Leidensqualitäten zu Tage:[19]

- Der *Mangel* oder die *Leere*: mir fehlt etwas – eine Defiziterfahrung, die bis zur Gefühlsanästhesie oder zum Ich-Verlust reichen kann, tut sich auf.
- Der *Zwiespalt*: hier geht es um das Gefühl mit sich uneins zu sein, das bis zur Ich-Dissoziation führen kann.
- Die *Spannung*, die sich in der angestrengt-fragilen Bemühung um Selbst-Integration im Angesicht der beiden sich widerstrebenden Ich-Dynamiken ausdrückt, nämlich der Mangelerfahrung und seine erstrebte und zugleich vergebliche Überwindung.
- Die *Lähmung* beschreibt die Erstarrung der Spannung (Ich-Plegie), wenn sich die widerstrebenden Ich-Dynamiken mit etwa derselben Intensität aneinander reiben und so ein statischer Kraftausgleich entsteht. Diese Reibung hemmt die Entfaltung der Persönlichkeit und wird oftmals als Belastung empfunden.
- Die *Zwietracht* oder die *Unruhe*, die sich im destabilisierenden Spiel der verschiedenen Strebungen zeigt und die das Erleben der Ich-Diskrepanz und der Ich-Dissonanz immer wieder nährt.

Diese fünf Leidensqualitäten erfüllen eine Brückenfunktion zwischen Ich-Erleben, Leib- und Welt-Erleben. Sie sind in der Räumlichkeit des Leibes situiert, von der sich die intersubjektiven und weitreichenden sozialen Formen des Leidens entfalten. Viele Störungen drücken sich räumlich aus: „denken wir nur an die Nähe-Distanz-Problematik in vielen Partnerschaftskonflikten, die raumbezogenen Phobien (Claustrophobie, Agoraphobie), die räumlichen Rückzugstendenzen des Depressiven, die Verzerrung der Raumwahrnehmung bei manchen Psychosen usw. Hier – im Leib und in der zwi-

19 Vgl. Wandruszka, *Logik* (Anm.14), 66-74.

schenmenschlichen, welträumlich vermittelten Kommunikation – ließe sich durchaus eine spezifische *Raumlehre des Leidens* entwickeln.“[20]

4. Theologische Reflexionen

Welchen Ertrag kann nun eine Phänomenologie des Leidens für die theologische Reflexion leisten? Meines Erachtens kann sie die theologische Rede von der Inkarnation, der Fleischwerdung Gottes in Gestalt des verletzlichen Menschen Jesus von Nazareth, bereichern. Den Horizont einer Phänomenologie des Leidens in die inkarnationschristologische Interpretation einzulassen, fordert dazu heraus, die Grundstrukturen und Gestalten der Leidensfähigkeit, wie sie sich in den Strukturen und Modi des Pathischen sowie den Facetten des Schmerzes ausdrücken, mit der Christologie ins Gespräch zu bringen und zwar nicht nur mit der Kreuzestheologie, sondern auch mit Überlegungen zum heilenden Wirken Jesu. Viele der neutestamentlichen Wundergeschichten kreisen um das *splagnchizomai* – es jammerte Jesus, als er die Menge sieht, Kranke und Hungrige. Hier wird von einer Durchlässigkeit erzählt, die in den Raum des Pathischen führt. Sie lässt sich affizieren vom Leid des anderen vor jedem ethischen Abwägen und planvollen Handeln. Das Pathische kann als Figur eines Zwischenraumes beschrieben werden, die auf die Logifizierung der Welt einwirkt, also sowohl auf die Rationalität des Handelns als auch den Bereich des Ethos (also auf Habitus, Moral, ethisches Abwägen). Bringen wir die Kreuzestheologie mit der Phänomenologie des Schmerzes ins Gespräch, so treten auf einmal die Spuren der neutestamentlichen Passionsgeschichten, die vom Zerbrechen der Sprache erzählen, in den Vordergrund. In der Logik der Folter, in der der Schmerz zugefügt wird, (und das bedarf einer eigenen Reflexion) verstummt der zum Opfer gemachte Mensch sukzessive; er wird nicht mehr Zeuge seiner eigenen Leidensgeschichte vor anderen sein können. Es wird nicht nur ein Schrumpfen, sondern ein Herausfallen aus der Welt im Motiv der Erfahrung der Gottverlassenheit erzählt und in den Blickachsen auf das Kreuz, die von der Banalität des Bösen berichten. Am Ende kulminiert all dies im gänzlichen Zersplittern der Sprache, im Schrei.

Inkarnation deute ich also als den göttlichen Fall in die Raum- und Zeitstrukturen sowie die Modi des Pathischen. Damit sage ich auch, dass Gott

---

20 A.a.O., 73.

affizierbar ist und somit beweglich, dass er sich im Austausch verändern lässt und darin kreative Wirksamkeit im Prozess der Schöpfung zeigt.

Während Karl Barth den Aspekt der Selbstaffizierung Gottes als freie göttliche Willenshandlung stark macht, möchte ich diesen Gedanken durch die Dimension des Pathischen als Figur zwischen aktiver Willensentscheidung und passivem Erleiden modifizieren. Auch im Raum des Pathischen bleibt Gott seinen Geschöpfen zugewandt als Handelnder, der stetig berührt wird vom kreatürlichen Leiden. Die relationale Dimension inkarnatorischer Theologie wird dynamisiert, indem das Moment der Regungslosigkeit und der Nicht-Affizierbarkeit herausgenommen wird.

Stattdessen schlage ich vor, den Gedanken der göttlichen Barmherzigkeit und Gerechtigkeit mit dem Pathischen zu verbinden: der unendliche, bewegliche Gott tritt in die Endlichkeit und somit in die Facetten des Schmerzes und des Leidens ein und intensiviert in der Person Jesu von Nazareth sein Vermögen, verletzlich und empathisch zu sein. Dies geschieht, indem er Anteil hat an den fundamentalen Grundstrukturen, Qualitäten und Dynamiken des Lebens – also nicht nur des Leidens –, die das Potenzial zur Intensivierung eines Lebens in Fülle in sich bergen. Vulnerabilität als Vermögen, sich dem anderen ganz und gar in Liebe hinzugeben und darin das Risiko auf sich zu nehmen, empathisch mitzuleiden, geliebt und verletzt zu werden, zeichnet den leidenschaftlichen Gott aus; die Gefährdung und der Zuwachs an Liebesfähigkeit in Gott , die damit verbunden ist, wird zum Signum der Inkarnation.[21]

Die Liebe Gottes, die sich hier ausdrückt, besteht nicht in statisch-distanziertem Wohlwollen, der Erfüllung einer Pflicht oder in der Umsetzung eines formalen Gerechtigkeitsprinzips, sondern sie ist rezeptiv und lässt sich vom Gegenüber bewegen. Ein Bild, das dies besonders eindrücklich darstellt, ist der Vater, der im Gleichnis vom verlorenen Sohn auf seinen aus der Ferne heimkommenden Sohn zuläuft und ihn leidenschaftlich vor jedem Abwägen in die Arme schließt und küsst (Lk 15,20). Diese Szene hat nichts mit der Vorstellung regungsloser Güte zu tun, die uns in der Verteidigung der Apatheia Gottes in den Disputen der frühen Kirche begegnet. Wohl kann beispielsweise mit dem Aspekt des Richters diese Form der apathischen Rechtsprechung verbunden werden, da es hier ja um eine sehr bestimmte

21 Vgl. zum Thema der risikoreichen Inkarnation Günter Thomas, Das Kreuz Christi als Risiko der Inkarnation, in: ders./Andreas Schüle (Hg.), *Gegenwart des lebendigen Christus* (FS M. Welker), Leipzig 2007, 151–179.

und zeitlich eingeschränkte Funktion geht, die der Richter zu erfüllen hat. Die Aspekte göttlicher Kreativität und Liebe werden darin aber nicht eingefangen.[22]

An dieser Stelle wird die Einsicht Abraham Josua Heschels relevant, dass Liebe, Affizierbarkeit sowie Sinn für Gerechtigkeit in der Beziehung Gottes zu den Menschen immer wieder in einer Weise ausbalanciert werden, sodass sowohl willkürliche Leidenschaft als auch regungslose Apatheia ausgeschlossen bleiben. Stattdessen wird die göttliche Treue zu den Verheißungen, zum Bund, zur Zukunft einzelner sowie der gesamten Menschheit zum Ausdruck gebracht; darin wird von den Leidenschaften Gottes erzählt.[23]

Catherine Keller unterstreicht darüber hinaus im Hinblick auf die göttliche Affizierung im Eintreten in die menschliche Erfahrungswelt, dass die göttliche *compassio* (Mitgefühl, Anteilnahme, Barmherzigkeit) nicht als ein vollständiges Absorbiertwerden vom Leiden des anderen verstanden werden darf.[24] So nimmt Gott als bewegter Beweger am Kreuz die äußerste Gewalterfahrung in sich auf, die zum Tode Jesu führt. Zugleich wird die Kreuzeserfahrung im Evangelium von der Auferweckung Jesu Christi verwandelt. Und damit implodiert die Phänomenologie des Schmerzes: In den Auferstehungsgeschichten wird von einer Öffnung berichtet, in der Neuschöpfung und die Verwandlung der Gewalt geschieht! In dieser Öffnung kann Affizierung bzw. Mitfühlen als Intensivierung von Lebensfülle verstanden werden. Die qualitative Differenz in der analogischen Rede von der Affizierbarkeit Gottes lässt sich dabei in dem Aspekt der Potenzialität verorten. Auferweckung von den Toten und Neuschöpfung beschreibt die Potenzialität Gottes, die den menschlichen Möglichkeitssinn übersteigt und auch die Affizierbarkeit entsprechend neu qualifiziert.

Für eine Theologie der Seelsorge, die den Menschen als Möglichkeitswesen im Horizont des Evangeliums von der Neuschöpfung versteht, ist darüber hinaus die Beobachtung Catherine Kellers instruktiv, die darauf verweist, dass auch im zwischenmenschlichen Bereich eine Empathie wenig förderlich ist, die sich mit dem Gegenüber überidentifiziert („ich leide wie du") oder die in oberflächlicher Weise Verständnis suggeriert („genau das kenne ich auch"). Ebenso wenig ist eine Haltung am Kältepol der Empathie

22 Vgl. hierzu auch Neil Pembroke, *A Pastoral Perspective on the Suffering of God*, Colloquium 38 (2006), 26–40, 28.

23 Vgl. Abraham Joshua Heschel, *Die Prophetie*, Krakau 1936.

24 Vgl. Catherine Keller, *On the Mystery: Discerning Divinity in Process*, Minneapolis 2008, 128f.

hilfreich, die in einer professionellen Helferattitüde keine Verbindung zum Empfinden des anderen zulässt.[25]

25 Vgl. a.a.O., 129.

Marco Hofheinz

Den Frieden Gottes gelten lassen.
Rechts-, gemeinde- und versöhnungsethische Impulse der Friedensethik Hans Joachim Iwands

Eberhard Busch und Otfried Hofius zum 80. Geburtstag

1. Einleitung: Die Aktualität der Friedensethik Iwands

Als die friedensethischen[1] Beiträge Iwands im Jahr 1988 endlich in der Textsammlung „Frieden mit dem Osten" erschienen, schloss ihr Herausgeber Gerard C. den Hertog das Vorwort mit der Bemerkung: „Herausgeber und

1 Wenn im Folgenden von Iwands „Friedensethik" gesprochen wird, dann eingedenk des Vorbehalts, den Wolfgang Lienemann treffend formuliert hat: „Es gibt nicht ‚die Friedensethik' von Hans Joachim Iwand, jedenfalls nicht im Sinne eines systematisch aufgebauten Buches oder Konzeptes zur Rechts- und Friedensethik. Gleichwohl standen die Fragen von Krieg, Recht und Frieden im Zentrum seines politisch-ethischen Nachdenkens und seiner entschlossenen Stellungnahmen, während andere Bereichsethiken bei ihm anscheinend nur wenig Resonanz gefunden haben." Wolfgang Lienemann, Eine Magna Carta christlicher Friedensethik. Hans Joachim Iwands Vision der Einen Welt im Licht des Evangeliums, in: Christian Neddens / Gerard den Hertog (Hg.), Über das Zusammenleben in einer *Welt. Grenzüberschreitende Anstöße Hand Joachim Iwands*, Gütersloh 2014, 67-94. 70f.
Vgl. dazu die bislang vorliegenden Untersuchungen zur Friedensethik Iwands: Gerard C. den Hertog, *Befreiende Erkenntnis. Die Lehre vom unfreien Willen in der Theologie Hans Joachim Iwands* (NBST 16), Neukirchen-Vluyn 1994, 422-433. 466-501; Martin Hoffmann, *Bezeugte Versöhnung. Die trinitarische Grundlegung der Ethik bei Hans Joachim Iwand* (Theologie im Gespräch 5), Essen 1988, 241-251; Bertold Klappert, Versöhnung, Reich Gottes und Gesellschaft. H.J. Iwand theologische Existenz im Dienst der einen Menschheit, in: *EvTh* 49 (1989), 341-369; Bertold Klappert, „Wer seinen Bruder Atheist nennt, ist des höllischen Feuers schuldig". H.J. Iwands Engagement in der Friedensfrage, in: ders. / Ulrich Weidner (Hg.), *Schritte zum Frieden. Theologische Texte zu Frieden und Abrüstung*, Neukirchen-Vluyn [2]1983, 128-141; Georg Plasger, Frieden als Dienst der Versöhnung. Friedensethik bei Hans Joachim Iwand, in: Marco Hofheinz / Georg Plasger (Hg.), *Ernst-*

Verlag sind der Meinung, daß Iwands Stimme heute noch viele Anregungen geben kann."[2] Diese Bemerkung schien schon wenige Monate später mit der Wende und dem Zusammenbruch des real existierenden Sozialismus im Osten historisch falsifiziert worden zu sein. Hatte sich mit dem Ende des Ost-West-Konflikts, der Blockkonfrontation und des einhergehenden Systemantagonismus nicht auch Iwands datierte Friedens- und Versöhnungstheologie endgültig entkontextualisiert? Sie schien ihre Zeit definitiv gehabt zu haben, um nun, fest in der Mottenkiste der Ethikgeschichte verstaut, dem kollektiven Vergessen anheimzufallen. Erinnerte sich wider Erwarten doch noch jemand an sie, dann wohl eher aus nostalgischen Gründen, als einem echten friedensethischen Sachinteresse: „Damals im kalten Krieg, als es noch klare Fronten gab und die Friedenethik noch überschaubar war..."

Doch auch über solche, schon damals simplifizierende Einschätzungen scheint die Zeit hinweg gegangen zu sein. Wer heute die Texte Iwands liest, der muss ihnen nicht erst mühsam Aktualität andemonstrieren. Nein, Iwands friedensethische Beiträge sind erschreckend aktuell. Man denke nur an Iwands politisches Engagement gegen die Atomwaffen seit 1955[3] und den Umstand, dass die Atomwaffen heute keineswegs aus der Welt verschwunden sind. Die Drohung mit ihrem ungeheuerlichen Vernichtungspotential gehört nach wie vor zu den machtpolitischen Instrumentarien unserer Tage, wie etwa der wiederholte Hinweis Putins auf die Atomwaffen im Ukraine-Konflikt oder die immer wieder aufflackernden Auseinandersetzungen mit Nordkorea zeigen. Das Atomzeitalter ist keineswegs beendet.

Iwands Friedensethik ist so aktuell, dass die sture Applikation der schlichten Horazschen Maxime auszureichen scheint, um eine unmittelbare Rezeptionsbereitschaft herzustellen: „Mutato nomine de te fabula narratur." – „Du

---

fall Frieden. Biblisch-theologische Perspektiven, Wuppertal 2002, 143-161; Peter Sänger, Die eine Menschheit. Ein Argument Hans Joachim Iwands gegen den Krieg, in: *BThZ* 3 (1986), 132-143.

2 Hans Joachim Iwand, *Frieden mit dem Osten. Texte 1933-1959*, hg. v. Gerard C. den Hertog unter Mitarbeit von Klaus Geyer, Jürgen Seim und Dieter Schellong, München 1988, IV. Im Folgenden: FO.

3 Zum Hintergrund vgl. Wolfgang Lienemann, *Frieden. Vom „gerechten Krieg" zum „gerechten Frieden"* (BenshH 92), Göttingen 2000, 89-100; Hans-Richard Reuter, Kriegsverhütung durch Kernwaffen? Leitkonzeptionen protestantischer Friedensethik in Deutschland von 1945 bis 1990, in: ders., *Recht und Frieden. Beiträge zur politischen Ethik* (ÖTh 28), Leipzig 2013, 107-121; ders., Von der „Kriegstheologie" zur Friedensethik. Zum Wandel der Kriegswahrnehmung im deutschen Protestantismus der letzten 100 Jahre, in: ders., *Recht und Frieden* (Anm. 3), 58-82, 72-74.

brauchst den Namen nur zu ändern und die Geschichte redet von Dir." Spätestens auf der Münchener Sicherheitskonferenz im Februar 2016 vollzog sich ein alle weiteren Aktualitätsdebatten erübrigender Tabubruch: Der russische Ministerpräsident Dmitrij Medwedjew griff das Stichwort „kalter Krieg" auf,[4] um im Blick auf die Ukraine-Krise und den Syrien-Konflikt die aktuelle Beziehung Russlands zum Westen zu charakterisieren: „Wir sind in eine neue Ära des Kalten Krieges abgerutscht. […] Manchmal habe ich tatsächlich das Gefühl, es sei nicht das Jahr 2016, sondern 1962."

Geradezu austauschbar sind nicht nur die Namen der politischen Akteure, sondern auch die Schicksale der Menschen – etwa der 7 Millionen Flüchtlinge aus den Ostgebieten, der „Menschen ohne Heimat",[5] wie Iwand sie nennt, und der 60 Millionen Menschen, die – nach dem aktuellen, hier im Hause mitverantworteten „Friedensgutachten 2016"[6] – weltweit auf der Flucht sind. Angesichts der größten Fluchtbewegung in Europa seit dem Ende des Zweiten Weltkrieges mit ihren diversen Ursachen, ihrer humanitären Bedeutung und ihren politischen Folgen für die Weltgemeinschaft sowie der Bewährungsprobe, vor die Staat und Kirche, Politik und Gesellschaft gestellt sind, erhält folgendes Diktum Iwands ganz neue Dignität: „Der Friede ist die einzige Möglichkeit, auch das Problem der Vertriebenen zu lösen."[7]

---

4 Vgl. Hans Joachim Iwand, Die Verantwortung und die Aufgabe der Christen in der heutigen internationalen Situation (1958), in: *FO*, 182-198, 194: „Er [der kalte Krieg; M.H.] bedeutet, das Freund-Feind-Denken lebendig zu erhalten, in den Herzen und Hirnen der Menschen. Der Eiserne Vorhang wird dazu benutzt, den Menschen, der dahinter lebt, zu verteufeln. […] Hat man erst einmal den ersten Schritt getan, dem Menschen hinter dem Eisernen Vorhang seine Menschlichkeit abzusprechen, hat man erst einmal dieses ganze Gebiet für gottlos deklariert, dann wird man sich auch kein Gewissen machen bei dem Gedanken, daß man es unter Umständen mit Atombomben ‚ausradieren' könnte, und darin noch seine ‚Sicherheit' sehen. Man darf das nicht übersehen: Nie würde der Mensch eine solche ‚Waffe' entwickeln oder anwenden, wenn man nicht zuvor in ihm den Glauben an den Mitmenschen, an den Bruder auf der anderen Seite zerstört hätte und permanent aufs neue zerstörte, wo er sich aufs neue zu bilden beginnt. Das ist der ‚politische' bzw. der ‚geistige' Sinn des Eisernen Vorhangs." Hans Joachim Iwand (Du sollst nicht töten, in: ders., *Briefe, Vorträge, Predigtmeditationen. Eine Auswahl*, hg. v. Peter-Paul Sänger, Berlin [Ost] 1979, 455-473, 471) resümiert: „Wer Jesu Worte wirklich vernimmt, kann am ‚kalten' Kriege nicht mehr teilnehmen".

5 Hans Joachim Iwand, Menschen ohne Heimat (1952), in: *FO*, 91-96.

6 *Friedensgutachten 2016*, hg. v. Margret Johannsen u.a., Münster 2016.

7 Hans Joachim Iwand, Entwurf eines Friedenswortes für die Synode der EKD von Berlin-Weißensee (1950), in: *FO*, 33-43, 37.

Gewiss gibt uns Iwand nicht fertige Antworten auf die uns heute bedrängenden Herausforderungen und Fragen. Fragen wie – ich greife hier erneut das Friedensgutachten 2016 auf: Wie kann Europa seiner Mitverantwortung für die vielfältigen Fluchtursachen gerecht werden? Wie können die ethischen Maßgaben humanitärer Hilfeleistung neu und mutiger buchstabiert werden? Wie können wir Terrorismus, Hass und Ausgrenzung wirksam entgegentreten, wie der Vergiftung Europas durch destabilisierende Machtpolitik, Renationalisierung und transnationale Gewaltakteure, wie der militärischen Einmischung und dem neuen Wettrüsten, das die internationalen Beziehungen nachhaltig schädigt? Wie sollen wir umgehen mit autoritären Regimen, wie eine zivile Konfliktaustragung sicherstellen?

Die Büchse der Pandora ist gefüllter, als dass uns selbst die wuchtige Theologie eines Iwand gewährleisten könnte, dass das entwichene Böse wieder eingefangen wird. Es muss also, um in der Mythologie zu bleiben, um etwas anderes gehen: um das Entweichen jenes Elements, das allein noch in der Büchse verblieben ist: um Hoffnung. Und gehen wir einmal davon aus, dass Nietzsche nicht Recht hatte,[8] dass die Hoffnung nicht das größte Übel aller in der Büchse befindlichen Flüche ist, so wird auch für die Hoffnung wie für jedes „Est" nach Iwand gelten, dass wir sie „nur haben in der Form der promissio Dei".[9] Ist die „Aktivität der Hoffnung", wie Iwand sagt, „als das Tun des Geistes auf dem Plan",[10] dann sind die Karten in der Realismusdebatte neu zu mischen: „Wer sachlich sehr zu Unrecht mit der Bibel argumentiert: daß Kriege immer sein müssen und das christlichen Realismus nennt, der kann nicht an den Frieden auf Erden glauben."[11] Die vermeintlichen

8 Friedrich Nietzsche, *Menschliches, Allzumenschliches* (KStA 2), hg. v. Giorgio Colli / Mazzino Montinari, München 1999, 82 (Ziffer 71: „Die Hoffnung"): „Zeus wollte nämlich, dass der Mensch, auch noch so sehr durch die anderen Uebel gequält, doch das Leben nicht wegwerfe, sondern fortfahre, sich immer von Neuem quälen zu lassen. Dazu giebt er dem Menschen die Hoffnung: sie ist in Wahrheit das übelste der Uebel, weil sie die Qual der Menschen verlängert."

9 Hans Joachim Iwand, Der Prinzipienstreit in der Theologie, in: ders., *Um den rechten Glauben. GA*, hg. v. Karl Gerhard Steck, München 1965, 222-246, 244. H.J. Iwand (Politisierende Kirche?, in: *JK* 5 (1950), 169-174, 173) bemerkt: „Wir haben keine Verheißung für den Krieg, auch nicht für den ‚christlich'-gerechtfertigten, wir haben aber unentwegt Verheißung für den Frieden. Nicht umsonst werden die Friedfertigen – die *pacifici*, wie die Vulgata übersetzt – selig gesprochen".

10 Hans Joachim Iwand, Theologia crucis, in: ders., *Nachgelassene Werke Bd. 2. Vorträge und Aufsätze*, hg. v. Dieter Schellong / Karl Gerhard Steck, München 1966, 381-398, 390.

11 Hans Joachim Iwand, Das geschichtliche Phänomen der Atomwaffe und die Angst – Ein Versuch ihrer Überwindung (1955), in: *FO*, 97-124, 121.

christlichen Realisten sind nach Iwand „die schlechthin Hoffnungslosen unter den Menschen".[12] Iwand hält ihnen entgegen: „Ich weiß, daß die Politik nicht im Himmel gemacht sind, sondern auf der Erde, aber es ist etwas anderes, ob der Himmel versöhnt ist – oder die Hölle wieder weiter mit Haß- und Rachegedanken heraufbeschworen wird."[13]

2. Rechtsethische Impulse Iwands: Frieden durch Recht. Koinzidenzen zur EKD-Friedensdenkschrift von 2007

Wenn es noch eines Beweises der Aktualität Iwand'scher Friedensethik bedarf, so wird er durch ihre vielen Koinzidenzen mit der aktuellen EKD-Friedensdenkschrift „Aus Gottes Frieden leben – für gerechten Frieden sorgen" (2007) geliefert. Es ist überraschend, wie viele Übereinstimmungen sich finden lassen. Das fängt beim Leitbegriff des „gerechten Friedens" an, der heute als *das* friedensethische Paradigma in aller Munde ist.[14] Iwand gehört m.W. zu den ersten Theologen, die diesen Begriff gebraucht haben, lange bevor er in den 1980er Jahren des 20. Jahrhunderts ökumenisch salonfähig wurde. Zunächst gebrauchte ihn der amerikanische Präsident Woodrow Wilson im Jahr 1917 in säkularer Verwendung, danach Karl Barth mehrfach im Jahr 1939, u.a. in einem Brief an Willem Visser't Hooft,[15] und Iwand nachweislich in seinem Entwurf eines Friedenswortes für die Synode der EKD von Berlin-Weißensee (1950): „Es kann [...] nur einen Weg zur Umkehr und des Aufbaus geben, den Weg zu einem gerechten und dauerhaften Frieden".[16]

---

12 Hans Joachim Iwand, Die Lebensfrage von heute – der Frieden, in: ders., *Briefe, Vorträge, Predigtmeditationen. Eine Auswahl*, hg. v. Peter-Paul Sänger, Berlin (Ost) 1979, 318-322, 320.

13 Hans Joachim Iwand, Das Aufrüstungsproblem – von Deutschland her gesehen (1951), in: *FO*, 56-61, 58.

14 Vgl. Marco Hofheinz, *„Er ist unser Friede". Karl Barths christologische Grundlegung der Friedensethik im Gespräch mit John Howard Yoder* (FSÖTh 144), Göttingen 2014, 575-647; ders., Gerechter Krieg? Gerechter Frieden! Eine kleine Apologie eines friedensethischen Paradigmas, in: Henning Theißen / Martin Langanke (Hg.), *Tragfähige Rede von Gott. Festgabe für Heinrich Assel zum 50. Geburtstag*, Hamburg 2011, 151-174.

15 Vgl. zum begriffsgeschichtlichen Hintergrund: Marco Hofheinz, *„Er ist unser Friede"* (Anm. 14), 596f.; Wolfgang Huber, Rückkehr zur Lehre vom gerechten Krieg? Aktuelle Entwicklungen in der evangelischen Friedensethik, in: *ZEE* 49 (2005), 113-130, 118f.

16 Hans Joachim Iwand, *Entwurf eines Friedenswortes* (Anm. 7), 37. So auch a.a.O., 44.

Theologiegeschichtlich versiert, wie Iwand war, kannte er die Begriffsprägung ausgerechnet durch Augustin, der als Begründer der sog. „Lehre" vom gerechten Krieg gilt. Augustin wird dementsprechend in besagtem Entwurf zitiert: „Denn beide, Frieden und Gerechtigkeit, sind nicht voneinander zu trennen. ‚Wenn du die Gerechtigkeit nicht liebst, kann du den Frieden nicht haben' (Augustin) (Migne SL XXXIII 1078)." Augustin trifft diese Formulierung im Anschluss an Ps 85,11 („Frieden und Gerechtigkeit küssen sich") sowie Jes 32,17 („und der Gerechtigkeit Frucht wird Friede sein"), einen Vers, den Iwand gerne bemühte.[17] Iwand kommt immer wieder auf diesen integrativen Zusammenhang von Gerechtigkeit und Frieden zu sprechen, um die Komplementarität dieser beiden Begriffe und nicht etwa die von Gerechtigkeit und Krieg zu betonen. Die Rede vom gerechten Krieg und vom „alte[n], böse[n] Zauberspruch […]: ‚Si vis pacem, para bellum' [Willst du den Frieden, rüste zum Krieg]!"[18] feiert nach Iwands Wahrnehmung in der Nachkriegszeit, vor allem in der Wiederbewaffnungsdebatte, fröhliche Urstände. Iwand erteilt dem Begriff „gerechter Krieg" (*bellum iustum*) eine klare Absage und er scheut auch nicht davor zurück, die Reformatoren in diesem Zusammenhang zu kritisieren: „Es ist schlechthin unmöglich, den Begriff des gerechten Krieges noch aufrecht zu erhalten. Die Harmlosigkeit, mit der Thomas von Aquin und ebenso die Reformatoren den Krieg noch rechtfertigen, die gläubige Begeisterung, die in den Liedern der Freiheitskämpfe von 1813 zu finden ist, sind dahin."[19]

Auch die Rede vom Krieg als „kleinerem Übel" – Iwand denkt hierbei wohl u.a. an Luthers Qualifizierung eines Selbstverteidigungskrieges als Mittel der Friedensbewahrung, als „ein kleiner, kurzen Unfrieden, der einem ewigen, unermeßlichen Unfrieden wehrt"[20] – lehnt Iwand entschieden ab: „Die Mittel der modernen Technik, die Beeinflussung des Denkens der Massen durch die Propaganda, die damit in Gang gesetzte Herabsetzung und Entmachtung des Gegners, dem das Menschenrecht genommen und jeder Anspruch auf Schonung abgesprochen wird, die totale Führung des Krieges, die sich in erster Linie an den wehrlosen Bewohnern des Landes, Arbeitern und Bauern, Bürgern und Gelehrten, Frauen und Kindern auswirken muß,

17 Hans Joachim Iwand, Deutschland zwischen Weiß und Rot (1951), in: *FO*, 62-75, 75. Vgl. auch Ders., *Das geschichtliche Phänomen* (Anm. 11), 117.

18 Hans Joachim Iwand, *Du sollst nicht töten* (Anm. 4), 458.

19 Hans Joachim Iwand, Deutschland zwischen Ost und West (1950/51), in: *FO*, 44-55, 53f.

20 WA 19,626,12-14 (Ob Kriegsleute auch in seligem Stande sein können, 1526). Modernisierung.

lassen es notwendig erscheinen, daß wir das bisher übliche, auch von den christlichen Kirchen vertretene Urteil über den Krieg als das ‚kleine Übel' revidieren. Der moderne, totale Krieg nähert sich besorgniserregender Weise einem von oben her organisierten Mord, so daß auch die Staaten, die ihn führen und radikalisieren müssen, dadurch die sittlichen Grundlagen ihrer eigenen Autorität verlieren."[21]

Bei Lichte betrachtet, erweist sich Iwands Friedensethik nicht nur als anschlussfähig an das im Entstehen begriffene, übergreifende Konzept des „gerechten Friedens", wie es die EKD-Friedensdenkschrift vertritt. Die Koinzidenzen betreffen keineswegs nur Details – wie etwa die Rede vom Frieden als Prozess[22] –, sondern die gesamte Disposition und Aussageabsicht: Die vier Elemente, die in den vier Kapiteln der Denkschrift ihren Aufbau und ihre Absicht ausmachen, sind auch in Iwands Friedensethik angelegt. Entsprechend dem ersten Kapitel („Friedensgefährdungen")[23] der Denkschrift geht es auch Iwand darum, die aktuelle politische Situation und die in ihr enthaltenen Herausforderungen genau zu beschreiben. Deshalb finden wir in seinem Oeuvre vielfach Reiseberichte von Besuchen in der Sowjet-Union und in der Tschechoslowakei, in vielen seiner Vorträge Analysen „der heutigen internationalen Situation",[24] Bestimmungen zur „Gegenwartslage des Protestantismus im östlichen Raum"[25] und Ausführungen „Zur religiösen Lage der Flüchtlinge".[26]

Iwands Theologie ist eine dezidiert lagebewusste Theologie. Und sie ist zugleich eine dezidiert sachbewusste Theologie. Der Theologe des Kreuzes (*theologus crucis*) sagt, was Sache ist („Theologus crucis dicit id quod res

---

21 Hans Joachim Iwand, *Entwurf eines Friedenswortes* (Anm. 7), 34f. So auch ders., *Das Aufrüstungsproblem – von Deutschland her gesehen* (1951, Anm. 13), 56-61, 60: „Die Technik wird durch den modernen Krieg um ihren Sinn gebracht. Ihr Sinn ist die Bändigung der Elemente und ihre Verwendung zur Erleichterung menschlicher Arbeit. Der Krieg führt zur Entfesselung der Elemente und zur Zerstörung der Arbeit von Generationen. Das ist ein neues, erst mit dem Flugzeug und der Atomwaffe gegebenes Moment. Der Krieg verliert damit seinen ursprünglichen Charakter. Auch das Argument des justum bellum ist hinfällig."

22 Vgl. Hans Joachim Iwand, Antwort. Ein Brief an J. L. Hromádka (1959), in: *FO*, 199-217, 204; *Aus Gottes Frieden leben – für gerechten Frieden sorgen*. Eine Denkschrift des Rates der Evangelischen Kirche in Deutschland, Gütersloh ²2007, 54 (Ziffer 80).

23 Vgl. *Aus Gottes Frieden leben* (Anm. 22), 14-27.

24 Vgl. Hans Joachim Iwand, *Die Verantwortung und die Aufgabe der Christen in der heutigen internationalen Situation* (Anm. 4), 182-198.

25 In: *FO*, 9-17.

26 In: *FO*, 25-32.

est"),[27] und er wird auch friedensethisch nicht an der Sache, am Versöhnungsgeschehen in Kreuz und Auferstehung,[28] vorbei reden **dürfen**. Diese Überzeugung spiegelt sich auch im zweiten Kapitel der EKD-Denkschrift „Der Friedensbeitrag der Christen und Kirchen"[29] wider. Hier geht es unter Bezugnahme auf das Versöhnungsgeschehen um eine biblisch-theologische Fundierung des Leitbegriffs „gerechter Frieden" und eine Profilierung im Blick auf praktische kirchliche Handlungsfelder.[30] Im folgenden Kapitel 3 „Gerechter Frieden durch Recht"[31] werden die normativen Grundentscheidungen expliziert und zwar hinsichtlich der Anforderungen an eine globale Friedensordnung als Rechtsordnung, bevor dann in Kapitel 4 die Benennung der „Politische[n] Friedensaufgaben"[32] erfolgt: universale Institutionen stärken, Europas Friedensverantwortung wahrnehmen, Waffenpotenziale abbauen, zivile Konfliktbearbeitung ausbauen, menschliche Sicherheit und menschliche Entwicklung verwirklichen.

Es ist nun interessant, die starken rechtsethischen Bezüge zur Programmatik „Frieden durch Recht" bei Iwand zu entdecken. Doch zunächst die Frage: Was verbirgt sich hinter dieser Programmatik? Das Recht hat gesellschaftliche Steuerungsfunktion, ja der rechtsethischen Pointe nach protektive Funktion. Durch Regeln des Rechts, die als soziale Interaktionsnormen fungieren, werden die Bedingungen für die friedvolle Koordination des Handelns Verschiedener (Völker, Nationen etc.) festgelegt: „Um Frieden zu stiften, bedarf es zuerst der Errichtung einer Rechtsordnung mit verallgemeinerungsfähigen Grundsätzen. Dazu gehört innerstaatlich das Gebot

---

27 WA 1, 362,21f. (Heidelberger Disputation, These 21, 1518). Vgl. Hans Joachim Iwand, Theologia crucis (Anm. 10), 389. Fernerhin: Hermann Dembowski, Martin Luther, in: *NZSTh* 31 (1989), 125-140, 137f., der im Anschluss an Iwand von der Theologia crucis als Mitte der Theologie Luthers spricht. Zur Luther-Auslegung Iwands vgl. Edgar Thaidigsmann, Der wirkliche Gott und der wirkliche Mensch. Iwands Verständnis der Theologie Luthers im Kontext der Lutherforschung, in: ders., *Einsichten und Ausblicke. Theologische Studien*, hg. v. Johannes v. Lüpke (Studien zur systematischen Theologie und Ethik 61), Münster 2011, 204-219.

28 Zur Identifizierung der Versöhnungslehre als Zentrum der Theologie vgl. Hans Joachim Iwand, Zur Versöhnungslehre, in: ders., *Um den rechten Glauben. Gesammelte Aufsätze*, hg. v. Karl Gerhard Steck (ThB 9), München 1965, 214-221, 214.

29 *Aus Gottes Frieden leben* (Anm. 22), 28-56.

30 Vgl. Hans-Richard Reuter, Gerechter Frieden und „gerechter Krieg" als Themen der neuen Friedensdenkschrift der EKD, in: *epd-Dokumentation* 19/20 (2008), 36-43, 36.

31 *Aus Gottes Frieden leben* (Anm. 22), 57-79.

32 *Aus Gottes Frieden leben* (Anm. 22), 80-123.

des Rechtsgehorsams, zwischenstaatlich das Verbot des Angriffskrieges."[33] Theologische Rechtsethik knüpft beim Völkerrecht als *lex imperfecta* an. Sie wehrt sich allerdings entschieden gegen eine isolierte Rechtsethik, die so tut, als wäre mit der Positivität des Völkerrechts bereits über seine moralische Geltung bzw. Gültigkeit entschieden. An der Differenz von Legalität und Moralität wird festgehalten. Gleichwohl hält Rechtsethik am notwendigen, wenn auch nicht hinreichenden Bezug von Ethik auf das Recht fest.

Dem Leitgedanken der Friedensethik als Rechtsethik zufolge ist „eine globale Friedensordnung als Rechtsordnung"[34] in den Blick zu nehmen – also kein Weltstaat, den auch Iwand übrigens ordnungspolitisch ebenso entschieden ablehnt wie ökumenisch die „sichtbare[] Universalkirche".[35] Der rechtsethische Ansatz lenkt die Aufmerksamkeit im Rahmen des Völkerrechts auf die Rechtsinstitutionen als äußere Voraussetzungen eines gerechten Friedens: „Die Aushöhlung des geltenden Völkerrechts etwa durch das interventionistische Handeln der NATO (wie im Kosovokrieg) oder durch den hegemonistischen Unilaterialismus der USA (wie im Irakkrieg) wird folgerichtigerweise kritisiert."[36] Als globales ordnungspolitisches Modell wird dabei in Anlehnung an Immanuel Kants Schrift „Zum ewigen Frieden" (1795) eine kooperativ verfasste Weltordnung ohne Weltregierung anvisiert.[37] Bereits K. Barth sprach – Kants zweiten Definitivartikel[38] rezipierend – von der „Idee einer durch das Recht verbundenen Gemeinschaft freier Völker von freien Menschen".[39]

33 Wolfgang Lienemann, Notwendigkeit und Chancen der Gewaltfreiheit, in: Dieter Senghaas (Hg.), *Frieden machen*, Frankfurt a.M. 1997, 48-62, 51.

34 Hans-Richard Reuter, Gerechter Friede! – Gerechter Krieg?, in: *ZEE* 52 (2008), 163-168, 164.

35 Hans Joachim Iwand, *Das geschichtliche Phänomen* (Anm. 11), 120.

36 Wolfgang Huber, *Rückkehr* (Anm. 15), 126.

37 Zu den politisch-ethischen Bedingungen einer internationalen Friedensordnung gehören nach Hans-Richard Reuter (Frieden/Friedensethik, in: ders., *Recht und Frieden. Beiträge zur politischen Ethik* (ÖTh 28), Leipzig 2013, 28-37, 36f.): „a) Föderativer Zusammenschluss der Staaten auf der Grundlage des allgemeinen Gewaltverbots[;] b) Zunehmende Verwirklichung von Rechtsstaatlichkeit und Demokratie innerhalb der Staaten[;] c) Anerkennung der universellen Menschenrechte auf der Grundlage der gleichen Würde aller". Dort kursiv.

38 Immanuel Kant, Zum ewigen Frieden. Ein philosophischer Entwurf, B 31. In: Ders., *Werke IX: Schriften zur Anthropologie, Geschichtsphilosophie, Politik und Pädagogik. Erster Teil*, hg. von Wilhelm Weischedel, Darmstadt 1983, 208.

39 Karl Barth, Im Namen Gottes des Allmächtigen! (1941), in: ders., *Eine Schweizer Stimme 1938-1945*, Zürich 1985, 201-232, 209.

Doch auch Iwand rezipiert hier Kant im Gegensatz zu Hegel[40] positiv und zwar bereits hinsichtlich der Intention seines Königsberger Landmanns: „Was ihm [Kant] am Herzen liegt, ist [...] die prinzipielle Gewährleistung der Geltung moralischer Kategorien in der Politik, das heißt aber: der Friedensidee als der ideellen Basis aller rechtlichen Verhältnisse unter den Staaten."[41] Iwand sieht richtig, dass es Kant nicht einfach um das positive Recht geht, sondern um *das Recht*, also die Rechtsidee in ihrer befriedenden Funktion. Das Menschenrecht ist das entscheidende, dem sich Staat und Herrschaft subordinieren müssen:[42] „Kant liegt daran, die Übereinstimmung der Politik mit der Moral darzutun, wobei ihm nicht das positive, sondern das ‚Menschenrecht' an erster Stelle steht."[43] Iwand selbst spricht verschiedentlich vom „heiligen Menschenrecht",[44] vom „Recht des Miteinander-Lebens".[45] Iwand zitiert Kant affirmativ: „Das Recht dem Menschen muß heilig gehalten werden, der herrschenden Gewalt mag es auch noch so große Aufopferungen kosten. Man kann hier nicht halbieren und das Mittelding eines pragmatisch bedingten Rechts (zwischen Recht und Nutzen) aussinnen, sondern alle Politik muß ihre Knie vor dem ersteren beugen".[46] Iwand würdigt Kant dahingehend, „als Philosoph der Freiheit etwas von der Unbeugsamkeit des Propheten gegenüber denen bewiesen [zu haben], die den Staat jenseits von Gut und Böse gestellt sehen möchten."[47]

Iwand referiert nicht nur die Definitiv-, sondern auch die Präliminarartikel Kants, die nach Iwands Einschätzung „eine erstaunliche Gegenwartsnähe

---

40 Zur Iwands Hegel-Rezeption vgl. Edgar Thaidigsmann, Geschehene und aufgegebene Versöhnung. Die Stellung Hans Joachim Iwands zur Philosophie Hegels, in: ders., *Einsichten und Ausblicke. Theologische Studien*, hg. v. Johannes v. Lüpke (Studien zur systematischen Theologie und Ethik 61), Münster 2011, 49-62.

41 Hans Joachim Iwand, *Das geschichtliche Phänomen* (Anm. 11), 105.

42 Vgl. Wolfgang Lienemann, *Magna Carta* (Anm. 1), 90.

43 Hans Joachim Iwand, *Das geschichtliche Phänomen* (Anm. 11), 105.

44 A.a.O., 115.

45 Ebd. Vgl. Hans Joachim Iwand, Über das Zusammenleben in einer Welt widerstreitender Ideologien und politischer und wirtschaftlicher Systeme (1956), in: *FO*, 138-152, 150: „Jeder Versuch, die Menschenrechte innerhalb des politischen Systems zu wahren und sie nicht der Macht als solcher auszuliefern, führt zur Toleranz." Für „Macht ohne Recht" – dafür steht Pilatus. So Hans Joachim Iwand, Kirche und Öffentlichkeit, in: ders., *Nachgelassene Werke Bd. 2. Vorträge und Aufsätze*, hg. v. Dieter Schellong / Karl Gerhard Steck, München 1966, 11-45, 33.

46 Immanuel Kant, *Zum ewigen Frieden* (Anm. 38), B 97f.

47 Hans Joachim Iwand, *Das geschichtliche Phänomen* (Anm. 11), 106.

in unsrer friedlosen Epoche haben",[48] um abschließend festzuhalten: „Frieden setzt gemeinsame Normen der Gerechtigkeit und der Menschlichkeit in den Partnern voraus. Allein auf einem Föderativsystem freier Staaten kann das den Frieden verbürgende ‚Völkerrecht' gegründet sein. Was das Sittengesetz für den einzelnen, ist die Staatsidee in ihrem ideellen Sinne für das Ganze. So ist in der Kantschen Staatsidee die Einheit von Recht und Frieden, von Menschenrecht und Völkerfrieden verteidigt und damit jene alte augustinisch-biblische Harmonie von Frieden und Gerechtigkeit in neuem Gewande vorgetragen."[49] Dass Iwand der Kantschen Friedenstheorie mit der Leitidee des Friedens durch Recht affirmativ gegenüber stand, scheint mir ausgemacht zu sein. In seiner Rundfunkansprache „Die Lebensfrage von heute – der Friede" vom 20.3.1960 im Deutschlandfunk heißt es: „Wir müssen diesen allgemeinen Völkerfrieden anstreben, wenn wir leben sollen".[50]

Iwand konnte Kant freilich auch kritisieren: „Wir können [...] nicht einfach zu Kant zurück – es ist sicher, daß in seiner Auffassung etwas fehlt."[51] Iwands Bewusstsein von dem, was (bei Kant) fehlt,[52] bezieht sich – so vermute ich – auf jene moral- und rechttheoretische Aporie, die Wolfgang Lienemann einmal wie folgt umschrieben hat: „Die strenge Vernunftbegründung des Rechts [hat] sehr wohl ihren guten und notwendigen Sinn (zum Beispiel

48 Ebd.

49 A.a.O., 107. Zum Verhältnis von Recht und Gerechtigkeit („der Gerechtigkeit Gottes und dem irdischen Recht") bemerkt Iwand (*Kirche und Öffentlichkeit* [Anm. 45], 43): „So wie Staat und Kirche als Zeichen dessen, daß die Erlösung noch nicht Ereignis geworden ist, nebeneinander existieren müssen – ohne ineinander aufzugehen –, so muß auch Gerechtigkeit und Recht neben- und übereinander stehen, damit das Recht bleibt und unter ihm die Guten ihren Schutz und die Bösen ihre Strafen haben. Was Gott in seiner Gerechtigkeit tut und tun kann, das eben kann der Mensch nicht tun. Gerechtigkeit, letzte, gültige Gerechtigkeit kann er nicht verwirklichen, Gerechtigkeit bleibt ein Prädikat der kommenden Welt, und weil sie das bleibt, darum darf der Gute sicher sein, daß er seinen Lohn empfangen wird von dem Vater, der das Verborgene sieht, auch dann, wenn er auf Erden ein Opfer der menschlichen Ungerechtigkeit wird, Und ebenso darum, weil Gott gerecht ist, die Welt gewiß sein, daß der Böse seine Strafe empfangen wird, dann auch, wenn er seinem irdischen Richter entgeht, und auch da, wo irdische Gerichte nicht hinreichen, um das Maß der Untaten zu sühnen. Jesus Christus heißt nicht umsonst der Weltenrichter, ihm laufen sie alle in die Arme, auch die, die ihn nicht kennen willen und ihn verachten. Das gibt uns die große Gelassenheit und verwehrt uns, nach Vergeltung zu schreien."

50 Hans Joachim Iwand, *Die Lebensfrage von heute* (Anm. 12), 318.

51 Hans Joachim Iwand, *Das geschichtliche Phänomen* (Anm. 11), 109.

52 Vgl. Michael Reder / Josef Schmidt (Hg.), *„Ein Bewußtsein von dem, was fehlt". Eine Diskussion mit Jürgen Habermas*, Frankfurt a.M. 2008.

in einer säkularen Gesellschaft), aber die Gründung des Zusammenlebens der Menschen bloß auf ihr aufgeklärtes Eigeninteresse ist zu wenig, weil dies den Andern eben nur als anderen Egoisten wahrnimmt, nicht aber als Rechtsgenossen (und das heißt auch: Zeitgenossen) und gemeinsam Schutzbedürftigen, der genauso wie ich auf Erbarmen und Solidarität angewiesen ist, um recht leben zu können."[53]

Iwand würde wohl sagen: Wir sind auf Versöhnung angewiesen, um recht leben zu können. Der Imperativ der Moral, das einzige Faktum der Vernunft, das man nach Kant nicht aus vorhergehenden Daten der Vernunft ableiten kann, weil es „sich für sich selbst uns aufdrängt als synthetischer Satz a priori",[54] setzt bei Lichte betrachtet, gegebene Kulturen praktischer Vernunft voraus,[55] „communities", die erfahren sind in ihrem Gebrauch. Für Iwand ist die Kirche eine solche. Das Staatsrecht mag durch die Vertragsfiktion legitimiert werden, es mag zutreffen – mit Kant gesprochen –, dass „[d]as Problem der Staatserrichtung [...], so hart wie es auch klingt, selbst für ein Volk von Teufeln (wenn sie nur Verstand haben) auflösbar"[56] ist, für das rechte und das heißt nach Iwand für das versöhnte Zusammenleben ist es aber zu wenig, da „wirkliche Versöhnung zwischen (ehemaligen) Feinden vermutlich das (blosse) Vermögen der praktischen Vernunft übersteigt."[57] Deshalb ist die Rechtsethik für Iwand zwar ein notwendiges, aber nicht hinreichendes Implikat der Friedensethik. Friedensethik will als Versöhnungsethik expliziert werden[58] und beinhaltet dann als solche ein theologisch indispensibles „Surplus" gegenüber der Rechtsethik.

---

53 Wolfgang Lienemann, Gewalt, Macht, Recht. Gewaltprävention und Rechtsentwicklung nach Karl Barth, in: *ZDTh* 17 (2001), 153-169, 164.

54 Immanuel Kant, Kritik der praktischen Vernunft, A 56, in: Ders., *Werke VI: Schriften zur Ethik und Religionsphilosophie. Erster Teil*, hg. von Wilhelm Weischedel, Darmstadt 1983, 141.

55 Vgl. Jürgen Habermas, *Faktizität und Geltung. Beiträge zu einer Diskurstheorie des Rechts und des demokratischen Rechtsstaats*, Frankfurt a.M. ^{5}1997, 17: „[A]n die Stelle der praktischen Vernunft tritt die kommunikative."

56 Immanuel Kant, *Zum ewigen Frieden* (Anm. 38), B 61.

57 Wolfgang Lienemann, *Gewalt, Macht, Recht* (Anm. 53), 165.

58 So auch nachdrücklich Georg Plasger, *Frieden als Dienst der Versöhnung* (Anm. 1), 145.

3. Ekklesio- bzw. gemeindeethische Impulse Iwands: Der Dienst der Gemeinde als Dienst der Versöhnung

Damit bin ich nun bei der Versöhnungslehre angekommen und ich möchte gleich zu Beginn betonen, dass die Versöhnungsethik Iwands eine offenkundig gemeinde- bzw. kirchlich-ethische Pointe besitzt. Denn der Aufruf zur Versöhnung erfolgt durch niemand anderen als die Gemeinde. Dieser Umstand setzt die Versöhnungsethik Iwands m.E. in eine nicht zu leugnende Nähe zum sog. „kirchlichen Kommunitarismus",[59] d.h. in die Nähe solcher theologischen Entwürfe, wie sie etwa John Howard Yoder oder Stanley Hauerwas vorgelegt haben. Hans Ulrich hat darauf treffend hingewiesen.[60]

Ich möchte diese Ausgangsthese belegen. Nicht umsonst beginnt Iwand in seinem Entwurf des „Darmstädter Wortes" (1947) ganz prononciert bei der Gemeinde: „Die Gemeinde Jesu Christi ist die Gemeinde derer, die das Wort von der Versöhnung der Welt mit Gott in Christus hören, annehmen und tun."[61] Der Dienst der Gemeinde ist der „Dienst der Versöhnung",[62] so heißt es dort programmatisch.

Und Iwand bemüht die reiche biblische Metaphorik, um von der Gemeinde angemessen zu reden. Er nennt sie mit der Bergpredigt „die Stadt, die auf dem Berge liegt" (Mt 5,14), oder auch in seinem Vortrag „Kirche und Öffentlichkeit" „die Stadt in den Wolken",[63] „die Stätte des Friedens, der von

59 Vgl. Marco Hofheinz, Urteilen im Raum der Kirche. Theologische Einsichten des sog. „kirchlichen Kommunitarismus", in: Ingrid Schoberth / Christoph Wiesinger (Hg.), *Urteilen lernen III – Räume des Urteilens in der Reflexion, in der Schule und in religiöser Bildung*, Göttingen 2015, 43-67.

60 Hans G. Ulrich, Theologie als kritisches Zeugnis, in: Christian Neddens / Gerard C. den Hertog (Hg.), Über das Zusammenleben in einer Welt. Grenzüberschreitende Anstöße Hans Joachim Iwands, Gütersloh 2014, 117-128, 128.

61 Hans Joachim Iwand, Entwurf zum Darmstädter Wort (1947), in: *FO*, 18-22, 20 (These 1).

62 Ebd. Vgl. zum Dienst der Kirche: Hans Joachim Iwand, *Zur Versöhnungslehre* (Anm. 28), 217: „Wie die Sonne nicht aufgehen kann, ohne daß ihre Strahlen über die Erde laufen, so hat Gott mit der Tat der Versöhnung auch das Amt der Versöhnung gesetzt. Das ist der Dienst der Kirche. Was auch immer in der Kirche geschieht, es sollte nichts anderes sein als die Fortsetzung dieses Ereignisses dieser unerhörten Gottesnähe und Gottesfreundlichkeit, wie sie in Jesus Christus ein-für-allemal Wirklichkeit geworden ist. Diese Sonne sollte nimmermehr untergehen. Das, was geschah, da Gott in Jesus Christus die Welt mit sich versöhnte, indem ‚er uns die Sünden nicht anrechnete', sollte allerorten geschehen, wo das Wort von der Versöhnung, das heißt wo die Versöhnung in der Kraft des Wortes Gottes verkündet wird."

63 Hans Joachim Iwand, *Kirche und Öffentlichkeit* (Anm. 45), 29.

oben her ist".[64] „The Church as Polis"[65] – lautet dementsprechend die Programmatik Stanley Hauerwas'. Für Iwand ist die Gemeinde die Heimstätte dessen, was als „Toleranz" bezeichnet zu werden verdient, und Iwand scheint in seiner zeitgenössischen Kritik nicht weniger „griffig" zu sein als Stanley Hauerwas in seiner bisweilen recht maßlosen Liberalismuskritik: „Die Idee der Toleranz findet dort keine Heimstätte mehr, wo sie eigentlich entdeckt worden ist, weder bei den politischen Parteien noch im gesellschaftlichen Denken der Gegenwart, wo in der Gemeinde Jesu Christi das Gegensatz-Denken von Freund und Feind überwunden ist, weil dort ein Wissen waltet, daß in Jesus Christus – ich muß das schon direkt sagen – der Unterschied aufgehoben ist zwischen Grieche und Barbar, zwischen Herr und Knecht, zwischen arm und reich, zwischen Mann und Frau [Gal 3,28]".[66]

Ähnlich wie der Mennonit John H. Yoder betont Iwand gegen Christianisierungsstrategien, die eben nicht in einer Christianisierung der Welt, sondern einer Verweltlichung des Christentums münden, die Valenz der „kleinen Schar":[67] „Sie [die Christenheit] muß begreifen, daß die Verheißung Gottes bei der kleinen Schar ist, bei dem geringen Haufen, daß nicht die Majorität, sondern seltsamerweise die Minorität das Geschehen bestimmt. Daß die Wahrheit umso stärker, umso reiner und bezwingender ist, je schwächer die sind, die sie bezeugen, das ist das Geheimnis des Kreuzes: daß Gott nicht mit den starken Battaillonen ist und daß, je mächtiger sich die Gewalt aufspielt, sie desto weniger Glaube findet."[68]

Die Gemeinde soll indes nach Iwand nicht im Ghetto ekklesialer Selbstbetrachtung enden. Anstatt solipsistisch auf sich bezogen, soll sie vielmehr weltbezogen leben und zwar beispielhaft-vorbildlich in und so proexistent für die Welt. Der Ausrichtung „nach innen" korrespondiert ihre Ausrichtung

---

64 A.a.O., 40.

65 Vgl. Stanley Hauerwas, *In Good Company. The Church as Polis*, Notre Dame 1995; Arne Rasmusson, *The Church as Polis. From Political Theology to Theological Politics as Exemplified by Jürgen Moltmann and Stanley Hauerwas*, Notre Dame (Indiana) 1995. Fernerhin: Marco Hofheinz, Kirche als „Society of Friends". Überraschende freundschaftsekklesiologische Koinzidenzen bei Jürgen Moltmann und Stanley Hauerwas, in: Marco Hofheinz u.a. (Hg.), *Freundschaft. Zur Aktualität eines traditionsreichen Begriffs*, Zürich 2014, 153-205.

66 Hans Joachim Iwand, Die Teilung zwischen Ost und West als Anfechtung des Geistes (1952), in: *FO*, 76-90, 84.

67 Vgl. z.B. John H. Yoder, *The Royal Priesthood. Essays Ecclesiological and Ecumenical*, hg. v. Michael G. Cartwright, Grand Rapids 1994, 174f.

68 Hans Joachim Iwand, *Die Teilung* (Anm. 66), 86.

„nach außen". Dieses Zugleich ist Implikat ihrer Exemplarität: „Nicht darin wird die Aufgabe der Christenheit bestehen, ein neues Programm zu entwickeln für die Gesellschaftsordnung des Lebens, sozusagen mit einem christlichen Programm zu konkurrieren mit den anderen Programmen, die von den rivalisierenden Gruppen und Parteien aufgestellt werden, sondern darin wird ihre Aufgabe bestehen, da, wo sie als Gemeinde lebt, ein Beispiel zu geben dieser echten Gemeinschaft und Bruderschaft."[69] Explizit spricht sich Iwand gegen eine Konventikelethik aus. Im Brief an Josef Hromádka, seinem „theologischen Testament" (Bertold Klappert), benennt Iwand dies als Lehre aus dem Kirchenkampf und als Erbe der Bekennenden Kirche: „Man wird kein allgemeines Gesetz darüber aufstellen können, aber in concreto, und wenn ich rückblickend sehe, wie man die Bekennende Kirche zermürbte, um sich den Weg zu dem freizukämpfen, was man dann Krieg nannte und was schlimmer war als ein normaler Krieg, dann ist mir klar, daß die Kirche sich nicht soweit privatisieren lassen darf, daß die großen Fragen sozialer Gerechtigkeit, Krieg und Frieden, Völkerrecht und Völkergemeinschaft sie nicht mehr tangieren."[70] Iwand spricht von *„eine[m] großen Kampf* der Christenheit, um den Frieden zu gewinnen und das Recht wieder in Kraft zu setzen."[71]

Es wäre geradezu bösartig behaupten zu wollen, dass sich Iwands Theologie in einer memorierenden Binnensemantik erschöpft: „[S]o ist der Rückzug ins fromme Konventikel der Rückzug der Gemeinde. Solche Rückzüge hat es immer wieder gegeben, sie sind ein Zeichen des Versagens der Kirche, niemals ein Zeichen ihrer Treue. [...] Diese in sich selbst zufriedene Gemeinde ist nichts anderes, als das dumm gewordene Salz, mit dem man nichts mehr salzen kann, daß ihre Gerechtigkeit ihr nur gegeben ist, um anderen geschenkt zu werden, so wie sie selbst diese Gerechtigkeit aus lauter Gnaden empfangen hat."[72] Der Weltbezug der Kirche entspricht der univer-

69 Hans Joachim Iwand, *Kirche und Öffentlichkeit* (Anm. 45), 27.

70 Hans Joachim Iwand, *Antwort* (Anm. 22), 209.

71 Hans Joachim Iwand, *Entwurf eines Friedenswortes* (Anm. 7), 42.

72 Hans Joachim Iwand, *Kirche und Öffentlichkeit* (Anm. 45), 39f. In Iwands Theologie geht die Ekklesiologie immer mit einer Kritik an der real existierenden, sichtbaren Gemeinde einhergeht. Seine Ekklesiologie ist m.a.W. nicht die eines satten, selbstzufriedenen „ecclesia habemus", das sich selbst glorifiziert. Iwand mokiert sich regelrecht über „jenes über den Dingen schwebende, sie von hinterher verklärende, glorifizierende, rechtfertigende Gerede der Kirche, das uns in den vergangenen Jahren so zum Ekel geworden ist. Denn die Kirche müßte doch die Stelle sein, wo dieser böse und sinnlose Spuk zerstieben könnte, den die blinden Blindenführer mit ihren Völkern treiben. Hier *könnte* der Blitz aufflam-

salen Herrschaft Jesu Christi: „Jesus Christus ist eben nicht nur Haupt der Kirche, die sein Leib ist, sondern er ist zugleich Herr der Welt, und er ist Herr der Welt in dem Sinne, daß in seinem Blute Frieden gemacht worden ist zwischen Gott und den Menschen."[73]

Immer wieder verweist Iwand auf das universale Versöhnungsgeschehen: „[D]er Welt, nicht nur der Kirche gilt die Versöhnung. Es heißt nicht: Gott war es, der in Christus die Kirche reinigte, sondern es heißt: der die Welt mit sich versöhnte. Das bedeutet, daß die Versöhnung all denen zukommt, die dieser verlorenen und entstellten Welt angehören und verhaftet sind."[74]

Die Universalität der Herrschaft Jesu Christi ist nach Iwand immer *konkrete* Universalität, d.h. sie schließt die Partikularität der christlichen Gemeinde keineswegs aus, sondern ein. Die Gemeinde, die im „Dienst der Versöhnung" steht, die das Wort von der Versöhnung der Welt mit Gott in Christus hört, annimmt und tut, ist die Keimzelle der Erneuerung der Welt. Von dort ausgehend, beginnt die Verbreitung der Friedensbotschaft: „Diese Gemeinschaft der Heiligen, in der die Vergebung geübt wird, als das innerste Band ihrer Gemeinschaft, ist die Gemeinde. Wo eine solche Gemeinde existiert, da ist Friede. Die Gemeinde Gottes in der Welt ist selbst die Darstellung des Neuen, das mit Jesus Christus seinen Anfang genommen hat. [...] Sie ist die Mitte, von der aus die Erneuerung der Welt ausgeht".[75]

Auch bei Stanley Hauerwas findet sich dieser Gedanke. Wie so oft, leitet er ihn mit einer „story" ein: „‚A Modest Proposal for Peace: Let the Christians of the World Agree That They Will Not Kill One Another.' So reads

men, der die Welt vom Aufgang bis zum Niedergang, der Orient und Okzident in das helle und durchsichtige Licht der Rettung und Erkenntnis stellt. [Aber:] Auch in die große, göttliche Verheißung liegt." Hans Joachim Iwand, *Du sollst nicht töten* (Anm. 4), 458f.

73 Hans Joachim Iwand, *Kirche und Öffentlichkeit* (Anm. 45), 41. Iwand definiert die Gemeinde des Herrn als eine „Lebensform, in der wir leben können, eine Gestalt des Daseins, die mitten in der Welt Gottes ist" (a.a.O., 25).

74 Hans Joachim Iwand, *Zur Versöhnungslehre* (Anm. 28), 219. Vgl. Hans Joachim Iwand, Predigt zu 2. Kor. 5,19-21, in: ders., *Nachgelassene Werke Bd. 3. Ausgewählte Predigten*, hg. v. Hans Helmut Eßer / Helmut Gollwitzer, München 1963, 278-287, 280: „In diesem Jesus Christus greift Gott selber ein. Er will die Welt davon überführen, daß die Gerechtigkeit und der Friede bei ihm liegt. Daß er sie sucht, auch wenn sie ihn längst vergessen hat. Daß er sie sucht, auch wenn sie meint, sie sei ganz fern und ganz gottlos geworden. [...]Gott und die Welt, die sonst nicht zueinander kommen können, begegnen sich hier und begegnen sich so, daß die Welt mit Gott versöhnt wird. Das ist das Große, das ist es, was Karfreitag bezeugt!" Vgl. dazu: Bertold Klappert, *Versöhnung, Reich Gottes und Gesellschaft* (Anm. 1), 341-353.

75 Hans Joachim Iwand, *Kirche und Öffentlichkeit* (Anm. 45), 25.

the poster and postcards distributed by the Mennonite Central Committee. I have the poster on my office door at the Divinity School. Occasionally I have notes slipped under the door that say, ‚How dare you – why should Christians only refrain from killing other Christians? This is just another example of Christian self-centeredness.‘ Sometimes someone will even knock and challenge me with the same sort of statements. My response is always the same: ‚I agree that it would certainly be a good thing for Christians to stop killing anyone, but you have to start somewhere.‘„[76]

Was die Vermittlung von Partikularität und Universalität betrifft, heißt es bei Iwand ganz ähnlich: „Nicht die Rettung der Welt ist die Aufgabe der Christenheit, sondern die Rettung der Christenheit ist die Rettung der Welt. Darum rufen wir alle, die es zu glauben vermögen: Bezeugt die wohltätige und befreiende Herrschaft Jesu Christi im Dienst an seiner ganzen Schöpfung.“[77]

Hauerwas und Yoder sind beide radikale Pazifisten in der Tradition der Historischen Friedenskirchen. Für Iwand gilt dies gewiß nicht. Er hat im Unterschied zu seinen Freunden Ernst Wolf und Heinz Kloppenburg auch nicht an den Puidoux-Konferenzen[78] zwischen den Landeskirchen und den traditionellen Friedenskirchen teilgenommen. Und als radikale Pazifisten[79] standen Iwand wohl eher Tolstoi und Gandhi vor Augen.[80] Darauf kann man aus seiner Bergpredigt-Auslegung schließen. Iwand, der von sich selbst auf der Prager Friedenskonferenz[81] sagte: „Ich bin nicht von Haus aus […] ein

76 Stanley Hauerwas, *Unleashing the Scripture. Freeing the Bible from Captivity to America*, Nashville 1993, 63.

77 Hans Joachim Iwand, *Entwurf zum Darmstädter Wort* (Anm. 61), 21 (These 7). Vgl. Hans Joachim Iwand, *Predigt-Meditationen*, Göttingen 1963, 553. „Aber nun, *da es so ist*, da im Wort von der Versöhnung die Tat der Versöhnung von Gott her in Geltung gesetzt ist, wäre es umgekehrt ein böser, glaubensloser und ungeheurer Pessimismus, dieses Wort nicht bis an die Ende der Welt auszubreiten und mit ihm die Welt durch die Gemeinde zur Versöhnung aufzurufen.“

78 Vgl. Donald F. Durnbaugh (Hg.), *On Earth Peace. Discussions on War/Peace Issues Between Friends, Mennonites, Brethren and European Churches 1935-1975*, Elgin 1978; Fernando Enns, *Friedenskirche in der Ökumene. Mennonitische Wurzeln einer Ethik der Gewaltfreiheit* (KKR 46), Göttingen 2003, 223-235.

79 Vgl. Marco Hofheinz, Radikaler Pazifismus, in: Ines-Jacqueline Werkner / Klaus Ebeling (Hg.), *Handbuch Friedensethik*, Wiesbaden 2016, 411-430.

80 Vgl. Bertold Klappert, *„Wer seinen Bruder Atheist nennt“* (Anm. 1), 135.

81 Vgl. zur Prager Friedenskonferenz Wolfgang Lienemann, *Frieden* (Anm. 3), 143-145.

Pazifist",[82] konnte aber feststellen: „Der in christlichen Kreisen geführte Kampf gegen Pazifisten als Schwärmer, das heißt unrealistisch denkende, weil das Böse und Unerlöste in der Welt übersehende Menschen, ist dumm und längst sachlich als verkehrt erwiesen."[83]

Diese Wertschätzung zeugt von Iwands Friedensdenken im Horizont der Ökumene. Und Iwands Vermittlungsgedanke von Partikularität und Universalität kehrt – wie nicht verwundern wird – auch auf ökumenischer Ebene wieder: In der Ökumene – so der Leitgedanke – gilt es die Einheit der Menschheit in der Einheit der Christenheit zu repräsentieren. Indem sich die Gemeinde Gottes „aus allen Rassen und Nationen"[84] zusammensetzt, die als Christenmenschen bzw. Glieder der Kirche zusammentreten, geschieht in ihr exemplarisch heute schon das, was am Ende der Tage allerorten geschehen wird: Die Begegnung der Kirchen nimmt die Begegnung der Völker vorweg.[85] Insofern kann Iwand konstatieren: „Die ökumenische Arbeit ist [...] Friedensarbeit. Wenn sie das nicht ist, ist sie nicht mehr ökumenische Arbeit. Eins dreht sich um das andere. Wenn die Ökumenizität nicht mehr bedeutet, daß hier die Einheit der Menschheit in der Einheit der Christenheit geglaubt, gelebt und bekannt wird, dann ist das keine Ökumenizität. Und das ist für mich die Rechtfertigung der Mitarbeit der Christen an der Friedensarbeit."[86] Pointiert formuliert: Ohne die kleine Ökumene der Kirchen wird es Iwand zufolge die große Ökumene der Völker nicht geben.

82 Hans Joachim Iwand, *Die Verantwortung und die Aufgabe der Christen in der heutigen internationalen Situation* (Anm. 4), 182. Vgl. Bertold Klappert, *„Wer seinen Bruder Atheist nennt"* (Anm. 1) 134. Iwand vertrat in den 1950er Jahren einen „konkreten, situationsbezogenen Pazifismus". So treffend Bertold Klappert, *„Wer seinen Bruder Atheist nennt"* (Anm. 1), 135; Wolfgang Lienemann, *Magna Carta* (Anm. 1), 87.

83 Hans Joachim Iwand, Geistige Entscheidungen und die Politik (1958), in: *FO*, 159-175, 172. Der „Schwärmer"-Vorwurf, mit dem Iwand selbst belegt wurde, hat ihm sehr zu schaffen gemacht. So Wolfgang Lienemann, *Magna Carta* (Anm. 1), 79. Vgl. Jürgen Seim, *Hans Joachim Iwand. Eine Biografie*, Gütersloh ²1999, 522-526.

84 Hans Joachim Iwand, *Kirche und Öffentlichkeit* (Anm. 45), 35.

85 Vgl. Hans Joachim Iwand, Besuch bei der Christenheit in der Sowjet-Union (1955), in: *FO*, 125-128, 128. Ähnlich ders., Über das Zusammenleben in einer Welt widerstreitender Ideologien und politischer und wirtschaftlicher Systeme (Anm. 45), 147.

86 Hans Joachim Iwand, *Die Verantwortung und die Aufgabe der Christen in der heutigen internationalen Situation* (Anm. 4), 187.

4. Versöhnungsethische Impulse. Die versöhnungstheologische „Grammatik" der Friedensethik Iwands

4.1. Die Welt als versöhnt sehen lernen. Die Wahrnehmung der Wirklichkeit

Seit einigen Jahrzehnten schon sind die moralphilosophischen Diskurse von dem Wissen darum geprägt, dass Ethik keineswegs nur nach der Begründung von Werten, Normen oder Prinzipien zu fragen hat. Bereits Aristoteles machte in seiner „Nikomachischen Ethik" darauf aufmerksam: „Die Entscheidung liegt in der Wahrnehmung."[87] Mehr als 2000 Jahre später bemerkt die bekannte amerikanische Moralphilosophin Martha C. Nussbaum: „Moral knowledge [...] is not simply intellectual grasp of propositions; it is not even simply intellectual grasp of particular facts; it is perception."[88] Alle ethische Urteilsbildung beginnt mit der Wahrnehmung.[89] Stanley Hauerwas weist darauf hin, dass bereits die Wahrnehmung einer bestimmten Situation und die damit erfolgende Konstituierung eines Sachverhalts ein genuin ethischer und kein vorethischer Akt sei, so dass ethisches Fragen bereits im Bereich der Wahrnehmung anzusetzen habe: „[T]he primary ethical question is not, What ought I now to do? but rather, How does the world really look?"[90]

Bei dieser Frage setzt, wenn ich es richtig sehe, auch die Versöhnungsethik Iwands an. Es geht ihm um die Wahrnehmung der Welt als einer in Christus mit Gott versöhnten Wirklichkeit: „Die Wirklichkeit sehen, wie sie ist, das hieße, die Welt vom Kreuze Christi sehen. Die in der Versöhnung und in der Botschaft von der Versöhnung (diese Doppelheit bildet die Einheit der Tat Gottes in Jesus Christus) kundgemachte Wirklichkeit duldet kein zweites Bild neben sich."[91] Iwand reklamiert für die versöhnungstheologische Sicht der Wirklichkeit einen höheren Anspruch auf Wahrheit, als ihn empirisch-

---

87 Aristoteles, Nik. Eth. 1109 b 23.

88 Martha C. Nussbaum, „Finely Aware and Richly Responsible." Moral Attention and the Moral Task of Literature, in: *JPh* 82 (1985), 516-529, 521.

89 Vgl. Marco Hofheinz, *Gezeugt, nicht gemacht. In-vitro-Fertilisation in theologischer Perspektive* (Ethik im Theologischen Diskurs / Ethics in Theological Discourse 15), Münster 2008, 108-118.

90 Stanley Hauerwas / William H. Willimon, *Resident Aliens. Life in the Christian Colony*, Nashville (Tennessee) 1989, 88.

91 Hans Joachim Iwand, *Predigt-Meditationen* (Anm. 77), 550.

wissenschaftliche Erkenntnis formuliert. Aus der Perspektive des Glaubens stellt sich die Wirklichkeit anders dar, weshalb die Theologie in einen Streit um die zutreffende Wirklichkeitsdeutung einzutreten hat: „Der Glaube sieht die Dinge anders."[92] Genauer: „[D]er Karfreitagsglaube sieht zwar, wie es um die Welt steht, aber er glaubt nicht dem, den er da sieht, er glaubt allein das, was Gott in Christus getan hat."[93] Iwand weiß darum, dass dies als „Narretei" eingeschätzt wird[94] – als Narretei derjenigen, deren Ehrgeiz – mit Shakespeare gesprochen – „auf eine bunte Jacke geht".[95]

Und der Iwandsche Versöhnungsrealismus wirkt ja auch provozierend. Einerseits sprachpragmatisch, weil er sich so kämpferisch und streitlustig, also alles andere als irenisch gibt und man bisweilen im Blick auf seinen sprachlichen Gestus und die scharfe Prononcierung des Perfektums der Versöhnung den Eindruck eines performativen Widerspruchs gewinnt. Andererseits wirkt Iwands Versöhnungsrealismus epistemologisch darum so provozierend, weil er im Streit um die zutreffende Wirklichkeitsdeutung den theologischen Wahrheitsanspruch ja nicht in einem positivistisch-wissenschaftstheoretischen Sinne verifizieren kann. Er vermag ja nur eschatologisch in Aussicht gestellt und im „Dienst der Versöhnung" antizipatorisch bezeugt zu werden.[96]

Kurzum: Insbesondere der Triumphalismus, mit dem Iwand über den Sieg am Kreuz spricht, mutet kontrafaktisch und weil kontrafaktisch deshalb auch als kontraindiziert an. Nimmt also Iwand – salopp gefragt – nicht den Mund zu voll, wenn er theologisch steil Faktizitäten reklamiert: „In der Versöhnungstat Gottes in Jesus Christus haben Sünde, Tod und alle satanischen Mächte den Realgrund ihrer Existenz verloren. Daher: defectus non est in re! Man könnte geradezu sagen (wenn es nicht ontologisch mißverstanden

---

92 Hans Joachim Iwand, *Zur religiösen Lage* (Anm. 26), 29.

93 Hans Joachim Iwand, *Predigt zu 2. Kor. 5,19-21* (Anm. 74), 281.

94 Vgl. Hans Joachim Iwand, *Deutschland zwischen Weiß und Rot* (Anm. 17), 74: „Jawohl, wir sind ‚allesamt' einer. Alle unsere Gegensätze sind relativ, alle Entweder-Oder lassen sich auflösen in ein fruchtbares Miteinander. Wenn wir das einmal *glauben* würden – und zwar glauben um der Jesus vor uns stehenden Versöhnung mit Gott willen –, dann würden wir die Welt anders sehen. Das Gesicht der Welt, auch der politischen, ist immer ein Spiegel dessen, der sie ansieht. Nicht zufällig läßt Dostojewski Jesus als Idioten durch die moderne Gesellschaft gehen. Der ‚Narr in Christo'."

95 Vgl. Eberhard Jüngel, *… ein bißchen meschugge … Predigten und biblische Besinnungen V*, Stuttgart 2001, 7.145.

96 Vgl. Martin Hoffmann, Der Anspruch der Kreuzestheologie. Am Beispiel Hans Joachim Iwands, in: *GuL* 11 (1996), 138-149, 139.

würde): sie haben keinen Seinsgrund mehr im Kosmos. Niemand kann im Ernst an die Realität Gottes und an die jener entgöttlichten Mächte zugleich glauben. Entweder Gott bestimmt mit seiner Versöhnungstat in Christo die Welt, dann haben diese Mächte der Sünde und des Todes keinen Anspruch auf Realität bzw. was sie an Realität noch haben, verdanken sie unserem Unglauben; oder sie sind real, sie machen den Realitätsgrund dieser Welt aus, dann hat Gott keine Realität, dann ist er weder unser Schöpfer noch unser Versöhner noch Erlöser, sondern nur noch ein Gegenstand, eine hypostasierte Größe des frommen Bewußtseins"?[97]

Gleichsam mantrahaft betont Iwand: Der Satan ist gestürzt![98] Die Mächte des Bösen sind überwunden, endgültig von Gott besiegt.[99] Dieser Zustand sei nur leider noch nicht offenbar und ins Bewusstsein aller getreten, weshalb die Gemeinde dieses Kundtun, dieses Entmythologisieren der Mächte, diese Aufklärung über die wahren Herrschaftsverhältnisse als Dienst der Versöhnung zu leisten habe. In der Wahrnehmung dieses Dienstes nehme die Christenschar teil am Triumphmarsch des Evangeliums: „Botschafter der *freien* Gnade Gottes sein, aus dieser Freiheit der Welt und Gebundenheit Gott gegenüber die Versöhnungstat Gottes proklamieren (5,20ff.), heißt nun aber teilnehmen (mehr nicht, aber dies immerhin) an dem Triumphzuge, den das Evangelium und somit Gott selbst in seinem Wort durch die Welt angetreten hat."[100]

Der Triumphalismus besitzt zweifellos eine Stärke, indem er uns die Wirkmächtigkeit usurpatorischer und lügenhafter Existenz vor Augen führt: „Alle Panzer, Flugzeuge und Bomben sind nichts ohne den Geist, der sie

---

97 Hans Joachim Iwand, *Predigt-Meditationen* (Anm. 77), 549. Vgl. ders., *Du sollst nicht töten* (Anm. 4), 458: „Was ist in solcher Lage Traum, und was ist Wirklichkeit? Wirklichkeit ist eigentlich nur in einem, in Jesus Christus, und wir alle leben in unserer gefährlichen Traumwelt, bevor sein Ruf uns nicht geweckt und seine Hand uns nicht aus diesem Totenreich herausgeholt hat."

98 Hans Joachim Iwand, *Kirche und Öffentlichkeit* (Anm. 45), 15.

99 A.a.O., 42.

100 Hans Joachim Iwand, *Predigt-Meditationen* (Anm. 77), 187f. Vgl. ders., *Die Verantwortung und die Aufgabe der Christen in der heutigen internationalen Situation* (Anm. 4), 197: „Die Entscheidung ist gefallen, nicht von uns aus, sondern von Gott aus, über *alle* Menschen und *für* alle Menschen. Wir sind Hoffende, Mitarbeitende, Mitwirkende am Frieden, weil wir wissen: Der Satan ist besiegt, die Welt steht offen für eine neue Ordnung, und wir können sie zeichenhaft vorwegnehmen. Wenn wir in Liebe und Vertrauen zueinander stehen, dann wird das ein Anfang sein. Wir werden eine neue Sprache sprechen finden – nicht die der gespaltenen Menschheit –, in der wir uns im Letzten verstehen."

in Bewegung setzt."[101] Zugleich birgt der Triumphalismus jedoch auch eine Gefahr, die darin besteht, „daß die Realität des Bösen vielleicht doch unterschätzt wird, wenn man nur seine lügenhafte Seite betrachtet. Es hat doch auch eine ganz reale, physische."[102]

Dieser Einwand kann indes zumindest partiell dadurch entkräftet werden, dass Iwand – bei Lichte betrachtet – keineswegs einem Enthusiasmus erliegt, wie das konjunktivische „eigentlich" in der folgenden Formulierung Iwands zeigt: „Eigentlich müßte, wenn wir den Apostel recht verstehen, der Karfreitag der große Freudentag der Welt sein, wir dürfen uns gar nicht versammeln hinter verschlossenen Türen, sondern müßten selbst hinausgehen und alle hereinholen, damit sie es auch hören und vernehmen, daß heute Friede ist, Friede in Gottes großem, weitem Königreich, Freude auf der ganzen Erde! Friede gerade im Zeichen und Angesicht des einen Menschen, des Menschen Jesus Christus, der da am Kreuz hängt."[103]

Aber mehr noch: Bei Lichte betrachtet, zeichnet Iwand die Dialektik des eschatologischen Vorbehalts, von „Schon jetzt" und „Noch nicht", in seine Rede von der Versöhnung ein. Im Blick auf das „Schon jetzt" klingt Iwands Versöhnungs-Pathos zugegebenermaßen triumphalistisch und enthusiastisch. Iwand versäumt es indes nicht, auch das „Noch nicht" zu artikulieren. Und wenn er dies tut, so klingt das Versöhnungs-Pathos verhaltener und doch hoffnungsvoll: „Wir kommen von Ostern her und gehen Pfingsten entgegen. Hinter uns steht die Tat der Versöhnung der Welt mit Gott und der Sieg des gekreuzigten Jesus von Nazareth über den Tod. Wir sind eingeschlossen in seinem Triumph. Vor uns steht die Verheißung des Pfingstgeistes, der den Geist von Babel mit seiner Sprachenverwirrung [Gen 11,9] aufzuheben vermag. Wir wissen, daß wir nichts anderes sein können als Gottes Zeugen in der Welt und vor der Welt."[104] Auch wenn die Versöhnung bereits hinter uns steht, so steht doch die Erfüllung der Verheißung noch aus.

Der Triumphalismus-Gefahr des isolierten „Schon jetzt" korrespondiert die Gefahr eines ethischen Fatalismus und Indifferentismus bei einem verab-

101 Martin Hailer, Von Gottes Macht reden angesichts der Macht des Bösen, in: *Deutsches Pfarrerblatt* 104 (2004), 74-76, 76. Vgl. ders., Gottes Macht und die Mächte des Politischen. Politische Theologie mit Franz Rosenzweig und der Barmer Theologischen Erklärung, in: Werner H. Ritter / Joachim Kügler (Hg.), *Gottesmacht. Religion zwischen Herrschaftsbegründung und Herrschaftskritik*, Münster 2006, 135-156, 146.

102 Martin Hailer, *Von Gottes Macht reden angesichts der Macht des Bösen* (Anm. 101), 76.

103 Hans Joachim Iwand, *Predigt zu 2. Kor. 5,19-21* (Anm. 74), 285.

104 Hans Joachim Iwand, *Entwurf eines Friedenswortes* (Anm. 7), 42.

solutierten „Noch nicht". „Schon jetzt" und „Noch nicht" – beide zeitlichen Akzente braucht es. Und beide finden sich bei Iwand und treten situativ je und dann in den Vordergrund: „Beides ist möglich und nötig, zu je seiner Zeit."[105]

4.2. Innerer und äußerer Frieden

Schaut man sich die theologische „Grammatik" der Iwandschen Versöhnungsethik genauer an, so kann man feststellen, dass der Dialektik von „Schon jetzt" und „Noch nicht" auf der zeitlichen Ebene, die von „innen" und „außen" (innerer und äußerer Frieden) auf räumlicher Ebene korrespondiert; hinzu kommt noch die Dialektik der Genera verbi, also „aktiv" und „passiv".

Beginnen wir mit dem inneren und äußeren Frieden. Die Frage, die dahinter steckt, lautet: Was hat der Frieden Gottes mit dem Frieden auf Erden zu tun? Hier wendet sich Iwand gegen eine missverstandene Zwei-Reiche-Lehre, die den Frieden Gottes dem geistlichen Regiment und den Frieden auf Erden dem weltlichen Regiment zuordnet und die Friedensverantwortung von Christenmenschen durch diese Trennung nicht sehen und wahrnehmen kann, weil sie den Frieden als inneren Frieden gleichsam privatisiert und den Frieden in der Welt gleichsam verantwortungstechnisch an den Staat delegiert hat. Die Privatisierung beruht auf der heilsindividualistischen „pro me"-Reduktion des Glaubens, der nicht heraustreten möchte aus seinem Schneckenhaus: „Wenn wir […] den Einsatz der Christenheit für den Frieden unterstreichen, meinen wir, daß sich die Christenheit nicht beschränken darf auf den inneren Frieden. Ich weiß wohl, daß da ein Problem liegt. Ich möchte den inneren Frieden meines Herzens nicht abhängig machen von dem äußeren Frieden. Ich werde meinen Frieden haben in Jesus Christus, auch wenn mein Leben selbst äußerlich keinen Frieden hat. Das ist das Vorrecht der Verkündigung und des Glaubens der Christen. Aller Frieden fängt bei uns von innen an, fängt damit an, daß wir Frieden haben in Gott. Wir sind gerecht geworden durch den Glauben und haben Frieden mit Gott. Wie hätten wir sonst die furchtbaren Schicksale, die wohl die meisten unter uns erlebt haben, überstehen sollen, wenn wir nicht in unseren Gewissen, in unseren Herzen sicher wären, daß uns keine Gewalt aus der Hand Gottes

105 Martin Hailer, *Von Gottes Macht reden angesichts der Macht des Bösen* (Anm. 101), 76.

reißen kann? Aber wenn diese Friedensburg dazu führt, daß wir nicht mehr wagen, sie zu verlassen, herauszutreten aus diesem inneren Frieden, um den Frieden verwirklichen zu helfen in der Welt, dann sind wir feige."[106]

Beide, innerer und äußerer Friede, sind höchst belangvoll und indispensibel, der innere, der Seelen- oder Herzensfrieden und der äußere Frieden. Beide betrachtet Iwand als bereits zueinander in Beziehung gesetzt. Und zwar in Christus, „der in Kreuz und Auferstehung den Frieden gebracht hat für alle Menschen":[107] „*Jesus* selbst ist die Synthesis, die wir suchten. Wirklich *Er*. Und wir als seine Zeugen, wirklich nur als seine Zeugen."[108] Die Kirche vollzieht einen Vermittlungsdienst, indem sie den Vermittler zwischen oben und unten, Himmel und Erde bezeugt. Darin besteht ihr Versöhnungsdienst: „[E]s [g]eht immer darum [...], daß Versöhnung im Himmel und auf Erden ist[.] Fehlt uns vielleicht [...] die *dritte* Dimension, um Thesis und Antithesis aufzulösen? Haben wir vergessen, daß Versöhnung, Friede eine Sache von *oben* ist, und erst von oben her begriffen werden muß – wenn anders die Sache hier *unten*, zwischen Menschen, Klassen, Völkern, Staaten *möglich* werden soll? [...] Die Kirche steht aber nicht oberhalb, sondern innerhalb des Gegensatzes. Das Oben liegt höher, es liegt in der Botschaft der Kirche von Jesus Christus."[109]

Das Perfektum der Versöhnung ist nach Iwand nicht ohne Gegenwartsbezug, Christus nicht ohne seinen gegenwärtigen Geist, den „Geist von oben", den *Christus praesens*, wenn man so will. Christologie kommt nicht ohne Pneumatologie aus: „Und es geht mir bei der *Versöhnung* um das Gegenteil dazu, um den neuen Geist, den Geist von oben, ohne den wir dieses, was hier unten ist, nicht zu Leben, Gerechtigkeit und Frieden bringen können."[110] Der Geist von oben ist der „Geist der Versöhnung", der „die Gräber schließt, aus denen der Rachegeist unaufhörlich emporsteigt, um die Überlebenden neu in seinen Bannkreis zu ziehen."[111] Das ist wichtig und entscheidend für die Verhältnisbestimmung von äußerem und innerem Frieden. Denn ohne

---

106 Hans Joachim Iwand, *Die Verantwortung und die Aufgabe der Christen in der heutigen internationalen Situation* (Anm. 4), 188f.

107 Hans Joachim Iwand, *Kirche und Öffentlichkeit* (Anm. 45), 45.

108 Hans Joachim Iwand, *Deutschland zwischen Weiß und Rot* (Anm. 17), 73. Vgl. a.a.O., 65: „Versöhnung heißt *Synthesis*. Versöhnung hieße, daß wir den Spalt schließen, der sich neu und gefahrdrohend inmitten unseres Landes und Volkes auftut."

109 A.a.O., 71f.

110 A.a.O., 74.

111 Hans Joachim Iwand, *Die Teilung* (Anm. 66), 89.

das Wirken des Geistes, ohne die pneumatologische Fundierung[112] ist die ekklesiologische Pointe der Bewegung im Übergang, ist die Passage von innen nach außen, ist der Versöhnungs- als Zeugendienst der Gemeinde nicht zu verstehen.

Die Kirche hat diesen Übergang im Modus der Bitte zu vollziehen, wie Iwand unter Berufung auf 2Kor 5,20 betont: „Gott bittet durch uns: Lasst euch versöhnen mit Gott." Die Versöhnungsbitte der Gemeinde: „Lasst euch versöhnen mit Gott", erfolgt als Ausführung der Paraklese Gottes, die nach Iwand als Paraklese (im Unterschied zur Paränese) „Mahnung und Trost zugleich"[113] ist. Gott bittet durch seine Gemeinde, die nun an Christi statt, partizipierend an der „Autorität des bittenden Christus",[114] bittet: „Laßt euch versöhnen mit Gott." Iwand kommentiert: „[E]ines muß man freilich bei dieser Sache beachten, und darauf legt der Apostel den größten Wert: diese Boten dürfen, weil sie Boten Gottes sind, nicht befehlen, sie dürfen nur bitten, so, als ob Jesus Christus, der hingeopferte Königssohn, selbst bäte; sonst wären sie nicht Boten des Gnadenreiches und könnten die Menschen nicht zum Glauben rufen, sie könnten sich nicht aus der Kraft des Geistes für die Gnadenbotschaft entscheiden."[115] Gott lässt bitten – das gibt die Ge-

---

112 Zur Pneumatologie bei Iwand vgl. Georg Plasger, Wort und Geist bei Iwand. Eine systematisch-theologische Perspektive, in: *ZDTh* 60 (2014), 101-117.

113 Hans Joachim Iwand, *Predigt-Meditationen* (Anm. 77), 553.

114 Eberhard Jüngel, Die Autorität des bittenden Christus. Eine These zur materialen Begründung der Eigenart des Wortes Gottes. Erwägungen zum Problem der Infallibilität in der Theologie, in: ders., *Unterwegs zur Sache. Theologische Bemerkungen*, München 1972, 179-188. Vgl. dazu auch die anschauliche Umschreibung der „Gestik der wehrlos Bittenden" durch Gerhard Sauter (*Zugänge zur Dogmatik. Elemente theologischer Urteilsbildung*, Göttingen 1998, 235): „Die Bittenden exponieren sich. Sie haben Unerhörtes mitzuteilen: etwas, das sie nie und nimmer aufdrängen, durch bloße Überredung vermitteln könnten. Gottes Versöhnungshandeln läßt sich nicht ansinnen, Die Bitte macht wehrlos gegenüber den Gebetenen und ihrer Reaktion. Die Bittenden werden verwundbar. Ihr Bitten kann Versöhnung nicht erzielen, sondern verweist die Gebetenen auf Gott – werden sie sich dies gefallen lassen?"

115 Hans Joachim Iwand, *Predigt zu 2. Kor. 5,19-21* (Anm. 74), 285. Vgl. ders., *Zur Versöhnungslehre* (Anm. 28), 219: „Die Art und Weise, wie Gott das Werk der Versöhnung an uns heranbringt, geschieht in der Form der Bitte (wie im Abendmahl!), zu nehmen, was er bereitet hat." „[M]ehr als bitten" – so Hans Joachim Iwand (*Kirche und Gesellschaft* [NW.NF 1], Gütersloh 1998, 246) – „kann [die Kirche] nicht", will sie den Gliedern der Gesellschaft Freiheit in Bezug auf die Kirche geben, um so erkennbar werden zu lassen, dass die Zugehörigkeit zu ihr Gnade ist. Die Kirche wird dementsprechend die beiden Imperative „Lasset euch versöhnen mit Gott" (2Kor 5,20) und *cogite intrare* (vgl. Lk 14,23) nicht verwechseln dürfen. Eine Bevormundung im Umgang mit den Ad-

meinde der Welt zu verstehen. Und ein Gott, der bitten lässt, der gebraucht keine Gewalt, wie Iwand betont: „[E]s [ist] besser, das Zeugnis Jesu Christi auszurichten im Kampf für eine Wahrheit, die ohne Gewalt siegt, als für eine Gewalt, die jede Wahrheit fragwürdig macht.“[116]

4.3. Das Gelten-Lassen der Versöhnungstat Gottes als Modus des friedenstiftenden Handelns

Wir kommen nun zu den Genera verbi (aktiv und passiv) und zu der handlungstheoretischen Frage, wie im Blick auf den versöhnten Menschen der Modus seines friedensstiftenden Handelns von Iwand bestimmt wird. Friedensethik, die nach der versöhnungstheologischen Grammatik fragt, hat hinsichtlich des „Friedenstiftens“ nach der Verbvalenz zu fragen. Thesenartig zugespitzt: Das friedenstiftende Handeln der mit Gott versöhnten Menschen vollzieht sich als Gelten-Lassen der Versöhnungstat Gottes in Christus.

Diese These ist erläuterungsbedürftig. Dazu ein paar Beobachtungen: Immer wieder findet sich bei Iwand das Syntagma des „Gelten Lassens“, wenn er die friedensstiftende Tätigkeit des Menschen umschreibt. Das „Gelten Lassen“ oszilliert bei Iwand zwischen der Akzentuierung einerseits des aktiven Handelns des friedenstiftenden Menschen und andererseits des passiven Widerfahrnisses des friedensstiftenden Handelns Gottes selbst. „Gelten lassen“ weist einen Doppelsinn auf: es ist aktiv und passiv zugleich. Dementsprechend kann Iwand einerseits das aktive friedens- und versöhnungsstiftende Handeln des Menschen einfordern: „Es muß also nun auch von Seiten der Menschen her etwas geschehen; sie müssen Gottes Spruch

---

ressaten der Versöhnungsbitte ist auch nach Karl Barth (KD I/2, 487f.) ausgeschlossen: „Das Zeugnis im christlichen Sinn des Begriffs ist der Gruß, mit dem ich […] meinen Nächsten zu grüßen habe, die Bekundung meiner Gemeinschaft mit dem, in welchem ich einen Bruder Jesu Christi und also meinen eigenen Bruder zu finden erwarte […]. Ein Zeuge wird seinem Nächsten gerade nicht zu nahe treten […]. Zeugnis gibt es nur im höchsten Respekt vor der Freiheit der göttlichen Gnade und darum auch im höchsten Respekt vor dem Anderen, der von mir gar nichts, sondern alles von Gott zu erwarten hat“.

116 Hans Joachim Iwand, *Deutschland zwischen Ost und West* (Anm. 19), 54f. Vgl. ders., *Predigt zu 2. Kor. 5,19-21* (Anm. 74), 286: „Es ist nämlich schrecklich, wenn die Kirche mehr sein möchte, wenn sie glaubt, die Menschen zum Glauben zwingen zu können, wenn sie meint, mit Institutionen und Gesetzen den Menschen zu dem Letzten und Höchsten helfen zu können.“

an sich gelten lassen. Das heißt aber nicht, daß hier irgendeinem Synergismus, einem ‚freien Willen', einer ‚Entscheidung' oder dergleichen das Wort geredet würde, und unsere Predigt muß sich hüten, in dieser Weise den Hörer anzusprechen. Vielmehr geht die Bitte des Apostels dahin, sie sollen das, was Gott getan hat, an sich und für sich selbst gelten lassen! Das heißt Glauben."[117] Am gesteigertsten formuliert Iwand das Aktiv in seiner bereits erwähnten Rundfunkansprache vom 20.3.1960: „Wir müssen aktiv sein und dürfen nicht dem gefährlichen Wahn verfallen, der Friede unter den Menschen gleiche einem Naturprozeß, der komme, wie der Frühling kommt. Nein, dieser rettende Akt angesichts der größten Gefahr, die die Menschheit in historisch überlieferter Zeit je vor sich gesehen hat, kommt heute durch die Menschen selbst. Wir müssen wach sein und müssen wissen, wozu wir Ja und wozu wir Nein sagen."[118]

Andererseits kann Iwand das Leben des Christenmensch in seinem Versöhnungshandeln ganz passivisch, regelrecht als *vita passiva* umschreiben, um hinsichtlich der Versöhnung jede Art von *satisfactio* (Wiedergutmachung) seitens des menschlichen Subjektes auszuschließen,[119] da Gott selbst ja das Subjekt der Versöhnung ist: „Die Selbstversöhnung des Menschen ist und bleibt seine, wenn auch versteckte und verdeckte, unausrottbare Religion. Davon Abstand nehmen, das ein für allemal begraben, sich wirklich versöhnen *lassen*, in dieser Sache einmal nicht mehr aktiv, sondern passiv sein (justitia passiva!), das ist mit dem Imperativ *katallagēte tō theō* gemeint. Nicht nur irgend ‚den Riegel wegschieben', wie man sagt, also etwa Gott kein Hindernis in den Weg legen, nein, nicht so, sondern die totale Wendung des Herzens ist gefordert, die Glaube heißt. Lasset Gott in Christo euren Versöhner sein, und gebt jedem anderen Versöhnungs- und Rechtfertigungsglauben, den ihr in euch tragt, den Abschied."[120] Die Imperative des Friedensstiftens können nach der theologischen Grammatik Iwands nur meinen, sich auf Gottes Aktivität des Friedenstiftens einzulassen.

---

117 Hans Joachim Iwand, *Predigt-Meditationen* (Anm. 77), 553.

118 Hans Joachim Iwand, *Die Lebensfrage von heute* (Anm. 12), 321.

119 Hans Joachim Iwand, *Predigt-Meditationen* (Anm. 77), 553: „Glauben an die Versöhnung kann nur, wer sie aus Gottes *eigenem* Wort vernimmt und sich daran hält." Das „Wort von der Versöhnung" ist Gottes eigenes Wort. Nicht nur die Tat der Versöhnung ist Gottes Werk, sondern auch das Wort der Versöhnung: „Gott hat mit Seinem Wort seine Versöhnungstat in Lauf gesetzt" (a.a.O., 552). Nicht nur das Ontische verdankt sich ihm, sondern auch das Noetische. Gott schenkt nicht nur die Realität der Versöhnung, sondern auch deren Erkenntnis.

120 A.a.O., 554.

Wie ist nun dieses Bei-, Mit- und Nebeneinander von passiven und aktiven Formulierungen bei Iwand zu erklären, wie es verdichtet im Zugleich von Aktiv und Passiv des Syntagmas „Gelten Lassen" zur Sprache kommt? Der Widerspruch löst sich m.E. nur dann auf, wenn man dieses Zugleich als Iwands Explikation der simul-Formel versteht. Anders gesagt: Wenn Iwand den „iustus", den „Menschen in Christus", den „neuen Menschen" im Blick hat, kann er pointiert aktivische Formulierungen gebrauchen, wenn er hingegen den *peccator*, den „alten Menschen" fokussiert, dann finden seine Formulierungen eine passivische Pointe. Das meint: Im frieden- und versöhnungsstiftenden Handeln ist der *peccator* bzw. der alte Mensch passiv und lässt Gott an sich handeln, so dass gleichsam noch *in uno acto* seine Rolle kippt und der „neue Mensch", der Mensch in Christus, ganz aktiv handelt. Insofern schließen sich aktiv und passiv nicht aus, sondern fallen zusammen. Sie kippen gleichsam wie in einem Vexierbild ineinander. Wenn der Mensch, der seine Existenz „extra me = i. e. in Christo"[121] hat, aktiv ist, ist der „alte Mensch" zugleich ganz passiv.[122]

Vom versöhnten, friedenstiftenden Menschen, der „in Christus" ganz aktiv und zugleich als alter Mensch ganz passiv ist, kann Iwand – wie vom Frieden und der Gerechtigkeit – bereits im Indikativ reden: „Das Evangelium bedeutet [...], daß wir von dem Guten, von der Gerechtigkeit und vom Frieden im Indikativ reden dürfen. Vom Evangelium her gesehen heißt es immer: Werde was du bist. Alles, was hier Aufgabe erscheint, ist im Glauben bereits gelöst."[123]

Iwand gebraucht in den Zusammenhängen, in denen er dieses Zugleich von aktiv und passiv umschreiben möchte, im Anschluss an Luther bevorzugt ein bestimmtes Verb, das Verb *fieri*. In der Aufforderung „Werde, der du bist" geht es Iwand zufolge präzise um dieses *fieri*, das zwar intransitiv übersetzt werden mag (werden, geschehen). Es geht aber nach Iwand um ein Werden im Sinne von gemacht werden. Iwand sagt: „Dieses Werden des Menschen ist ein Arbeiten Gottes an uns."[124] Bei *fierī, fio, factus sum* handelt es sich grammatikalisch bekanntlich um einen Passivstamm zu *facere*. Inso-

121 Hans Joachim Iwand, Wider den Mißbrauch des „pro me" als methodisches Prinzip in der Theologie, in: Gerhard Sauter (Hg.), *Rechtfertigung als Grundbegriff evangelischer Theologie* (ThB 78), München 1989, 274-280, 275.

122 Vgl. Gerhard Sauter, *Das verborgene Leben. Eine theologische Anthropologie*, Gütersloh 2011, 335.

123 Hans Joachim Iwand, *Kirche und Öffentlichkeit* (Anm. 45), 19.

124 Hans Joachim Iwand, *Theologia crucis* (Anm. 10), 392.

fern lässt sich sagen: Das friedenstiftende Handeln des Menschen ist passiv konstituiert, d.h. nicht durchführbar ohne ein Handeln Gottes an uns. Interessanterweise bildet das Verb *fieri* (außer dem Infinitiv Präsens) nur aktive Formen aus (im Präsens, Imperfekt und Futur I). *Fieri* ist quasi ein „umgedrehtes" Deponenz. D.h. wir haben es zugleich mit einem Passivstamm und aktiven Formen zu tun – wie beim neuen, versöhnten und friedenstiftenden Menschen, dessen Friedenstiften einerseits passiv konstituiert ist, aber auch höchst aktive Form und Gestalt hat. Iwand bemerkt: „Luther versteht unter dieser Passivität also nicht etwa ein Tot-Sein, ein Leer-Sein, sondern seltsamerweise höchste Aktivität."[125]

Bei den vollen Depotentien, zu denen *fieri* nicht gehört, verhält es sich so, dass die Verben nur in Passivformen existieren, dabei aber aktive Bedeutung erhalten. Im Gegensatz dazu prägen sich beim *fieri* als einem der sechs Semideponentien der lateinischen Sprache Aktivformen aus, wenngleich der Wortstamm passivisch bleibt. Dies ist u.a. im Präsens der Fall, nicht aber im Perfekt, wo sich nur Passivformen von *facere* (*factus sum*, *factus es* etc.) ausbilden. Berücksichtigt man den Tempusgesichtspunkt, so lässt sich im Sinne Iwands die Übertragung wagen: Während der neue Mensch in Christus präsentisch, d.h. „schon jetzt" als bleibend passiv konstituierter aktiv ist, ist dies der alte Mensch „noch nicht". Er möchte noch selbst herstellen, seinen eigenen Frieden machen, nicht gänzlich Gottes Frieden gelten lassen. Der alte Mensch bleibt noch gebunden ans *facere*.[126] Als „alter Mensch" mag er zwar gewisse Fortschritte erzielen, aber er wird nicht jene Passivität erreichen, die zugleich höchste Aktivität ist. Der Punkt, an dem das Passiv wie beim Vexierbild ins Aktiv kippt, ist „noch nicht" erreicht. Das resultative Perfekt hält das „Noch nicht" fest.

Iwand entwickelt also, wie sich erkennen und festhalten lässt, seine Friedensethik als Ethik des versöhnten, neuen Menschen. Wer ihre „Grammatik" entschlüsseln möchte, der wird nach der Verbvalenz des „Werdens" (*fieri*) dieses neuen Menschen fragen müssen. Dieses Werden erschließt den Modus des friedensstiftenden Handelns als „Gelten Lassen" des Versöhnungshandelns Gottes.

---

125 A.a.O., 390.

126 Vgl. Georg Plasger, *Frieden als Dienst der Versöhnung* (Anm. 1), 161: „Der eschatologische Vorbehalt verdeutlicht die Differenz von göttlichem und menschlichem Handeln."

5. Fazit und Ausblick: Frieden als ethische Aufgabe. 13 Thesen[127]

Von Iwands Friedensethik gehen, wie wir gesehen haben, mancherlei Impulse aus: rechtsethische, ekklesio-ethische und versöhnungsethische. Diese dargestellten Impulse betreffen vor allem die theologische Grundlegung einer Friedensethik, nicht so sehr die materialen Anwendungs- bzw. Themenfelder. Aber nur auf dieser theologisch soliden Grundlage lassen sich verantwortbare friedensethische Urteile fällen. Insofern lässt sich von Iwand auch heute noch mancherlei lernen. Ich wage diesbezüglich abschließend einen Ausblick in thetisch zugespitzter Manier, die das Spekulative gewiss nicht ganz abzuschütteln vermag.

Mir ist mithin der Wagnischarakter bewusst. Denn man muss sich klarmachen: Iwands Wahrnehmungen von Krieg und Frieden betrafen vor allem die europäische Geschichte. Er ging in seiner Kritik von Kriegen in aller Regel von staatlichen Akteuren (Völkerrechtsubjekten) aus. Nicht lag im Horizont der Überlegungen Iwands die Möglichkeit neuer Religionskriege, beispielsweise zwischen Sunniten und Schiiten oder zwischen Christen und Muslimen, auch nicht die erneute Instrumentalisierung von religiösen Überzeugungen zur Legitimation eines umfangreichen Waffeneinsatzes.[128]

Im Blick etwa auf derartige Konstellationen, nimmt man etwa das Beispiel des IS, könnten mit Iwand – thesenhaft zugespitzt – folgende Gesichtspunkte hervorgehoben werden:

1. Wenn nach Iwand „Glauben heißt, daß die Macht der Versöhnung nicht an die Grenzen christlicher Kulturkreise gebunden ist, sondern daß sie schöpferisch das neue Leben bringt",[129] dann gilt das auch für IS-Kämpferinnen und Kämpfer. Auch sie wollen im Lichte der Versöhnung wahrgenommen werden: „[W]ir vergessen, daß alle Menschen einen Vater im Himmel haben und einen Bruder in Jesus Christus und daß Christentum nichts anderes bedeutet als die *Proklamation* des großen *Versöhnungstages*, so daß alle

---

127 So Hans Joachim Iwand, *Die Lebensfrage von heute* (Anm. 12), 319. Vgl. ders., Der ökumenische Beitrag der osteuropäischen Kirchen (1959), in: *FO*, 218-231, 230.

128 So auch im Blick auf Karl Barth: Wolfgang Lienemann, Christlicher Pazifismus. Zum Beispiel Karl Barth, in: Marco Hofheinz / Frederike van Oorschot (Hg.), *Christlich-theologischer Pazifismus im 20. Jahrhundert* (Studien zur Friedensethik 56), Münster/Baden-Baden 2016, 113-140, 138..

129 Hans Joachim Iwand, *Die Teilung* (Anm. 66), 89.

Menschen, alle Nationen, alle Völker dazu gerufen und eingeladen sind."[130]
2. Wenn Iwand konstatiert: „Niemand hat das Recht, zu töten, indem er vorgibt, er vernichte damit die Gottlosen und rette das Christentum!",[131] dann gilt auch dies für den IS. Ein Kreuzzug (Heiliger Krieg)[132] gegen den IS ist damit definitiv ausgeschlossen.
3. Wenn Iwand festhält: „Jeder kann dazu beitragen, daß der Bruder Mensch auf der anderen Seite ihn versteht, daß er aufhört ihn als seinen Feind zu fürchten",[133] dann gilt dies auch für uns. Wir sind gefragt mit unserem Engagement. Doch wie kann dies aussehen?
4. Zunächst wäre wohl Iwand zufolge im Sinne eines Schuldbekenntnisses[134] darauf hinzuweisen, dass der mögliche Friede in Syrien und im Irak schon in der Vergangenheit verspielt und verraten worden ist und dass es gleichwohl jederzeit und zuerst darauf ankommt, mit allen Mitteln für mögliche friedliche Lösungen sich einzusetzen – auch wenn dies Ablehnung erzeugt: „*Versöhnung* ist heute eine Parole geworden, die auf beiden Seiten Ablehnung zur Folge haben muß, denn Versöhnung heißt ja, daß mitten in den Aufmarsch hinein der Befehl oder die Bitte kommt: einzuhalten, diese Sache abzubrechen, sich um einen Kompromiß zu bemühen."[135]
5. Dass Iwand im Blick auf den Einsatz militärischer Gewalt zur IS-Bekämpfung einen Vorrang ziviler Krisenprävention und Konfliktbearbeitung aussprechen würde, dürfte evident sein. Iwand würde auf „Soft-Power-Strategien" setzen.

---

130 Hans Joachim Iwand, *Deutschland zwischen Weiß und Rot* (Anm. 17), 72f.

131 Hans Joachim Iwand, *Du sollst nicht töten* (Anm. 4), 464.

132 Vgl. Gerhard Arnold, Mit Kreuz und Kalaschnikow. Christliche Milizen in Syrien und im Irak, in: *Zeitzeichen* 5/2016, 8-11.

133 Hans Joachim Iwand, *Das geschichtliche Phänomen* (Anm. 11), 118.

134 Das Schulbekenntnis ist für den Versöhnungsdienst nach H.J. Iwand (*Entwurf zum Darmstädter Wort* [Anm. 61], 20 [These 1]) indispensibel: „Der Dienst der Versöhnung wird aber verleugnet und nicht ausgerichtet, wenn wir uns nicht freisprechen lassen von aller unserer Schuld, nicht nur der privaten, sondern auch der politischen, und uns von Jesus Christus, dem guten Hirten, heimrufen lassen von den falschen und bösen Wegen, auf denen wir als Deutsche in die Irre gegangen sind." In seinem Antwortbrief an J.L. Hromádka (1959) schreibt Iwand (*Antwort* [Anm. 22], 201): „Bei der Schuld im geschichtlichem, also im irreparablen Sinne geht es [...] darum, wer sie übernimmt. Sie ist die enge Pforte, durch die der Weg nach vorne führt." Vgl. dazu: Gerard C. den Hertog, *Befreiende Erkenntnis* (Anm. 1), 474-477; Bertold Klappert, *Versöhnung, Reich Gottes und Gesellschaft* (Anm. 1), 350f.

135 Hans Joachim Iwand, *Deutschland zwischen Weiß und Rot* (Anm. 17), 64.

6. Ob dies indes auch den vollständigen und exklusiven Verzicht auf „Hard Power", zumindest auf die zur „Befugnis zu zwingen"[136] gehörenden Mittel der Rechtsdurchsetzung bedeuten soll und kann, dürfte auch Iwand nicht eindeutig klar gewesen sein, sondern für ihn strittig bleiben. Der Rechtsethiker Iwand würde sicherlich mit dem Versöhnungsethiker Iwand an diesem Punkt eine produktive Kontroverse führen.
7. Von seinen rechtsethischen Überlegungen her, die Iwand im Anschluss an Kant tätigt, scheint dies – wohlgemerkt streng und ausschließlich zur Rechtserhaltung und darum in strenger Bindung an das geltende Völkerrecht und seine Rechtsinstitutionen – nicht prinzipiell ausgeschlossen zu sein. Der Rechtsethiker Iwand würde wohl geltend machen, „dass das Recht not- und äußerstenfalls auf zwangsbewährte Durchsetzbarkeit zum Schutz weltlicher Güter angewiesen ist. Im Kontext des modernen Völkerrechts erlaubt dies aber keineswegs eine Rückkehr zur Lehre vom gerechten Krieg."[137]
8. Dass aber der Rechtsethiker Iwand zugleich den Vorrang struktureller Maßnahmen zur Verhinderung der Entstehungs- und Existenzbedingungen von Terrorismus, d.h. ursachenorientierter Gewaltprävention vor gewaltförmig-operativen Maßnahmen betonen würde, dürfte ebenfalls evident sein. Präventive Gefahrenabwehr und repressive Strafverfolgung von international agierenden Terroristen (es geht um internationale Verbrechensbekämpfung[138]) würde dem Rechtsethiker Iwand zufolge einen weiteren Gewaltexzess unterbinden.
9. Atomwaffen sind dabei auch für den Rechtsethiker Iwand kein legitimes Mittel der Rechtswahrung. Er würde es begrüßen, dass Atomwaffen nun endlich auf der UN-Agenda stehen und im Herbst 2016 in der UN-Vollversammlung über eine Verbotsresolution abgestimmt werden soll.[139]
10. Der Versöhnungsethiker Iwand würde im Gespräch mit dem Rechtsethiker Iwand vermutlich das bekannte Diktum des UN-Generalsekretärs Ban Ki Moon zu bedenken geben: „Bomben töten einen Terroristen, aber nur gute [Versöhnungs-]Politik beseitigt Terrorismus." Statt für Bomben würde der Versöhnungsethiker Iwand sich für Geduld aussprechen. Denn auch „Je-

---

136 Immanuel Kant, Metaphysik der Sitten, Rechtslehre, AB 35, in: ders.: *Werke VII: Schriften zur Ethik und Religionsphilosophie. Zweiter Teil*, hg. von Wilhelm Weischedel, Darmstadt 1983, 38.

137 Hans-Richard Reuter, *Von der „Kriegstheologie" zur Friedensethik* (Anm. 3), 77.

138 So auch: *Aus Gottes Frieden leben* (Anm. 22), 71 (Ziffer 106).

139 Vgl. Tobias Matern, Atomwaffen auf UN-Agenda, in: *Süddeutsche Zeitung* Nr. 193 vom 22.8.2016, 7.

sus Christus steht mitten unter uns als Zeichen der Langmut und der Geduld Gottes."[140] Der Versöhnungsethiker Iwand würde also auf den langen Atem – oder anders gesagt: den Geist Gottes – setzen und dort, wo die Narrative des Hasses und der Feindschaft mindestens so tief wie im Kalten Krieg wurzeln, versuchen, die Macht alternativer Versöhnungsnarrative zu entfalten.

11. Der Versöhnungsethiker Iwand hätte als kirchlicher Ethiker bzw. Gemeindeethiker dabei sicherlich im Blick, dass man solche Narrative nicht einfach erfinden kann, sondern dass diese eingebettet sind in „communities", die Versöhnungspraktiken ausüben. Es geht bei diesen Praktiken immer auch um den Aufbau resilienter Strukturen gegen den Terror(ismus). Diese wollen nach Iwand in ökumenischer Geschwisterlichkeit aus- und eingeübt werden in der Proexistenz für die von Gott versöhnte Welt. Das Gebet für den Frieden ist hier vordringlich zu nennen.

12. Eine aktive humanitäre Flüchtlingsarbeit ist nach Iwand unverzichtbares Implikat einer kirchlichen Friedensethik. In der Flüchtlingsarbeit will sich die exemplarische Existenz der Gemeinde, die der Welt ein Beispiel gibt, bewähren: „*Christengemeinden sollten der Ausdruck sein für solche Stätten der Genesung des in der Wurzel bedrohten Lebens.* Je offener wir die Tür für die Armen und Elenden halten, je mehr wir davon wissen und uns darum kümmern, desto reicher wird unsere Gemeinschaft sein an geistlichen Gütern. Die Armen sind der Schatz der Kirche. Das Flüchtlingselend könnte uns allen Hilfe sein zu echter Menschlichkeit und neuer Sinngebung des Daseins."[141]

13. Iwand ist es wichtig, dass es nicht bei einem unverbundenen Nebeneinander von Versöhnungs- und Rechtsethik bleibt. Denn es geht um die Verbesserung und Optimierung des geltenden Rechts. Der Versöhnungsethiker wird auf Rechtsentwicklung über die Ebene *de lege lata* hinaus drängen.[142] Projektiert ist *de lege ferenda* die Entwicklung hin zu einem mehr Versöh-

---

140 Hans Joachim Iwand, *Du sollst nicht töten* (Anm. 4), 464.

141 Hans Joachim Iwand, *Zur religiösen Lage* (Anm. 26), 31. Vgl. ders., *Kirche und Öffentlichkeit* (Anm. 45), 27. „Die christliche Gemeinde müßte und könnte eine echte Gemeinschaft von Brüdern sein, sie könnte die Heimat sein der Heimatlosen, sie könnte der zerfallenden und zerrissenen Menschheit ein Beispiel geben der Versöhnung und Bruderschaft." Zur Flüchtlingsarbeit Iwands vgl. einführend: Georg Plasger, *Frieden als Dienst der Versöhnung* (Anm. 1), 143-145.

142 Vgl. Marco Hofheinz, „Mein Freund ist Dr. Bonhoeffer gewesen" – oder: „... daß an diesem Punkt bei uns etwas nicht stimmt". Zur Wiederentdeckung des Widerstandsrechts im 20. Jahrhundert in der politischen Ethik Dietrich Bonhoeffers und Hans Joachim Iwands, in: Michael Basse / Gerard C. den Hertog (Hg.), *Dietrich Bonhoeffer und Hans*

nung widerspiegelnden Recht, einem „Gnadenrecht“,[143] wie Iwand sagt. Darum wird der Versöhnungsethiker mit dem Rechtsethiker ringen müssen – wie einst Jakob am Jabbok: „Ich lasse dich nicht, du segnest mich denn“ (Gen 32,27).

Joachim Iwand. Kritische Theologen im Dienst der Kirche (FSÖTh 157), Göttingen 2016, 103-128.

143 Hans Joachim Iwand, Umkehr und Einsicht (1956), in: *FO* 153-158, 157.

Matt R. Jantzen

I am as Thou are Not: Christological Correspondence and the Problem of Whiteness in *Church Dogmatics* III/2, §45.1-2

I. Introduction

This essay offers a close reading and explication of Karl Barth's theological anthropology in §45.1-2 of *Church Dogmatics* III/2. However, it does so in light of Hans Frei's warning that attempts to summarize Barth's work frequently render the material "painfully boring," causing it to die "in one's hands."[1] In an effort to avoid this fate, the essay endeavors to be both succinct and provocative in its analysis of the first two sections of §45, "Man in his Determination as the Covenant-partner of God." In what follows, I will first outline an interpretation of §45.1, "Jesus, Man for other Men," and §45.2, "The Basic Form of Humanity," elucidating a two-fold Christological correspondence which functions as the structuring principle of Barth's account. Following this exposition, I will conclude by reflecting on the radical implications of Barth's theological anthropology for interrogating the role played by Christian theology in the construction and maintenance of whiteness. I will suggest that analyzing §45.1-2 in light of what J. Kameron Carter has called "the theological problem of whiteness" reveals both the promise and limitations of Barth's theological anthropology in these sections.[2]

1 Hans Frei, "An Afterword: Eberhard Busch's Biography of Karl Barth," in: *Karl Barth in Re-View: Posthumous Works Reviewed and Assessed*, ed. H.M. Rumscheidt Pittsburgh 1981, 109. Also cited in Timothy Gorringe, *Karl Barth: Against Hegemony*, Oxford 1999, 10.

2 J. Kameron Carter, *Race: A Theological Account*, Oxford 2008, 4.

II. §45.1 Jesus, Man for other Men

§45 lies on the boundary between two ways of viewing humanity: "from above" and "from below." Barth has just articulated an account of humanity from the first of these perspectives in §44: this is humanity viewed from *above*, humanity from the perspective of the *covenant* as the internal basis of creation, humanity in *relationship* to God. It is a vision of the *content* of humanity's being. While this view "from above" provides the presupposition with which all further reflection about humanity must begin, Barth believes that more must still be said, for humanity is also visible from a second perspective: as humanity from *below*, humanity from the perspective of *creation* as the external basis of the covenant, humanity as a being *distinct* from God. From this perspective, the *form* of humanity's being comes into focus. In §45, Barth sets out to map the "inner relationship" between these two perspectives, attempting to demonstrate the correspondence and similarity between "the determination of humanity as God's covenant partner" on the one hand and the "cosmic and creaturely being" of humanity on the other.[3]

To borrow the language of Chalcedon, one could say that Barth is attempting to walk the thin line between an anthropological Nestorianism, in which humanity's graced election and calling can be separated from humanity's created nature, and an anthropological Eutychianism, in which humanity's created nature is swallowed up and lost in God's gracious election and calling. It is a question of the correspondence and similitude of humanity when viewed from these two perspectives—without division and without confusion. As Barth says, "Our present question is how far his humanity as his creaturely form corresponds and is similar to his divine determination, his being as the covenant-partner of God" (206). This is a question of the "constant factors" in humanity that correspond to and form the external basis of God's election and calling of humanity to be God's covenant-partners. Barth's attempt to answer this question will take up the remainder of *CD* III/2. While he will identify two further "constant factors" in §46 and §47—humanity's being as the soul of humanity's body, and humanity's being in time—he begins in §45 with what he calls "the supreme constant to be found in the mystery of the correspondence and similarity between the de-

---

3 Karl Barth, *Church Dogmatics*, ed. and trans. G. W. Bromiley and T. F. Torrance, 14 vols., Edinburgh 1956–75, III/2, 204. Subsequently, *Church Dogmatics* III/2 will be cited parenthetically.

termination of man and his humanity": humanity's being in encounter with fellow humanity (206). In §45.1-2 Barth articulates a two-fold Christological correspondence as the basis of his account of humanity's creaturely being, pairing (1) an account of the correspondence between covenant and creation in Jesus' humanity with (2) an account of the correspondence between Jesus' humanity and humanity-in-general. By tracing these two relationships, Barth formulates an account of the correspondence between covenant and creation in general humanity.

§45.1 takes up the first Christological correspondence, asking how Jesus' divine determination corresponds to his creaturely form. In correspondence with His divine determination to be "man for God," Barth suggests that, "What distinguishes Him as a cosmic being, as a creature, as a true and natural man, is that in His existence He is referred to man, to other men, His fellows, and this … originally, exclusively, totally" (208). He is "man for other men" (208). Barth makes it clear that he means this in the most ontological, radical, and comprehensive sense. Jesus does not first have a being that is only subsequently directed to his fellows. His being for others is the most ontologically basic fact about his existence. To re-appropriate some of Barth's own language: there is no being "behind the back" of Jesus' being-for-others. There is no "deep, inner, secret recess in which He is alone in Himself or with God … His relationship to His neighbors and sympathy with them … belong to his innermost being" (211).

What is the specific character of Jesus' humanity-as-fellow-humanity? First, it has the character of sacrifice: Jesus did not simply offer external aid to His fellow human beings. He made the state and fate of His fellow human beings his own. Second, it has the character of victory: Jesus did not just wipe His fellow humanity's slate clean from accumulated sin. He gave them a new life in which they had the freedom to be obedient. Therefore, Jesus' humanity-as-fellow-humanity is both "by his fellows" and "to his fellows." Jesus has to let His being be prescribed and dictated and determined *by* the being of his near and distant neighbors and He is active only in mission *to* them, as he makes their deliverance His exclusive task (214-215). To sum up:

> If we see him alone, we do not see Him at all. If we see Him, we see with and around Him in ever-widening circles His disciples, the people, His enemies and the countless millions who have not yet heard his name. We see Him as theirs, determined by them and for them, belonging to each and every one of them. It is thus that He is Master, Messiah, King and Lord. 'Selfless' is hardly the word

> to describe this humanity. Jesus is not 'selfless.' For in this way He is supremely Himself … A supreme I wholly determined by and to the Thou (216).

This is the humanity of Jesus that corresponds to His determination as the covenant-partner of God.

Barth closes §45.1 by elucidating the theological structure of this correspondence in more detail. It is three-fold. There is first an obvious, formal parallelism between Jesus' divinity and humanity: "In his divinity, he is *from* and *to* God. In his humanity, he is *from* and *to* the cosmos" (216). But more than this, there is second, an inner material connection between the two that is rooted in the will of God: Jesus' being-for-others is a reflection of the material content of God's free choice from eternity to be God-for-others. Lastly, Barth takes a further step and roots this correspondence in the very identity of the triune God. If Jesus' being-for-others repeats a relationship that is eternally present in the will of God for creation, then the will of God for creation repeats a relationship *ad extra* that is first and foremost proper to Godself in God's inner divine life (218). There is therefore the strongest possible sort of correspondence between Jesus' divine determination and Jesus' creaturely being: His creaturely being reflects the most basic identity of the triune God. Thus, "The humanity of Jesus is not merely the repetition and reflection of His divinity, or of God's controlling will; it is the repetition and reflection of God Himself, no more and no less. It is the image of God" (219). Barth therefore concludes that, while we must be careful not to collapse the being of God and the being of humanity into a relationship of identity—there is no *analogia entis*—we can affirm the strongest possible *analogia relationis* between the relationship of God to Godself and the relationship of the being of God to the being of humanity in Jesus (220).

III. §45.2 The Basic Form of Humanity

As Barth sees it, because Christology is not anthropology, a theological anthropology derived solely from an account of the correspondence between Jesus' divine determination and Jesus' humanity would be incomplete. There is, in fact, a second Christological correspondence that must be explored in formulating an account of humanity's being: that between Jesus' humanity and humanity-in-general. This is the task that Barth undertakes in §45.2, explicating "the basic form of the humanity of other men, of man in general, in which there is given and revealed the presupposition of the fact that the man Jesus can be for them" (223). In other words, while the difference between Jesus' humanity and general humanity is indissoluble, there is a basic correspondence between the two, which is reflected in the fact that Jesus is a *human*-for-other-*humans*. Naming the "human" that appears on both sides of this formula is Barth's task in §45.2.

After an interesting section in which Barth once again Christologically tip-toes between a natural theological account of an inherent capacity by which human nature can claim to be a covenant-partner of God on its own merits and a dualistic account in which human nature is radically alien to God's gracious election, Barth begins with the critical task, ruling out what the basic form of humanity is *not*. Because there is a basic correspondence between Jesus' fellow-humanity and general humanity's [for Barth "man's"] humanity, the basic form of humanity *cannot* reside in any conception of human being that is abstracted from or opposed to other humans. Such a being is "fundamentally alien to the man Jesus" (227). Thus, "Every supposed humanity which is not radically and from the very first fellow-humanity is inhumanity" (228). As before, Barth's claim is ontological: humanity without the fellow-human is not a selfish humanity, it is simply not humanity at all.

Barth cannot resist briefly considering the inhuman conception of humanity "without" or "against" fellow-humanity that he is rejecting. This inhuman humanity would be a being which is basically and properly for itself: an "attempted humanity in which the fellow-man has no constitutive function" or an "I am" who is the "sovereign architect, director, general and dictator of the whole, of [his] own earth and heaven, [his] cosmos, God, and fellow-men; … the incomparable inventor and sustainer of [himself]; in first and final solitude" (231). Barth warns that unless we approach the anthropological question from the Christian perspective, this picture of the human without or against fellow humanity seems almost self-evident. To illustrate his point further, Barth engages with the thinker who, Barth believes, embraced this vision of the human with unparalleled clarity and determination: Friedrich Nietzsche. Barth asserts two theses with respect to Nietzsche. First, Nietzsche is not the exception, but the rule. By developing the conception of the "I am" with "unequalled logic and perspicacity," Nietzsche was simply stating with more honesty the truth that lay secretly, or not-so-secretly, at the heart of Kant, Hegel, and even "the spirit of all European humanity as fashioned and developed since the 16th century" (236). Nietzsche ought to be thought of as "the best and only and final European" (236). Second, Barth argues that in opposing his conception of the human wholeheartedly to the rival conception arising from Christian morality, Nietzsche "discovered the Gospel itself in a form which was missed even by the majority of its champions, let alone its opponents in the nineteenth century" (242).

Turning to the constructive task, Barth asserts that—in correspondence with the fact that Jesus' humanity is a being-*for*-humanity—the being of general humanity is a being-*with*-other-humans. Barth explains the "being for" of Jesus versus the "being with" of general humanity as follows. While humans can be "for" one another to a degree, Jesus was singularly and exhaustively "for others" in a way that other humans cannot be. Additionally, while there is reciprocity in the way that the masses of human beings are "for" one another, Jesus was "for" others in a way that cannot be reciprocated. From this starting point, Barth engages in a full analysis of this basic form of humanity, beginning with an alternative interpretation of the "I am," which, as he points out, is not only the slogan of Nietzsche's humanity-without/against-fellow-humanity, but is also "*the* confession of the man Jesus" (244).

Barth re-interprets the statement "I am" such that a "Thou" is immanent to the "I." To say "I" is to make both a distinction and a connection. To say *I* is to distinguish myself from another who is not I. But to *say* I is to declare myself to one who can make a similar declaration to me—who is like me, inhabiting the same sphere, an *I* herself, not an *it*. The "I" therefore entails a "Thou" to whom it is addressed. Therefore, "I am" most basically and primitively always and already means "I am in encounter": "I cannot posit myself without coming up against the self-positing of the other" (246). This, Barth claims, is "the correspondence and similarity between the man Jesus and us other men. The minimal definition of our humanity, of humanity generally, must be that it is the being of man in encounter, and in this sense the determination of man as a being with the other man. … We cannot be content with anything less or weaker" (247). The basic formula that represents this conception of humanity is "I am as Thou art." Barth further specifies that the "Thou" is neither an instrumental cause nor the true substance of the "I am"—the activity/history of the encounter forms the very basis of the subject, while still maintaining the integrity of that subject in distinction from the other. The "I" and the "Thou" are related, to invoke the now familiar Chalcedonian theme, without division, without confusion.

From here, Barth spends the remainder of §45.2 expanding and adding detail to this basic definition of humanity by outlining the "categories of the distinctively human" or the "constant, decisive, and necessary elements" of being-in-encounter. There are four of them: being in encounter is "a being in which one man looks the other in the eye," being in encounter consists "in the fact that there is mutual speech and hearing," being in encounter consists "in the fact that we render mutual assistance in the act of being," and being in encounter consists "in the fact that all the occurrence which we have so far described as the basic form of humanity stands under the sign that it is done on both sides with gladness" (250-265). To summarize, the basic categories of being-in-encounter are sight, speech, solidarity, and freedom.

Finally, before transitioning to his discussion of man and woman as the "definite form" of being-in-encounter, Barth concludes §45.2 with a small print section in which, through a discussion of the concept of love, he reiterates for a final time his operative understanding of the relationship between nature, sin, and grace as it pertains to theological anthropology, reiterating his strong affirmation of the goodness of created human nature and condemning the self-defeating strategy in which Christians denigrate nature in order to make the work of God's grace all the more impressive. With that, §45.2 draws to a close. Barth has navigated both of the correspondences necessary to complete his task, outlining the relationship between humanity's determination as the covenant-partner of God and humanity's creaturely/cosmic form by first looking to the humanity of Jesus and then accounting for the likeness between Jesus' humanity and humanity in general.

IV. The Problem of Whiteness: The Promise and Limitations of Barth's Account of the Human

To draw out the stakes involved in Barth's account of the human, it is helpful to ask oneself what difference it makes for the interpretation of *CD* III.2 that Barth composed this part-volume in the midst of very particular material and historical circumstances between December 1943 and early 1948. How might locating the text in the midst of Auschwitz and Buchenwald, Nagasaki and Hiroshima, and the comprehensive collapse of an entire European world order and the emergence of a new ideological struggle between the United States and the Soviet Union further contemporary understandings of Barth's theological anthropology? What does it mean that even as he wrote these pages Barth also advocated for the cultivation of basic democratic practices in post-war Germany and spent several of his summers lecturing over the sound of construction equipment in the ruins of Bonn? I think it is well established that Barth himself understood his theology to be in dialogue with these events. In 1946, to name just one example, Barth himself suggested that he had composed the *Church Dogmatics* with an eye towards making "a small contribution towards the fundamental basis of a future reconstruction of the German church and German culture."[4] It is not so much Barth, but his readers who have struggled to know how to connect his theology to his world.

It seems clear from his lengthy and forceful critique of Nietzsche—and with Nietzsche "the spirit of all European humanity as fashioned and developed since the 16th century"—that at least one of Barth's goals in *CD* III/2 is to expose and critique a distorted Christian conception of the human that he sees lying at the heart of the European Christian tradition that has fueled the production and performance of a dangerously anti-human social and political imagination that culminated in the disaster of National Socialism (236). As the volume editors note in their preface to the English translation, Barth was "acutely aware that the great issues of the day turned on a fundamental decision about man" (vii). While Barth certainly does not say this himself, it is possible to read him as struggling to grapple with the way that Christian theology has been pressed into service to aid in the construction of whiteness, understood as a pseudo-theological project of human self-salvation anchored in a vision of the quasi-divine existence of the white human subject as, to quote Barth, "the sovereign architect, director, general, and dictator of the whole … the incomparable inventor and sustainer of myself" (231).[5] While it is beyond the bound's of the present essay, it would be worth exploring elsewhere to what extent Barth's Christocentric reconfiguration of theological anthropology can be read as an attempt to foreclose upon the possibility that Christian theological discourse might participate in the construction of a vision of European humanity defined in racial opposition to its fellow humanity—and as a critique of the way in which it has been historically complicit in precisely this type of intellectual construction.

Perhaps the best way to appreciate this interpretive dimension of Barth's theological anthropology is to explore one specific limitation in Barth's account that makes clear the stakes involved in his work. I want to name one potential weakness in Barth's account resulting from an important omission in his discussion of the basic form of humanity. There is a spectral presence

4 Eberhard Busch, *Karl Barth: His Life from Letters and Autobiographical Texts*, trans. John Bowden, Eugene 1976, 332.

5 For more on the way in which white identity emerges as a rejection of creatureliness, see Willie James Jennings, *The Christian Imagination: Theology and the Origins of Race*, New Haven 2010.

in §45.2, a figure who lurks just beyond the periphery of Barth's theological vision, which haunts his anthropological project. While Barth comes ever so close to naming this figure, it ultimately eludes him, remaining concealed just beneath the surface of Barth's analysis.

In §45.2, Barth discusses three principle figurations of the human: the inhuman "I am," the human "I," and the human "Thou." However, I would suggest that there is a fourth figuration of the human that Barth overlooks: the object of the inhuman "I am," the "Thou" from the phrase "I am as Thou are not." If the human is defined by the locution "I am as Thou art," then should not the inhuman be analogously defined by the locution "I am as Thou are not"—and if this is the case who is this latter Thou?

This figuration of the human—man-rejected-by-his-fellow-man—is missing in Barth's analysis. I do not think this is a minor oversight either. In fact, I think this missing figuration of the human is the most important one for a Christian theological anthropology because it is in fact the figure of the crucified Christ. Jesus is not simply, as Barth asserts, the man-for-others. He is the man-rejected-and-betrayed-and-crucified-by-others. On Golgotha, Jesus becomes the "Thou" in the phrase "I am as Thou are not." On the internal logic of Barth's own position, the contrast that Barth draws between inhumanity and humanity should not be that of "humanity-without-fellow-humanity" (solitude) over and against "humanity-with-fellow-humanity" (encounter). It is rather a contrast between two kinds of encounter: it is humanity-*against*-fellow-humanity over and against humanity-*with*-fellow humanity. Barth says this himself at several points, but fails to reflect systematically upon the ramifications of this fine-edged distinction between inhumanity as "humanity-*without*-fellow-humanity" and inhumanity as "humanity-*against*-fellow-humanity."[6] Theologically speaking, Jesus is not only the human-for-other-humans. He is also the recipient of humanity's inhumanity. This latter Christological trope receives little attention from Barth in his theological anthropology.

We can see why this matters by returning to Barth's section on Nietzsche. If Nietzsche is the paradigmatic exemplar of the inhuman "I am"—the "I" from the phrase "I am as Thou are not"—then who is the corresponding Thou? Who is the "Thou" who is rendered inhuman, according to Barth, by

6 For example, Barth refers to "inhuman" humanity as "basically and properly … *without* them or *against* them" but does not discuss the difference between these two descriptions (229, emphasis added).

Nietzsche, Goethe, Hegel, Kant, Leibniz, and the entire "spirit of European humanity as fashioned and developed since the 16th century"? If Barth is right that Nietzsche is "the best and only and final European," then on Barth's own logic, it would seem that a figuration of this "Thou" who has been rendered inhuman by the European "I am" since the beginning of the sixteenth century might be found in the African slave. Here Barth's own thought points to the conclusion that the negation of the humanity of Africans at the hands of European humanity represents an example *par excellence* of the inhuman project of humanity against its fellow humans. Yet Barth does not identify this fourth figuration of the human—the Thou of "I am as Thou are Not"—and therefore his theological anthropology lacks an account of Jesus whose "human form," to quote Philippians 2, was the "form of a slave."

Gillian Breckenridge

Looking for Likeness and Hope: Beyond Super- and Subordination in Barth's Discussion of Gender in *Church Dogmatics* §45.3

Secondary literature on §45.3 of Karl Barth's *Church Dogmatics*, "Humanity as Likeness and Hope", is dominated by the discussion of Barth's use of the terms 'superordinate' and 'subordinate' to speak of the structural difference between man and woman.[1] Whatever scholars think of Barth's insistence that these terms do not entail an inner inequality,[2] and whether readers think Barth's placement of both super- and sub-ordination *in Christ*[3] is an act that disrupts hierarchical ordering or sanctifies it, surely most scholars must now agree that Barth's use of this terminology presents a quandary for contemporary readers of Barth's anthropology.

In the sections of paragraph 45 that directly precede §45.3 – "Jesus, Man for other Men" and "The Basic Form of Humanity" – Barth takes us through two key moves in his theological anthropology: first, Barth establishes that humanity, in Christ, is revealed to be – foundationally and indestructibly – fellow-humanity; and second, Barth emphasizes the mutuality of human need and responsibility as the heart of what it means to be human through an appropriation of Buber's I-Thou encounter.[4] We cannot be human without this true reciprocal relationship: we are beings-in-encounter. In section two

1 Karl Barth, *Church Dogmatics*, vol. III/2, Edinburgh 1960, 285 – 324 (hereafter, *CD*). This section is a part of paragraph 45, "Man in his Determination as the Covenant-Partner of God". In the secondary literature, this third section is often treated alongside Barth's other discussions of man and woman in the CD: III/1 §41.2, "Creation as the External Basis of the Covenant"; and III/4, §54.2, "Man and Woman".

2 Karl Barth, *CD* III/4, 168.

3 See *CD* III/2, 312.

4 Martin Buber, *I and Thou*, New York 1958.

of this paragraph, Barth writes, "We have now reached a provisional conclusion in our investigation. What we shall have to say in our third subsection will not add anything material to it."[5] However, in the third section itself, Barth counters: "To know nothing of this sphere is to know nothing of the I and Thou and their encounter, and therefore of the human."[6] This paper will argue that something is added in this third section, and that, in the midst of the very real and legitimate difficulties we have with Barth's super- and sub-ordination language, we may be in danger of over-looking it.

For modern readers, there are some real points of contention in Barth's discussion of man and woman in §45.3, "Humanity as Likeness and Hope". For one, Barth claims that the difference between man and woman is *structural.*[7] In fact, Barth states that it is the *only* structural differentiation in which humanity exists, since it is foundational for and runs through all other distinctions (such as age and race, for example).[8] Barth initially claims to object to both psychological and physiological descriptions of this distinction, recognizing that doing so cannot do justice to the complexities of individual women and men.[9] However, few lines later, Barth introduces the phrases 'superordinate' and 'subordinate' to refer to the reality of male and female in this basic human relationship.[10] As something that objectively *is*, for Barth, in a way that is both hidden and disclosed in human nature, Barth makes the statement that the meaning of these terms can only come to be known in and through concrete human encounters between men and women,[11] as well as the statement that their meaning can only be known in light of Christology.[12]

While insisting that the ordering of male and female as super- and sub-ordinate entails no hierarchy or inner inequality,[13] Barth makes this ordering a structurally defining feature of humanity as fellow-humanity, as man and woman. This all follows an extended conversation in which the I-Thou relationship, the 'basic form of humanity', is described dominantly in terms of mutuality and reciprocity. It is not difficult to understand the desire to simply

5 Ibid., 275.
6 Ibid., 290.
7 Ibid., 287.
8 Ibid.
9 Ibid., 288.
10 Ibid.
11 Ibid.
12 Ibid., 312-313.
13 *CD* III/4, 168; *CD* III/2, 312-313.

skip over this third section that, according to Barth himself, adds nothing material to this conversation. Barth, normally so deft in his ability to defy both well-worn traditional theological categories as well as contemporary expectations, seems to have walked straight into an affirmation of patriarchal and heteronormative notions that several generations of scholars have been working hard to uncover and challenge.

On first glance, there appear to be three possible responses to the problem presented in this text. One, we can ignore the passage; two, we can reject the passage; or three, we can try to repair the passage. Many Barthian scholars, present by their absence in the secondary literature on this matter, take the first route: their response to this passage is to ignore it. Barth said that it didn't add anything new to his argument anyway and, frankly, we've been selectively reading the work of theologians for as long as there has been theology, particularly when it comes to what great thinkers through the ages have to say about the ontological inferiority of women. How useful is it for us to continue to re-rehearse these passages when culturally acceptable ideas about gender and sexuality have changed so much since 1945? Option one: ignore the passage.

Another way of responding to the problem presented in this text is to reject the passage. Ignoring the passage altogether entails the assumption that the problem it presents is relatively contained; rejecting the passage, on the other hand, entails the real possibility that these problems are symptomatic of larger issues in Barth's theology. Mary Daly, for example, writes that Barth's attitude to women is "crudely dehumanizing" and "blatant misogynism",[14] going on to claim that his theology is "sadomasochistic".[15] Joan Arnold Romero rejects Barth's repeated claims that super- and sub-ordination do not entail inequality, stating that Barth rejects "any view that would make man and woman equal".[16] She writes, "[Barth's] theology is basically a theology of domination and oppression primarily along male-female lines".[17] Daly

14 Cited in: Clifford Green, Liberation Theology? Karl Barth on Women and Men, *Union Seminary Quarterly Review* XXIX, nos. 3&4 (Spring and Summer, 1974), 223.

15 Mary Daly, *Pure Lust: Elemental Feminist Philosophy*, Boston 1984, 2.

16 Joan Arnold Romero, The Protestant Principle: A Woman's-Eye View of Barth and Tillich, in: Rosemary Radford Ruether (Ed.), *Religion and Sexism: Images of Woman in the Jewish and Christian Traditions*, Eugene 1998, 324.

17 Joan Arnold Romero, Karl Barth's Theology of the Word of God: or, How to Keep Women Silent and in Their Place, in: Judith Plaskow Goldenberg (Ed.), *Women and Religion: 1972*, Missoula MT, 1973, 35-48, 35.

and Romero read Barth's theological anthropology as a continuation of the well-worn philosophical and theological history of the idea that women are, in both their created and redeemed nature, ontologically inferior to men.[18] Option 2: reject the passage.

A third potential response to this passage is to attempt to repair it. Scholars have offered multiple variations of repair of Barth's discussion of man and woman, most of which turn to either internal or external resources in an attempt to foreground mutuality and thus de-center Barth's discussion of super- and sub-ordination. Some look to other aspects of Barth's theology, such as the I-Thou relationship or Barth's discussion of the perichoresis of the inner-trinitarian relationships to pursue a Barthian anthropology that emphasizes mutuality-in-difference rather than a gendered ordering of human nature.[19] Some scholars look to other Biblical models to re-center the discussion of what is fundamental to human nature, such as the Good Samaritan or the parent-child (e.g. Father-Son) relationship.[20] Still others appeal to Barth's event-like understanding of revelation and the freedom of the divine-human relationship, pointing to Barth's comments in this passage about the need to continually discern the relationship between man and woman through ongoing, concrete, human relationships, leaving open the possibility that God might reveal a less static notion of human nature in and through the diversity of contemporary humanity.[21]

---

18 See Clifford Green, Liberation Theology? Karl Barth on Women and Men, *Union Seminary Quarterly Review* XXIX, nos. 3&4 (Spring and Summer, 1974): 222.

19 For example, Alexander J. McKelway, Perichoretic possibilities in: Barth's doctrine of male and female, *The Princeton Seminary Bulletin* 7, no. 3 (1986): 231-243. McKelway turns to perichoresis/Trinitarian Christology for a "more promising doctrine of human nature" based on the *imago dei/analogia relationis.*

20 For example, Elouise Renich Fraser, Jesus' humanity and ours in the theology of Karl Barth, in: *Perspectives on Christology: essays in honor of Paul K. Jewett*, eds. Marguerite Schuster and Richard Muller, Grand Rapids 1991, 179-196; Elizabeth Frykberg, *Karl Barth's theological anthropology: an analogical critique regarding gender relations (Studies in Reformed Theology and History,* (Princeton Theological Seminary, 1993). Fraser offers the mutuality of the Good Neighbor and the priority of the other in the place of what she calls the "irreversible male priority". Frykberg augments the male-female relationship with a discussion of the parent-child relationship to draw the super-/sub-ordinate conversation away from male-female relationality.

21 For example, Paul S. Fiddes, The Status of Women in the Thought of Karl Barth, in: Janet Martin Soskice (Ed.), *After Eve*, London 1990, 138-155. Fiddes draws on a perichoretic argument, but also adds that there is a freedom to God's call, meaning that distinctions between man and woman cannot be known in advance of specific encounters.

While the desire to ignore this passage is understandable, I don't think doing so represents an honest appraisal of the extent to which the problems from this passage flag potential problems in Barth's broader theology. I also fully understand and respect the desire to reject the passage and perhaps even to leave behind Barth's theology as a whole. As the story goes, Barth would have been horrified to think that anyone would describe themselves as a "Barthian" and he certainly would not want to have been one.[22] However, I find myself, as a scholar so shaped by Barth's work, most interested in the idea of repair. There is no 'right' way to do this. There are some strong and compelling proposals in the secondary literature about how to go about saving this passage from Barth's own anthropological prejudices and theological blind-spots. However, these reparations are not perfect. Barth's inclusion of the male-female relationship *does* add something new to this conversation. Turning to the I-Thou, to perichoresis, to the Good Samaritan, or the parent-child relationship – none of these turns can capture everything that we may wish to recover from Barth's anthropology in §45.3. This does not mean that we shouldn't attempt a repair. It does mean that there is some wisdom in seeking a greater awareness of what our imperfect, repaired models might be leaving behind.

As noted at the start of this paper, discussions about this passage, and about Barth's views on gender, have been dominated by the question of super- and sub-ordination. My own readings of this passage have also tended to be overshadowed by the problems these ideas present. So much so, in fact, that it can be easy to be a little confused about why Barth gave this third section the title that he did. "Humanity as Likeness and Hope" sounds so uplifting and, well, hopeful. In the final pages of this paragraph, Barth writes that the creation of humanity as fellow-humanity, as man and woman, is a "reality full of declaration", one that "assures him… that he has always been

22 In, *The Christian Life*, Barth writes, "As is well known, 'ism' can also be conjoined to the names of people, so that we have Hegelianism, Marxism, Stalinism, and so forth, and the disciples of these people are then usually called 'ians' or 'ists'. In every field 'ism' shows that one view, one concept, one figure in the field of human life, one possibility of human outlook and action, has assumed the role of regulator and dictator in relation to all the rest, and that round this principle a system has developed in face of which man is more or less on the point of losing his freedom or has already lost it. Wherever we find 'ism' there lurks an ideology, and it is as well to be on guard if it is not already too late." Karl Barth, *The Christian Life: Church Dogmatics Volume IV, Part 4, Lecture Fragments*, Edinburgh 1981, 226.

regarded by God as His own, and always will be".[23] What did Barth see in this conversation that we might be missing? What *does* Barth add in this third section of paragraph 45? This is the question that drives the remainder of this paper. In what follows, I will outline five aspects of Barth's anthropology from §45.3 that I think are worth salvaging and that I believe we may be in danger of overlooking. This is not intended as an alternative to reparative accounts or as a way of dismissing the very real problems in this passage. Rather, I offer these five points of conversation in the hope that *in our reparations*, we might know what it is we are trying to retain as well as what it is that we are trying to repair.

Humanity in embodied relationality not isolated subjectivity

One of the great benefits of the I-Thou model is that it allows Barth to demonstrate real correspondence between otherwise very distinct sets of relationships: the I-Thou of the human encounter; the I-Thou of God's relationship with creation; the I-Thou of the inner-trinitarian relationships.[24] On the other hand, one of the limitations of the I-Thou model is that it appears more removed from the particularities of human life. The I-Thou has the tendency to make one think of the relationality at the heart of humanity in a way that is removed from concrete, particular human relationships. Barth's grounding of the I-Thou in the particular relationship between man and woman in this third section has the benefit of emphasizing the embodied nature of this core human relationality.

One of the reasons this is crucial for Barth is because this fellow-humanity is, essentially, something mysterious: it is something grounded in creation, but only illuminated through revelation.[25] Even if we think Barth may have unwittingly fallen into culturally constrained concepts of gender and sexuality, we have to give Barth credit for at least recognizing the danger of this.[26] This basic human relationality is *both* one that can only be "discovered, perceived, respected and valued" in and through ongoing concrete human encounters,[27] *and* one that can only be properly understood in the light of

23 *CD* III/2, 323, 324.
24 Ibid., 324-325.
25 Ibid., 318-319, 321-322.
26 Ibid., 288.
27 Ibid.

God's act of revelation: these parallel moves are characteristic of Barth's theology. These are moves which are more fully seen as parallel moves through Barth's extension of the I-Thou encounter into the more embodied discussion of man and woman.

It is worth noting here that Barth, in his extension of this model into more concrete territory, is continuing to reject the idea of the isolated human: the solo subject. When Barth rejects abstraction and isolation, he rejects them together: "In all the common and opposing features of human existence", Barth writes, "there is no man in isolation, but only man or woman, man and woman. In the whole reach of human life there is no abstractly human but only concretely masculine or feminine being, feeling, willing, thinking, speaking, conduct and action."[28] Perhaps the lesson here is a simple one at heart: that we cannot make sense of what it means to be human in isolation from one another; that our notions of human nature will be inherently distorted if we think them up in the cloister cell.[29] Barth criticizes "the Greeks and their eros" for this very reason, stating that because of this isolation and abstraction – because "it was a man's world in which there was no real place for a woman" – it was a world of the "I wandering without limit or object, a daemonic and tyrannical world".[30]

A theology that is grounded in the encounter between man and woman – the traditional theological center and (one of several) traditional theological margin(s) – is a theology that at least has the possibility of being less self-centered, less tyrannical, more aware of the mutuality of both the depth of human need and the reach of human responsibility. Barth's affirmation of the core of humanity not just as I-Thou, but as male-female is important because it undermines and unveils theological anthropologies pursued from purely male perspectives, and because it anchors our understanding of what it means to be human in actual human encounters, disrupting the ability of men – or any privileged group – to monopolize the vision without the possibility of a lived challenge to that vision.

28 Ibid., 287.
29 Ibid., 291.
30 Ibid.

Fellow-humanity is relationship in and through difference, not relationship that overcomes difference

A further aspect of the foundational relationship at the core of what it means to be human that cannot be fully illustrated through the I-Thou model, is that this foundational relationality of humanity is one that exists despite – and because of – real difference. Whereas the I-Thou model makes both the I and the Thou essentially interchangeable (both parties are always both I and Thou), the male-female relationship is one that more fully demonstrates both similarity *and* difference: that the foundational relationality at the core of what it means to be human is one that embraces difference without subsuming it. While we may disagree with Barth's assignment of super- and sub-ordination in this case, it still remains that one of the things that Barth is doing here is saying that, in Christ, at the end of all things, people do not all become the same: women do not become men; men and women do not become some abstract version of a genderless human subject.

Taking as read that men and women are both fundamentally different and also mutually attract one another (a heteronormative point that should rightly be disputed), Barth's discussion of humanity as man and woman shows that the foundational encounter that makes humans truly human is an encounter which embraces both the possibility of a "supreme difficulty" because of differences which are "so great and estranging", and also a "supreme interest" because of the inherent similarity and mutual attraction between them.[31] Relationship in which human differences hold their integrity: this is not an image that is easily conveyed in the mutuality and reciprocity of the I-Thou encounter and, it seems to me, it is one that is crucial to Barth's contention about what it means to be human. This is something that we surely want to hold on to even if we refuse Barth's associated assumptions about gender and sexuality.

The human encounter is lifelong not transitory

We live in a world that is becoming more and more globally connected. And yet, we also live in manifold ways that draw us away from encounters with people who have different life-experiences and ideas to our own: through

31 Ibid., 289.

our choice of media, of where we live, what schools we send our children to; through a consumer culture and financial systems that grow through the obscuring of relationships between producers and consumers; through charitable giving, microloans, tourist-activism. We consistently take part in and construct our encounters with other people, particularly those that are different from us, in ways that are momentary, passing, mediated, and incidental. When Barth uses the male-female model to describe the encounter that makes us human, Barth is talking about a reality that is most fully realized not in transitory encounters, but in life-long commitment to the other.[32] For Barth, the decision of a man and a woman to live in a life-long partnership is one that is significant, I am suggesting, not just because it is between a man and a woman (something that we may or may not want to hold onto), but because it is an enduring commitment to another person who is not like me.

This makes alternative models that do not embody this longevity, such as the story of the Good Samaritan, problematic substitutes for Barth's male-female relationship.[33] Though the English word 'encounter' suggests a passing moment, this is not what Barth has in mind. Barth speaks of a human being-in-encounter that is both lifelong and grounded in real human relationships: this suggests a relationality and a commitment to the other that is not idealized and that exists through the difficulties of real life. This is not an idealized relationship: it is one that is embodied, challenging, and that entails both conviction and call. The human *becomes human* through this call to be the new man and not the old, and the relationships in which this happens are real relationships in which we are convicted of our participation in sin and called into a different way of living.

32 Ibid.

33 For example, see Elouise Renich Fraser, Jesus' humanity and ours in the theology of Karl Barth, in: Marguerite Schuster and Richard Muller (Eds.), *Perspectives on Christology: essays in honor of Paul K. Jewett*, Grand Rapids 1991, 179-196. Fraser offers the mutuality of the Good Neighbor and the priority of the other in the place of what she calls the "irreversible male priority".

Fellow-humanity is born of the "freedom of the heart for the other"

The speaking, hearing, seeing, and calling of the I-Thou model are all essential aspects of what Barth means by 'fellow-humanity'. However, something that is not easily conveyed by this model is that fellow-humanity is something grounded in both love and human freedom. Intentionally calling on the similarity with Barth's description of God as "the One who loves in freedom",[34] Barth writes of the human encounter:

> Here this is all moved and sustained from within by the clear-cut and simple fact that two human beings love each other… This capacity, the freedom of the heart for the other, and therefore that 'gladly,' has here its simplest and yet its strongest form.[35]

To say that fellow-humanity is manifested in the freedom of heart for the other is to reject any moralistic, rule-bound, un-consenting, or utilitarian relationships as *inhuman*. This is why it matters that the male-female distinction, for Barth, is structural: this is a free and loving encounter that comes from within, that is part of our very created being, not something that can be enforced or compelled. This basic human relationality is one in which both parties act freely and in which both parties are defined by relationship, but not by a singular identity. In fact, just as God's free creative activity finds its climax, Barth argues, in the free act of humanity in Genesis,[36] so the human freedom of the I entails and makes room for the freedom of the Thou. Contrary to Barth's decision to speak of super- and subordination, it could be argued on these grounds that this basic human relationality is anything but colonial.

34 In particular, *CD* II/1, §28.

35 *D* III/2, 290.

36 Albeit a freedom that is explicitly Adam's and only implicitly – on Barth's read – Eve's; *CD* III/2, 292.

Human nature is a witness to who we are in Christ

Grounding the I-Thou encounter in the relationship between man and woman, Barth demonstrates that this fellow-ness is who we are – it is our very nature – and yet it is something that is a mystery. We are a sign and a witness to our true selves, even if we are not aware of it.[37] Barth writes:

> For in the coexistence of man and woman at least we have a difference and a fellowship given to man in and with his existence, so that in it he is fellow-human quite apart from his own thought or volition… and at the very point that it emerges unequivocally as a natural fact of creation, i.e., in the coexistence of man and woman, the New Testament finds a great mystery.[38]

Our fellow-humanity – this I-Thou relationship that corresponds to the I-Thou of God's relationship with creation and even with God's inner-trinitarian relationships – is both disclosed and hidden in our very nature. Humanity is a sign and a witness to itself not just of its own human nature as fellow-humanity, but also, correspondingly, to its reality as humans who are, foundationally and unshakably, *with God*. That the mystery of the election of humanity in Christ is something witnessed to by our very created nature, is something that is deeply reassuring and comforting to Barth. "We ourselves", writes Barth, "whether we know and accept the fact of not, are in sheer fact a sign and witness of our determination [in Christ]."[39]

Barth's anthropology in this paragraph details humanity as a being-in-encounter: we are human in our encounter with our fellow humans. However, throughout his anthropology, Barth reminds the reader of a parallel and corresponding encounter: the human encounter with God. In CD IV/3, Barth insists that sin is characterized by the human tendency to attempt to evade the encounter with the Suffering Word in our midst.[40] This attempted evasion is motivated by fear: the fear of the challenge that comes from the conviction of sin and the calling into a new life that seems so alien to the falsehood of what we think we know of ourselves and of God. Here in paragraph 45, section 3, Barth reminds us that even though this encounter is one that is convicting and seems alien, it is also one in which we find ourselves to be "in

37 *CD* III/2, 318, 321-322, 324.
38 Ibid., 318.
39 Ibid., 321.
40 *CD* IV/3, §70.

the deepest sense at home".[41] Humanity finds that "in its actual existence *it is the hope* that [it] may also live in covenant with God and live this out too in his own action.[42] The purpose of this section, for Barth, is not the reinforcing and sanctifying of hierarchical relationships between men and women, but the reassurance from God, the comfort and the hope, that humanity is not made to be alone, but to be with God, despite how alien that seems and how challenging that call can be.

Concluding thoughts

I have been arguing in this paper that Barth really does add something important in this third section of paragraph 45, and, moreover, that this something, even though it is expressed through a patriarchal and heteronormative vision of human nature, is not contained by either patriarchy or heteronormativity. Barth was aware of the danger of using the terms super-ordination and sub-ordination to describe the fellow-humanity of man and woman. But times have changed. We can no longer in good conscience evade the conviction that this language presents such significant dangers in our theology, dangers that require so much rehabilitation, that these words can no longer do the work that Barth wanted them to do. At the same time, I want to pause for a moment with the idea that it may be possible to hold onto the illumination that Barth brought about through this discussion while also being gravely aware of the dangers of this terminology. The fellow-humanity, revealed in and through the person and work of Jesus Christ, is something that, despite its mystery, Barth believed our very nature as human beings witnesses to. Barth's addition of his discussion of man and woman in §45.3 is more than a conversation about super- and subordination, it is also an affirmation that the fellow-humanity that he tried to shed light on has more life than it appears to through his discussion of the I-Thou model. This fellow-humanity is particular and embodied, it embraces difference without subsuming it, it is manifested in lifelong, committed, and complicated encounters, and it is a relationality based in love and freedom. More than anything else, this fellow-humanity is our witness to our own humanity in its likeness to God and,

41 *CD* III/2, 323.
42 Ibid., 324.

therefore, a mark of embodied and personal hope that humanity was made for God just as it was made for one another.

Amanda MacInnis-Hackney

Exegeting Humanity's Place in God's Story: Karl Barth and Figural Time[1]

In the introduction to his newly released book, *Time and the Word: Figural Reading of the Christian Scriptures*[2], Ephraim Radner narrates his encounter with the theological interpretation of Scripture (TIS) *ressourcement* in the early 1990s. Through the influences of his professors at Yale, including Brevard Childs and Hans Frei, Radner was introduced to the possibility that some form of spiritual reading of Scripture was not only possible, but was the predominant means of understanding the text for much of the history of the Church. In this narration, Radner briefly mentions the influence of Karl Barth on Hans Frei, noting:

> For despite speaking of figure and typology in a central way, Frei had never really engaged the practice and shape of figural reading concretely, and his early death closed the door on that possibility. It probably would not have ever come anyway. Frei's Barthian sympathies seemed to mute for him the lure of Patristic practice, with all its seemingly extravagant and arbitrary Catholicism. (Not that Barth was not himself a practicing figural reader; but he was explicitly opposed to Origenist proclivities, and so both gave the appearance of being anti- figuralist as well as blocked off easy passage into the Fathers' exegetical practice.)[3]

This brief offhand comment on Barth and figural reading stands out because it is the only explicit reference to Barth in the entire volume,[4] even though there has been significant work done on Barth's theology of Scrip-

---

1 An earlier draft of this paper was presented at the Graduate Student Colloquium at The Center for Barth Studies, Princeton Theological Seminary, 11 August 2016.

2 Ephraim Radner, *Time and the Word: Figural Reading of the Christian Scriptures*, Grand Rapids 2016.

3 Ibid., 2.

4 Outside of this introductory narration, Barth is only mentioned three other times (pg. 53 and 86) and in two cases only because his name appears in the title of a referenced book/source.

ture,[5] his theological exegesis,[6] and on the presence of figuration in Barth.[7] In preparation for this colloquium,[8] the possibility emerged that §47.1 "Jesus, Lord of Time" might be a good place to explore the possibility of a Barthian framework for a figural interpretation of Scripture that complements Radner's new work, because for both Barth and Radner, Jesus, as Lord of Time, not only exists in time, but becomes the centre by which all other time is understood. The idea that a theology of time matters and influences doctrine, and, by extension, practice, is one highlighted in Daniel Griswold's new book on Barth's theology of time. He notes that "the question of God's relationship to time bears on almost every theological doctrine" including prayer, creation, providence, eschatology, and election.[9] Scripture should be added to this list, and perhaps even head this list. A theology of time influences how Scripture is read and interpreted. The relationship of eternity and time, specifically the relationship of God's action in and for the world, is the content of Scripture which "is the concrete message of a history wrought out in time" and the history of God's acts "both individually and in their interconnexion forms the content and time of Holy Scripture."[10]

After a summary of Barth's theology of time, and a brief overview of Radner's work on figuration and time, this paper will focus on the small print sections of §47.1 "Jesus, Lord of Time," examining how Barth reads Scripture. Not only does he exegete those passages which specifically talk about

---

5 For example, Donald Wood, *Barth's Theology of Interpretation*, Burlington 2007; Alfred H. Yuen, *Barth's Theological Ontology of Holy Scripture*, Eugene 2014; David Ford, "Barth's Interpretation of the Bible," in: Stephen Sykes (Ed.), *Karl Barth: Studies in His Theological Method*, Oxford 1979, 55-87.

6 For example, Mary Kathleen Cunningham, *What Is Theological Exegesis? Interpretation and Use of Scripture in Barth's Doctrine of Election*, Valley Forge 1995; Paul McGlasson, *Jesus and Judas: Biblical Exegesis in Barth*, Atlanta 1991; Richard Burnett, *Karl Barth's Theological Exegesis: The Hermeneutical Principles of the Romerbrief Period*, Grand Rapids 2001; Benoît Bourgine, *L`Herméneutique Théologique de Karl Barth: Exégèse et Dogmatique Dans Le Quatrième Volume de La Kirchliche Dogmatik*, Leeuven 2003).

7 For example, Craig Carter, "Karl Barth on the Imago Dei: Typology and the Sensus Literalis of Holy Scripture," in: Stanley D. (Ed.), *Go Figure!: Figuration in Biblical Interpretation*, Walters Eugene 2008, 121-36.

8 The colloquium organizers divided up CD III/2 into ten sections of approximately 40-80 pages, depending on natural divisions in the text. §47, "Man in His Time" was divided into three separate sections: 47.1; 47.2-4; and 47.5.

9 Daniel M. Griswold, *Triune Eternality: God's Relationship to Time in the Theology of Karl Barth*, Minneapolis Fortress 2015, 1-2.

10 Karl Barth, *Church Dogmatics* III/2, trans. Geoffrey Bromiley, Peabody 2010, 523.

time, he also puts a significant emphasis on the need to hold the Old and New Testament witness together. In these seventy-four pages, Barth offers an example that complements Radner's project and can support an evangelical figural reading of Scripture. This exploration is in no way meant to be exhaustive, nor is it an attempt to harmonize them completely, but the focus on Barth's description of Jesus' time, in both its similarities and difference to humanity's conception and experience of time, allows the Christian and the church community to find their place, their identity and their being in the humanity of Christ, thus leading to a robustly scriptural theology of the human person.

Barth's Theology of Time: an Overview

As Adrian Langdon traces Barth's theology of time from his commentary on Romans through the *Church Dogmatics*, he argues that Barth does not make a significant contribution to the understanding of the form of time, but works with the generally accepted definitions.[11] In general, Barth uses four forms of time: rational-linear, allotted time (duration/movement), objective time ("rhythms of natural processes"), and world occurrence. As Langdon notes, these four forms of time "are empty of content and quality."[12] Where Barth makes a contribution to the theology of time is "in interpreting these forms with reference to the content of the Christian faith," specifically "the being and activity of the triune God, especially in reference to the eschatological reality of Jesus Christ."[13] Thus, for Barth, there is no secular time, or time without God, nor is time "rivalling God and imposing conditions on Him. There is no god called Chronos."[14] The distinction and relationship between the quantity of time (four forms) and quality of time (defined by the life, death, and resurrection of Christ who is the "Lord of Time") can be understood with Langdon's analogy: "For example, a Christian believer still lives in the flow of time, and in the movement towards death, but she knows that her time is relativized in the present of Jesus Christ by His Holy Spirit."[15]

11 Adrian Langdon, *God the Eternal Contemporary: Trinity, Eternity, and Time in Karl Barth*, Eugene 2012, 8.

12 Ibid., 9.

13 Ibid.

14 Barth, *Church Dogmatics* III/2, 456.

15 Langdon, *God the Eternal Contemporary* (see note 11), 9.

In §47.1, as the proceeding section will demonstrate, Barth fills the content of time wholly and completely with Jesus Christ, who is the centre and Lord of all time. This distinction between the form and content of time finds a parallel in Barth's interpretation of Scripture, culminating in his figural interpretation of the Lord's Supper in the last small print section of "Jesus, Lord of Time." There is still the quantitative, historical-critical understanding of Scripture (what God had done, historically, moving from creation, to Israel, to Jesus), but what changes is the qualitative content of Scripture's story, which opens the way for a figural interpretation in which, past, present and future, the Church can find herself in the Christ-centred, Spirit-infused narrative of Scripture.

Jesus, Lord of Time

After looking at the constitution of human existence in §46, Barth turns to the temporal nature of human existence. §47, "Man in His Time" is divided into five parts: Jesus, Lord of Time (pg. 437-511), Given Time (pg. 511-553), Allotted Time (pg. 553-572), Beginning Time (pg. 572-587), and Ending Time (pg. 587-640). Together, they flesh out Barth's overall argument that "man lives in the allotted span of his present, past and future life. He who was before him and will be after him, and who therefore fixes the boundaries of his being, is the eternal God, his creator and covenant-partner. He is the hope in which man may live in his time."[16]

There are two components that Barth needs to define and address: eternity and time. God, while eternal, also lives with time and is the source of all time.[17] Eternity is the past, present, and future occurring simultaneously rather than successively. Time, as experienced by humanity, on the other hand, occurs successively. Time is "a form of all the reality distinct from God," specifically, "the form of the created world by which the world is ordained to be the field for the acts of God and for the corresponding reactions of His creatures."[18] The emphasis on creation and creatures means that temporality (that is, existence in time), is a vital issue for constructing and understanding theological anthropology. Humanity needs time, because if

16 Barth, *Church Dogmatics* III/2, 437.
17 Ibid.
18 Ibid., 438.

it had no time, then it would have no life.[19] This life has a two-fold relation: God's relationship to humanity, and humanity's relationship to each other. According to Barth, in order to properly understand time and anthropology, one needs to start from the position of "Jesus in His time" because Jesus lives in this two-fold relation: he lives with and for humanity and he lives with and for God.[20] Jesus' time, then, is time for God, and time for humanity. Therefore, Jesus is the centre, beginning and end of all time.

Jesus, as the centre of all time, has both eternality and temporality. In terms of content, Jesus is divinely eternal, experiencing time simultaneously. In terms of form, Jesus, being the Word-became-flesh, took on temporality, and experienced the limitations of a time-bound existence. The implications of Jesus' taking on temporality include, first that "all other times are now controlled" by Christ's time, they are "dominated, limited, and determined by the proximity to it,"[21] and second, because God entered time and took it up into himself in Christ, time matters; it is real and not merely an illusion, philosophical theory, or abstraction.[22]

Of primary importance for understanding Jesus in time, is the event of the resurrection. Jesus has a history (Geschichte), one in which he was born, lived and died, but he also has a second history, an Easter history. It is through the prism of the resurrection that the apostles (and the Church) understood Jesus' life, ministry and mission, and this prism leads to the question: "what is the implication of the fact that after He had completed the span from birth to death He had this subsequent time?"[23] The answer, Barth says, is that in his resurrection, Jesus "was the concrete demonstration of the God who has not only different time from that of man, but whose will and resolve it is to give man a share in this time of His, in His eternity."[24]

So what does this Easter event do? How are things changed? And how does this change how the apostles and the early church understood their history? These questions are vital for this current discussion of how Barth's theological anthropology and exegesis can complement Radner's framework of a figural reading of Scripture. The resurrection changes history such that all history, all time, needs to be understood first from the position of Jesus

19 Ibid., 437.
20 Ibid., 439.
21 Ibid., 455.
22 Ibid., 456.
23 Ibid., 448.
24 Ibid., 451.

who is the Lord of Time. Time (and history) is no longer exclusively linear, past to present to future; birth to life to death.[25] Easter time is "the time of the revelation of the mystery of the preceding time of the life and death of the man Jesus."[26]

Jesus' time is both similar and different from all other conceptions of time. Barth looks at the three dimensions of time: Time has a beginning (future); time has a duration (present); time comes to an end (past). On the one hand, Jesus' time is similar to humanity's experience of time in that Jesus' life has a beginning, at the Incarnation (thus it has a future), Jesus' life has a duration (thus it has a present), and Jesus' life came to an end (thus it was past). On the other hand, while Jesus' life has a beginning, it is also true that "Jesus already was even before He was." While Jesus' life has a duration, it is also true that "the man Jesus is as He was and will be" even in his present time. And while Jesus' life came to an end, "the man Jesus is as He was and will be" even after his time. Therefore, Barth argues, Jesus' time is not just the time of humanity, but is also the time of God. Jesus' time is eternal time.[27]

Who is this man Jesus in his time, past, present and future? Barth starts with considering Jesus' present, rather than his past, because "the yesterday of Jesus is also today. The fact that He lives at the right hand of God means that even now He is absolutely present temporally."[28] That Jesus is present temporally is the work of his Spirit and it is through the Spirit that Jesus becomes more than a tradition or a memory; through the Spirit, the message of Jesus' "past is proclaimed, heard, and believed in order that it should no longer be past but present."[29] This relationship between Jesus' yesterday and today is important. Barth tries to correct two dangers. On the one hand, Jesus' historical "yesterday is not cancelled by His today" so one cannot ignore his history; on the other hand, "a community interested only in an historical Jesus would be an unspiritual community…a community without the guiding Spirit."[30] In other words, while there is the danger of leaving Jesus in the

25 This then leads to Barth's critique of Oscar Cullmann's argument, that Jesus Christ was the midpoint of history, as being too linear. Ibid., 481. For more on Cullmann's theology of time see: Oscar Cullmann, *Christ and Time: The Primitive Christian Conception of Time and History*, London 1962; Ma'afu Palu, *Jesus and Time: An Interpretation of Mark 1:15*, New York 2012, 20-22.

26 Barth, *Church Dogmatics* III/2, 455.

27 Ibid., 463-464.

28 Ibid., 467.

29 Ibid.

30 Ibid., 468.

past, this does not give one license to radically reinvent Jesus apart from his historical existence in the past or to speculate about how differently Jesus would be if he were here today. The key here is the term "same" in Hebrews 13:8, which the next section on Barth's exegesis of Scripture will examine more fully: Jesus is the same yesterday, today and forever.

Jesus' present, then, has a direct impact on the life of the Christian and of the Church community. Through the work of the Spirit, Jesus becomes their Contemporary and their lives are lives of discipleship in which they are in Christ, and their lives "can only be a faithful imitation of [our] citizenship in heaven as it is already actualised proleptically in the man Jesus."[31]

From Jesus' present, Barth then turns to Jesus' past. It is here that Barth takes up the Old Testament and considers how the past of Israel, the past into which Jesus came, relates to Jesus' present (and future). The pre-Easter life of Jesus also includes this pre-incarnation history of Israel. The time and witness of the Jews connects to the time and witness of the apostles because, "the apostolic community of Jews and Gentiles regarded itself as the people of Abraham, Isaac and Jacob now come to its promised goal."[32] The Old Testament pointed forward to, and anticipated, Jesus, and at the same time Jesus' "teaching was the authoritative exposition of the Law, the Prophets and the Psalms of Israel."[33] Barth argues that, even though Israel's time was before Jesus' time, "in virtue of its content, of the history in which He was prefigured and expected, it had also become His time."[34] Barth then goes even further back before the time of Israel, to the time of creation, and argues that even the time of creation was Jesus' time because "it was the time when the Creator began to execute His will" and Jesus was "the primary, proper object of this divine will, foreseen and foreordained in the creation of all things."[35]

Finally, Barth turns to Jesus' future, arguing once again that the resurrection shapes how not only Jesus' past and present, but also his future is understood, when he will come as "Judge, Consummator and new Creator."[36] Here, Barth critiques modern soteriologies and theologies that offer a utopian vision of hope. These are a fabrication, and are not found in the New Testament witness, because "the New Testament does not look for an ame-

31 Ibid., 467.
32 Ibid., 475.
33 Ibid.
34 Ibid., 476.
35 Ibid., 477.
36 Ibid., 485.

lioration of present conditions or for an ideal state, but for the coming of the Lord – Maranatha – in a definitive and general revelation."[37] Specifically, Barth argues that seeing hope as a utopian 'everything will work out in the end' or 'everything is progressing to a beautiful future' is the result of a neglect of the revelation of the resurrection, which denies the New Testament witness, and ignores "so completely the third dimension of the being of Jesus in time," that is, Jesus' future.[38]

This is Barth's overall argument regarding how Jesus is Lord and centre of all time and how his time is both similar and different to humanity's time. Supporting this argument is a myriad of biblical and theological exegesis found in the small-print sections, to which this paper now turns, as its primary focus is on the way in which Barth's theology of time relates to his theological interpretation of Scripture.

Figural Interpretation of Scripture

To guide this analysis of Barth's theological exegesis in §47.1, it is important to first briefly define figural interpretation and summarize Radner's contribution to this burgeoning field.[39] By laying Radner's project alongside this section of Barth, this paper will show that what Radner advocates, Barth demonstrates.

To speak of a figural reading of Scripture, Radner argues, is to describe "a general approach of reading the Bible's referents as a host of living beings –

37 Ibid., 486-487.

38 Ibid., 487.

39 Kevin Vanhoozer, ed., *Dictionary for Theological Interpretation of the Bible*, Grand Rapids 2005; A. K. M. Adam et al., *Reading Scripture with the Church: Toward a Hermeneutic for Theological Interpretation*, Grand Rapids 2006; Kevin Vanhoozer, *The Drama of Doctrine: A Canonical-Linguistic Approach to Christian Theology*, Louisville 2005; Kevin J. Vanhoozer, Daniel Treier, and N. T. Wright (Eds.), *Theological Interpretation of the New Testament: A Book-by-Book Survey*, Grand Rapids 2008; Christopher R. Seitz, *Figured Out: Typology and Providence in Christian Scripture*, Louisville 2001; Christopher R. Seitz, *The Character of Christian Scripture: The Significance of a Two-Testament Bible*, Grand Rapids 2011; Ellen F. Davis and Richard B. Hays, *The Art of Reading Scripture*, Grand Rapids 2003; Craig G. Bartholomew and Michael W. Goheen, *The Drama of Scripture: Finding Our Place in the Biblical Story*, Grand Rapids 2014; Stephen E. Fowl, *Theological Interpretation of Scripture*, Eugene 2009; Daniel J. Treier, *Introducing Theological Interpretation of Scripture: Recovering a Christian Practice*, Grand Rapids 2008; Stanley D. Walters (Ed.), *Go Figure!: Figuration in Biblical Interpretation*, Eugene 2008.

and not only human ones – who draw us, as readers, from one set of referents or beings to another, across times and spaces, whatever these may constitute."[40] A figural reading can be contrasted with a strictly historical reading, in which the historical reading emphasizes the event(s) described as past, confined to, or at least centred on the author's and original audience's experience, time and situation. To try to apply the text to today, or understand it as having the modern, present-day reader as a primary audience and not just an onlooker along for the ride is secondary (if not tertiary, or even irrelevant) to the end goal. The goal, in a strictly historical reading, is to understand the text in its original context completely. This historical framework belies a specific temporality, one in which the Scriptures record or speak of past events and past actions, and these events, actions, and figures are confined to the past. Any applicability is accidental, tangential, or possibly a bonus. The tendency, then, in an historical reading is often to prioritize the human aspect of Scripture, portraying Scripture as primarily a text written by humans about God's action in the world.[41]

On the other hand, as Radner demonstrates, a figural interpretation of Scripture[42] prioritizes the spiritual and ecclesial reading of the text, and is "a natural response to the character of the world as God's creation, which God relates to in a certain way."[43] This does not mean that a figural reading entirely rejects historical-critical methodology as a way to make sense of the biblical text. Instead, it rightly recognises that the usefulness of historical-criticism is found when it supports and prepares the way for a spiritual reading of

40 Radner, *Time and the Word* (see note 2), 17.

41 The danger then is a form of pneumatological supercessionism, in which if God, through his Spirit, is continuing to work, it is a "new thing" outside of, or superseding what Scripture records God having done in the past. This results in limited (deficient?) theologies of the Spirit, Scripture, and ecclesiology, and potentially opens the door to pronouncements declaring God at work in the world in ways that do not necessarily reflect, or outright contradict, how God worked in the past, as recorded in Scripture. At the very least, it can lead to a form of deism in which a Christian can hold the Bible to be true, but fail to see or articulate an understanding of God's providence that includes contemporary events.

42 Note: I am deliberately avoiding a contrast between "figural" and "literal" and I am making a distinction between "literal" and "strictly historical." A figural reading does indeed affirm a literal reading because, as Radner notes, "the figural reading of Scripture is therefore not something opposed to or other than or in addition to the 'literal reading' of Scripture; it is rather a way of describing the literalness of Scripture's reference, that is, that all of it is bound up with the created/creative dynamic of time in an originating and inclusively orienting way." Radner, *Time and the Word* (see note 2), 103.

43 Ibid., 8.

Scripture. To read figurally, using various means including typology, allegory, tropology, and anagogy, is to read Scripture as "divine words received rather than human words applied."[44] This is because figural exegesis starts from the premise that the structure of reality is one in which God is the creator and humanity is the creation, and Scripture, as revelation, is tied "to the fact that this creation and its articulation is given in the Word who is Jesus Christ."[45] Furthermore, Radner argues that Scripture appears to have its own time which "straddles the threshold of God's asymmetrical time and creaturely time, and cannot be included within a simple historical framework."[46]

Barth's Exegesis of Scripture: Evidence of Figural Reading

So what is Barth doing in these small print sections of §47.1? How is he exegeting the biblical texts which provide the foundation for his argument that Jesus is the centre of all time, such that "all other times are now controlled by [Jesus'] time, i.e., dominated, limited, and determined by their proximity to it"?[47] What is the relationship of these texts, not only to the original audience of the apostles and the Early Church, but also to us today?

First, there is evidence of historical-critical exegesis in these small print sections, but this does not mean that Barth is taking a strictly historical approach to Scripture. Rather, like Radner's distinction with regards to figural interpretation, Barth's (limited) use of historical-critical evidence supports and points to a figural reading. Three brief examples should serve to illustrate this point. First, in his exposition of Leviticus 25, looking at the time of Sabbath, Barth makes a fairly standard, historical-critical observation that "Old Testament scholars tell us that the provisions of Leviticus 25 were never actually put into practice."[48] But this observation looking at the historical and socio-cultural context of Leviticus 25 in the life of Ancient Israel primarily serves to support Barth's previous point that Jesus himself understood the

44 Ibid., 46. Radner resists the idea that typology, allegory, etc., are exegetical tools, and instead suggests that they are more properly understood as "attitudes of perception and reading." Thus, Radner argues that "reading Scripture in a certain way is itself a Christian practice, with all its attendant virtues, rather than only a rhetorical technique." (58).

45 Ibid., 56.

46 Ibid., 100.

47 Barth, *Church Dogmatics* III/2, 455.

48 Ibid., 457.

Sabbath figurally, because he adopted the Sabbath year of Leviticus 25 "as a type of his own."[49] In this case, the historical-critical component reinforces the figural nature of this Sabbath year, because Israel's failure to practice the instructions in this passage actually end up underlining "the prophetic [figural?] character of this part of the Old Testament."[50]

The second example is Barth's exposition of Hebrews 13:8 ("Jesus is the same yesterday, today and forever"). He briefly considers where this phrase came from, and argues that it was most likely a fragment of an early hymn because it "sounds like a slogan."[51] But even here, Barth does not dwell on the origin of the statement, consider competing theories or trace the development of the phrase. Instead, he quickly moves on ("but in any case") to consider the theological implications of Jesus' yesterday in relation to the time of the community.

The final example is Barth's analysis of the Transfiguration. Barth briefly references the issue of harmonization between the various gospel accounts, suggesting that Mark and Matthew's account should be read in light of Luke's account because, in Luke's account, the transfiguration happened eight days (v.28) after Jesus' promise that, "truly I tell you, some who are standing here will not taste death before they see the kingdom of God" (Luke 9:27). This, Barth argues, shows that the Evangelists (Luke, and Mark and Matthew harmonized with Luke) saw the promise of v. 27 fulfilled in the transfiguration event, which "marks the dawn of a special Sabbath."[52] In all of these brief examples, Barth's limited use of historical-criticism is always in service to his larger theological interpretative lens.[53]

It is this theological interpretative lens to which we now turn, to consider how Barth presents what appears to be a figural understanding of Scripture. Barth's exegetical portions in §47.1 can be divided into two main categories:

49 Ibid.

50 Ibid.

51 Ibid., 466.

52 Ibid., 478.

53 Perhaps this is more evidence of why so few biblical scholars interact with Barth's exegesis: his use of historical-critical methods and commentary is too confined by his theological interpretative methods for biblical scholars to engage with. No wonder why McGlasson calls Barth's exegesis "a no man's land" in both theology and biblical studies." McGlasson, *Jesus and Judas: Biblical Exegesis in Barth* (see note 6), 4. For examples of the lack of biblical studies' interaction with Barth's exegesis of the Gospel of John, see Amanda MacInnis-Hackney, *A Selective Exposition of Karl Barth's Exegesis of "The Word became Flesh"* M.A. Thesis. Briercrest College and Seminary, Spring 2014.

exposition of biblical passages related to time, generally, and exposition of biblical passages related to Jesus' time, specifically.

Using Titus 1:3's "καιροι ἰδιοι" as a jumping off point, Barth considers "the time which God has adopted for His purpose and therefore made His own."[54] Barth sees a major and a minor type of time in the Old Testament. The minor type is the Sabbath year (every seven years) and the year of Jubilee (every fifty years) in Leviticus 25. Barth connects the year of Jubilee with Isaiah 61, and argues that it "refers to the messianic time of redemption" which Jesus then himself adopts as his own time in Luke 4:17. This example of the year of Jubilee having a fulfillment, first in Isaiah 61 and then in Jesus, does two things. First, according to Barth, it demonstrates that the Old Testament believer was time conscious. Time, in the Old Testament, is not indefinite, but there is an expectation of a coming time, one which animates and shapes how the Old Testament believer understood both the world and his relation as a creature to the Creator God.[55] Second, in emphasizing Jesus' taking up the year of Jubilee as a type of his own time, Barth is not only expositing the text figurally, showing types being fulfilled, he is also giving an example of Jesus himself reading and applying a text figurally.

The major type of time in the Old Testament, according to Barth, is the Sabbath itself (see Genesis 2:1-3 and Leviticus 25). In resting on the seventh day of creation, God ascended the throne and became creation's God, "co-existing with it [i.e., creation] and with man in particular as His last culminating creation."[56] The Sabbath gives humanity a new chronology, because "the Sabbath itself (observed or desecrated) is the immutable sign, set up in and with the creation of time, of the particular time of God to which all other times move."[57]

From here, Barth turns to the New Testament, exegeting "the fullness of time" in Galatians 4:4 and Ephesians 1:9, alongside Mark 1:14 ("time is fulfilled"). His main point here is that "the mission of the Son actually brings the fullness of time with it and not vice versa."[58] As Barth considers the nature of time expressed in this phrase "fullness of time," he makes a figural move in interpreting these three verses: "behind the application of the concept of the fulfillment to that of time in Galatians 4, Ephesians 1, and Mark 1, there

54 Barth, *Church Dogmatics* III/2, 456.
55 Ibid., 457.
56 Ibid.
57 Ibid., 458.
58 Ibid., 459.

is a definite view of time. It is pictured as an empty vessel, not yet filled, but waiting to be filled up at a particular time."[59] Barth compares time to the typology of the Sabbath because they both are empty of content without Christ. Jesus is the referent, the source of time, and the fulfillment of time, just as he is also the referent, the source, the fulfillment of the Old Testament images of Sabbath.

The second major categorization of Barth's exegesis in §47.1 includes those biblical passages which speak specifically of Jesus' time. First, Barth exegetes Revelation 1:8 and Hebrews 13:8 in light of the resurrection. That Jesus is "the Alpha and Omega, who was, and is and is to come" means that Jesus "ascribes to Himself a being a time,"[60] and that Jesus "belongs to all times simultaneously."[61] Barth distinguishes between temporality and divine temporality because Jesus' time, while having a past, present, and future, "differs from all other temporal beings."[62] In exegeting Hebrews 13:8, Barth connects Jesus' time (same yesterday, today, and forever) to the time of the community, because "His time is also the time of His community, and the time of His community is His time. Hence in the time of His community faith can only be faith in Him as He demanded it of His own, and found it in them, in His time."[63] This is vital for this paper's identification and assessment of Barth's figural interpretation of Scripture. The time of the community, because it is Christ's time, means that how we find ourselves in the story of God's providential electing plan in and for humanity in Christ is shaped by the time of Jesus. The key is faith: "that is why the faith of the readers of the Epistle [to the Hebrews] can only be a constant reproduction of the faith of those who proclaimed the Word of God to them."[64] This can and should, because of figuration, then be extended to the Christian believer (anthropology) and the church community today (ecclesiology). The faith of the contemporary church can only be a constant reproduction of the faith of those who proclaimed the Word of God to them: the church of two thousand years, and the witness and testimony of Scripture itself. This is because Jesus is the same not just yesterday and today, but he is also the same forever, which means that "every coming day will be His, and the faith then required by Him will be no

59 Ibid., 461.
60 Ibid., 465.
61 Ibid., 466.
62 Ibid., 465.
63 Ibid., 466.
64 Ibid.

different from the faith in Him required and found yesterday, and that which is the one possible faith today."[65]

Barth even identifies the process of figuration happening in Scripture itself, in his discussion of the disciples on the road to Emmaus in Luke 24:13-33. According to Barth, the disciples, who were processing the events of the last several days, were doing it wrong: "they were talking about the enacted life and death of Jesus as though it were a matter of past history."[66] Jesus walks with them, teaches them from the Old Testament and then opens their eyes.[67] In opening the disciples' eyes on the road to Emmaus, "the historical Jesus as such had removed the veil of *merely 'historical'* from their eyes…This was the burden of the apostolic account of the resurrection, of their Easter history. The limitation of the past had been burst. The past of Jesus had become a present reality."[68]

In the next small print section, Barth emphasizes the connection between the Old and New Testaments because Christ's yesterday includes not only his pre-Easter history (incarnation to death), but it also includes the day before yesterday, which is the history of Israel. As such, Jesus is "the Christ of Israel and of Israel's Scriptures."[69] One cannot, Barth argues, read the New Testament apart from the Old, and Scripture attests to this itself with its overabundant references and quotations of the Old Testament in the New, demonstrating "that the history and time of Israel were prophetic, their meaning and perfection consisting in the fact that they moved towards the history and time of Jesus. Prefiguring and expecting this history and time of the man Jesus, they belonged to His time."[70] The importance of this relationship between the Old and New Testaments as they together testify to the man Jesus' time then carries into the time of the Early Church, in its liturgies and teachings. For the Early Church, the Old Testament was the recorded history not just of Israel, but of Christ himself, and "the only way to Him was by reading, understanding and expounding Moses and the prophets, and therefore

65 Ibid.

66 Ibid., 471.

67 This action of opening their eyes "was not something new and special, but the very action He had performed on the night of His passion when He reinterpreted the Passover a *prefigurement* of His own passion and death…thus showing that the deliverance of Israel from Egypt had now become a reality." Ibid., 472.

68 Ibid. Emphasis added.

69 Ibid., 480.

70 Ibid., 480-481. Looking to Simeon, briefly, Barth comments: "What Simeon perceives is not a new but the old salvation prophetically prefigured and expected in Israel." (481).

hearing His Word as the fulfilled and final Word of God."[71] Barth provides a beautiful analogy of the relationship between the Early Church community and the Old Testament: "The apostles and their communities, with their own testimony, could be as it were a choir responding antiphonally to the first choir and confirming fulfillment of the promise…Conscious though they were of the differences, they could only form a single people with the people of the God of Israel, seeing the time of this people and their own time fused into a single time of Jesus."[72] This understanding of the relationship between the Old and New Testament, and of Jesus' fulfillment of the Word of God, does not just apply to the past, be it Jesus' yesterday and/or Israel's yesterday, because even the future is grounded in the witness of the apostles and the witness of Israel's history in the Old Testament. Thus, not only are the apostles and the Early Church singing antiphonally with the choir of Israel, but Christians today are standing between them with "the apostles on one side and the prophets on the other."[73]

Therefore, it is possible to construct a figural framework for reading Scripture based on Barth's discussion of "Jesus, Lord of Time," because, as Barth unpacks the "forward direction and eschatological dimension" of Christ's time, he reminds his reader that "Christians are surrounded by a cloud of witnesses some eloquent and others silent, some on earth and others in heaven, but all looking into the future. This is sufficient to warn them to hold fast to the state of salvation to which they have been called."[74]

From Figural Reading to Figural Action

This paper has attempted to put §47.1 alongside Ephraim Radner's work on figural interpretation of Scripture to demonstrate that Barth's contribution to a theology of time, in which Jesus fills, defines, orders and sustains all time, "blocks off easy passage"[75] to a Protestant framework of figural interpretation. This then allows the individual and the community to find their place in God's providential working in and through time.

71 Ibid., 482.

72 Ibid.

73 Ibid., 496.

74 Ibid., 497.

75 To echo Radner's observation noted in the introductory paragraph of this paper.

By way of conclusion, there is one final point of contact between Radner's work on figural time and § 47.1 of Barth's *Dogmatics*: both explore how this all matters concretely for the work and witness of the Christian in the world. Radner, in his chapter on "Figural Speech and Incarnational Synecdoche," defines synecdoche,[76] as it relates to Christian figuration, as "the verbal expression of what the incarnation of God in human flesh manifests ontologically in apprehended history."[77] In other words, the Christian's and the Church's words are one small piece, reflecting and sharing the larger reality of God condescending to become "the Word became flesh." If what the Christian say pulls back the curtain in the world, and discloses God's presence in the world, then practice matters. Figuration is not just about how the Church reads Scripture, but it is a way of participating in God's providential reign over creation. Figural reading leads necessarily to figural practice. The Eucharist demonstrates this relationship between reading and practice, or word and action, because in it Christians share not only in the bread and the wine, but in the Word made flesh. Thus, Radner notes, "the sharing of Eucharistic food is a 'participation' in the body of Christ synecdochically represented."[78] Sharing in the Lord's Supper is figural. It is where Jesus' time and the time of the community meet. Barth makes a similar move in the last small print section of §47.1, where he takes up a brief discussion of the Lord's Supper. His point is that it is only by understanding Christ' time, past, present, and future, that we can understand the community's time, as the community's temporal nature is defined by Christ's divine temporality, and the connection between the community's time and Christ's time is a work of the "lordship of Christ in the form of the lordship of His Spirit."[79] In this, he offers us a glimpse of how to move from a figural reading of Scripture to figural practice. The Lord's Supper, Barth argues, is more than a memorial (i.e., past), it actually places the Christian in the narrative of God's work in Christ, such that each occasion in which the community celebrates the Lord's Supper is not only "the messianic banquet of the revealed kingdom of God" (present), but is also "an anticipation of His final and general revelation inaugurated"

76 In linguistics, synecdoche refers to "a linguistic figure wherein the part stands for the whole, or where the whole is represented in some part which it comprehends." Radner, *Time and the Word* (see note 2), 189.

77 Ibid.

78 Ibid., 198.

79 Barth, *Church Dogmatics* III/2, 505.

(future). The totality of the Resurrection "is still to come, so that every celebration of the Lord's Supper can only look forward to it."[80]

80 Ibid., 502.

Rezensionen

Review of Mireille Hébert and Anne Marie Reijnen (eds.), Paul Tillich et Karl Barth: Antagonismes et accords théologiques. Tillich and Barth: Theological Dis/ Agreements, Zurich, LIT Verlag (Tillich-Studien 23), 2016.

This volume gathers the proceedings of the 18th congress of the francophone Association Paul Tillich, held in 2009. It is divided into two equal parts: 1) on Tillich, Barth and some of the main themes which were of interest to them; 2) on Barth, Tillich "and others". A summary of each paper can be found in the introduction. Rather than briefly comment on each paper, I will highlight some of the insights I found most interesting (or problematic) throughout the book.

Without a doubt, Tillich and Barth have sought to take theology in two distinct directions. But how should we understand these directions in their interrelations? The question is vast and significant for the present and future of theology.

How will a cast of mostly Tillich scholars engage (at least some of) the massive works of Barth? It must be noted that several contributors (Guy Bennett-Hunter on divine ineffability, Claude Perrottet on Kantianism) simply do not deal with Tillich and Barth, but only with Tillich, and one paper focuses on an altogether different topic (Russell Re Manning, on recent and contemporary British theology) – this is too bad, in a volume which aims at confronting two thinkers. The focus of other contributors is, moreover, unbalanced: two pages of presentation of Tillich's ecclesiology, less than one page for Barth's, in Frederick J. Parrell's article (119-122), who writes this strange sentence (118): "Przywara and Barth were influenced by dialectical theology so much that Barth had to defend himself in 1932 against the charge that he was absorbing Catholic tendencies!" Is it really the case that, as Parrell suggests, in Barth's ecclesiology (and in Barth's own commitment throughout his life) the church has "too little to do *in* history" (125)?

Étienne Higuet's article on socialism is, like several other articles, unbalanced in its use of primary sources: Barth's writings are barely quoted or even mentioned, whereas a number of Tillich's works are presented at length. Higuet's claim, moreover, that Barth called for the "total abolition of the state" (55), is astonishing and should be backed up by supporting evidence.

In his piece on "Revelation as Salvation", Matthias Grebe points out the fact that both Tillich and Barth rejected a propositional interpretation of revelation. At this point "their theology unites" (40). Grebe then proceeds to briefly point out what he sees as the strengths and weaknesses of both theologians (42-44).

Christian Danz focuses on "the structural constructions" of the two theologians but fails to adequately assess Barth's own perspective when he writes that the two thinkers "understand the actual realization of faith as the realization of the reflexivity of self-consciousness" (161). Such an analysis owes much more to certain recent trends within Protestant theology (such as the Troeltsch renaissance and the so-called "Munich school") than to Barth himself, whose intent was certainly *not* to ground "the self-understanding of self-consciousness" as it "is actualized in its inner reflexive structure" and as the "foundation of individuality, historicity and morality" (165)! Barth sought precisely to counter such subjectivism. Moreover, Danz may be right that both theologians worked on common problems, but is it really the case that "their solutions are similarly constructed" (170)?

In his contribution, Pierre Gisel points out with greater success the differences and similarities between Tillich and Barth, before arguing that Tillich, with his refusal to focus on revelation primarily as "limit" (as Barth does, according to Gisel) and with his greater openness to the realities of "religion" and "culture", offers a more promising way to think in our contemporary context.

Among the most interesting contributions is Benoît Bourgine's proposal that Barth and Tillich point to a polarity, certainly, but that it is not necessary to choose between one or the other, just as theology does not have to choose between faithfulness to its subject matter and its cultural location (197; 225). Both thinkers need to be criticized, for different reasons: Tillich for the philosophical, theistic straight-jacket he imposes on theology; Barth for his blunt rejection of natural theology (219-220). Bourgine presents the ways in which both thinkers envisioned the relation between theology and philosophy. Is it really the case, however, that Barth simply gave up on philosophy's contribution in the practice of theological reason (217)? Wouldn't it be more accurate to say that Barth recommended a sort of philosophical eclecticism, and wouldn't Bourgine's statement need to be nuanced if one were to take into consideration Barth's discussions of a number of philosophers in his mature works, as well as his (neo-) Kantian lenses, especially around the time of *Romans*?

Jean-Marc Aveline and Jean Richard both study Tillich and Barth's discussions around 1922-1923, in the wake of Tillich's enthusiastic review of *Romans*, and as Tillich was suddenly revising previous statements about religion as "the beginning and end of all things" (249).

All in all, this is an uneven, but still useful volume. Beyond the interesting themes which belong to the prolegomena (their method, their ways of articulating faith and reason), crucial topics, such as Barth and Tillich's respective christologies and pneumatologies, or their anthropologies, as well as crucial questions, such as the legitimacy of Tillich's critique of Barth's supposed "supranaturalism", and above all what we should do with their legacies today, would have deserved greater consideration.

Christophe Chalamet

Verzeichnis der Autorinnen und Autoren

Prof. Dr. Andrea Bieler, Professorin für Praktische Theologie, Universität Basel, andrea.bieler@unibas.ch

Gillian Breckenridge, recent graduate of the University of Virginia (Ph.D. in Religious Studies), gcb7dp@virginia.edu

Prof. Dr. Christophe Chalamet, Professor für Systematische Theologie, Universität Genf, christophe.chalamet@unige.ch

Prof. Dr. Magdalene Frettlöh, Professorin für Systematische Theologie (Dogmatik), Universität Bern, magdalene.frettloeh@theol.unibe.ch

Amanda MacInnis-Hackney, PhD student, University of Toronto — Wycliffe College, amanda.macinnis.hackney@mail.utoronto.ca

Prof. Dr. Marco Hofheinz, Professor für Systematische Theologie, Leibniz-Universität Hannover, marco.hofheinz@ithrw.uni-hannover.de

Matt R. Jantzen, Th.D. Candidate in Theology & Ethics, Duke University Divinity School, matt.jantzen@duke.edu

Prof. Dr. Dr. Andreas Schüle, Professor für Theologie und Exegese des Alten Testaments, Universität Leipzig, andreas.schuele@uni-leipzig.de

Prof. Dr. Matthias Wüthrich, Assistenzprofessor für Systematische Theologie, Universität Zürich, matthias.wuethrich@theol.uzh.ch